黄門様ゆかりの小石川後楽園博物志

天下の名園を愉しむ！

本多忠夫 著

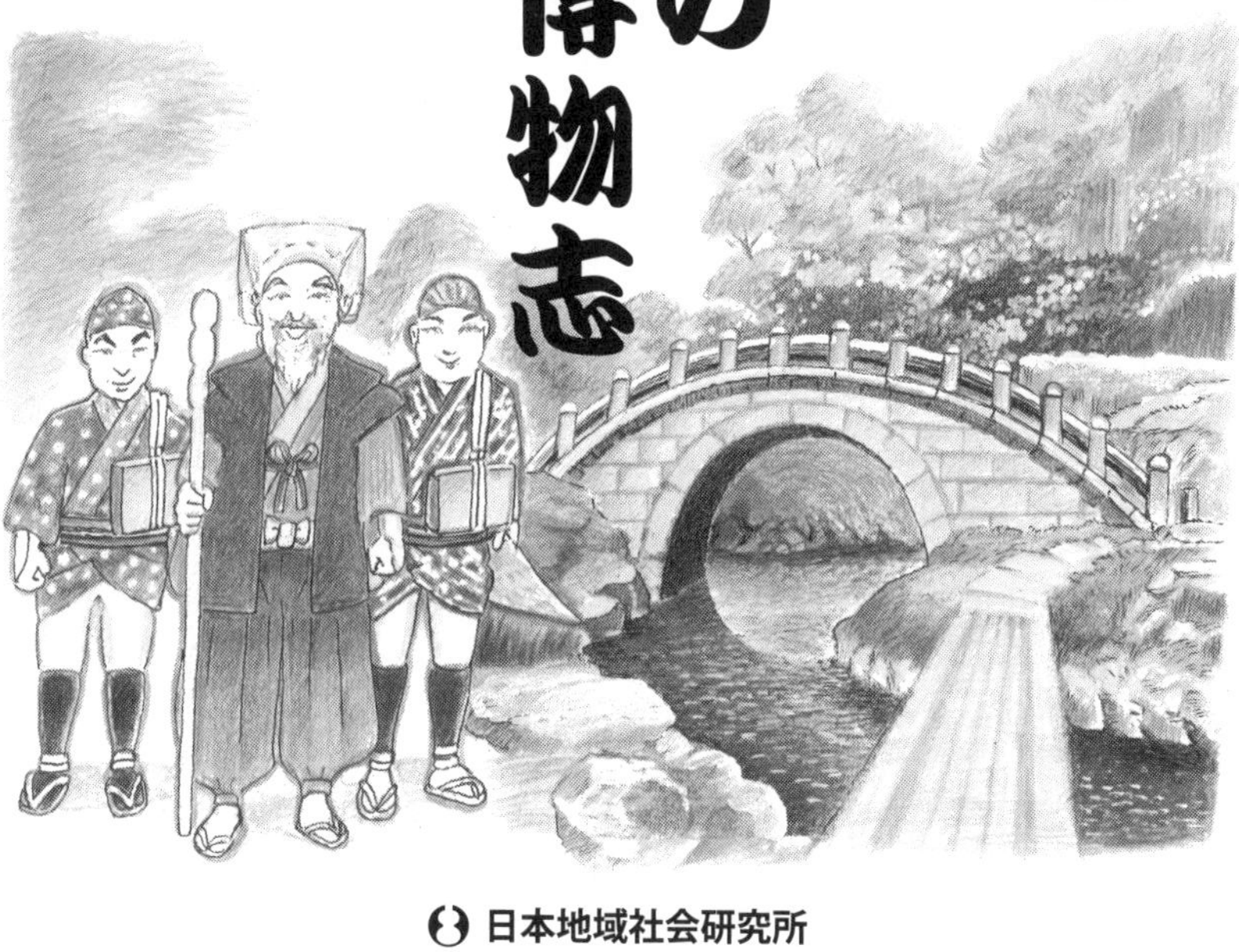

日本地域社会研究所

表紙イラスト／小堀ヤスヒロ
写真／本多光子

序にかえて

私が長年勤めてきた東京ドームの隣りが、黄門さまで有名な小石川後楽園である。時おり、心を癒やしに後楽園を訪れ、そのすばらしさを肌で感じてはいたが、この本を読んで一気に後楽園のすばらしさの謎が解けた思いがする。

私が中学校時代を過ごした広島には縮景園という大名庭園がある。大名庭園への興味は昔からあった。歴史的価値のある大名庭園を一人でも多くの市民に親しんでもらいたい思いは著者と同じである。

都市計画のコンサルタントとして長年全国の市町村の総合計画、市街地整備計画、緑のマスタープラン、都市計画マスタープラン、地域防災計画、用途地域の見直し、都市計画基礎調査、ダム周辺整備計画等を多くてがけてきた著者が、コンサルタントをリタイアして七〇歳過ぎてから書下ろした小石川後楽園の入門書というべき本である。専門書というより都市計画者らしく総合的・立体的に後楽園をとらえたもので、本書を読むことにより現在の後楽園を五倍楽しむことができよう。若者や奥様方がこの本を通じて日本歴史への興味を見いだすきっかけがえられよう。是非一読をお勧めする。

東京ドーム㈱相談役
文京区観光協会前会長
林　有厚

目次

目次

はじめに

小石川後楽園という名園を一人でも多くの人に知ってもらいたい、というのが私の願いである。この後楽園のすばらしさについては既に多くの学者なり、造園家によって紹介されているが、私は後楽園を鑑賞する立場から、このすばらしい庭園を未だ知らない人に分かってもらいたい一心で、本書を書き出した。ただ、後楽園そのもののガイドブックというのではなく、この庭園を通して、その庭が造られた江戸時代はどのような時代で、どのような土地柄であったのかを知り、誰がどういう想いで作庭したのか、どう利用され、どう活用されてきたのかについて出来るだけ多くの関連情報を寄せ集めてみた。と同時に自らの考え方を織り交ぜてみたものである。そして現実に後楽園を丸ごと楽しみ、かつ後楽園の末永い存続を願って、一人でも多くの人にその魅力・素晴らしさを理解してもらいたいと考えている。

何時しか後楽園に興味を抱き、そして好きになり、より深く知りたいという欲求が日増しに強くなり、幾つかの本を読んでみても、十分自分自身を納得せしめなかった。後楽園のすばらしさ自体は何となく理解するのだが、それを取り巻く周辺知識については漠然とであるが知っているつもりでも、いざとなると何にも分かってはいないことに気がつくのである。それら周辺知識も合わせて一冊にまとまっていれば本来の興味の対象となるものが浮き上がって理解できるのではないかと考えた。これは既出の本（出版物）の著者は、ある対象の第一人者であるから、その事柄に関して深く、詳しく語れるが、周辺知識は読者に既にあるはずであることを前提としているため、その辺のことは注釈程度か、省かれてしまうのが一般的である。　そこで思い立ったのが、ある対象の周辺知識を一緒にまとめた本を出版したいという欲求である。そこで、どれほどの知識や感性があれば、その対象を知り得たという満足感に浸れるのかを、この際、自らまとめてみようと書き出したのがこの「小石川後楽園博物志」という本である。当所は「小石川後楽園を楽しむ」としたが、出版社の助言もあって、このように改めた。

構想は、二年ほど前から抱いていたが、なかなか書き出すきっかけが得られなかった。何故なら、後楽園そのものに興味はあっても、それだけでは本にならない。後楽園をもっと知りたい、もっと楽しみたいという欲求は日増しに強くなるものの、それを取り巻く周辺知識が急に得られるものではない。当然今までの長い人生を通して学んできた知識や常識の範囲で、あるいは教養という意味で知り得ていることが、いざ原稿を書き上げる段階になると、それらをもう一度、確認し、うろ覚えの知識を辞書を引いたり、インターネットを駆使し、また、今まで読んだ本や、新たに本を買い求めたりと明確にしていかなければならず、非常に億劫な作業を伴うのだ。素人ながら、集中的にそうした作業を行わなければならなかった。

それと、まだまだ現役で稼げるのではないかと、それなりに日夜頑張ってきたので、どうしても原稿を書く時間が取れなかったが、最近そうした面では少し弱気になってきた。そうこうしている最中に、決定的な執筆の動機となった出来事が起きた。

それは、東日本大震災である。あの日私は家に居た。頑丈な鉄筋コンクリートのマンションの一室である。縦揺れの次に大きな横揺れが襲ってきた。瞬間、時計が落ちて、ガラスが割れる音が部屋中に響いた。本棚も今にも倒れそうだ。食器棚と飾り棚を両手で押さえてやっと転倒を免れたが、うずたかく積み上げられた資料は部屋中にちらばった。そしてテレビにかじりついて、成り行きを見守った。津波が街を破壊しながら全てを飲み込んでいく姿をリアルタイムで一日中見ていた。他に何もする手立てが無かった。唯々自分の無力さを痛感しながら見つめているだけであった。正直、瞬間的には被災者の今後を思う気はそのとき浮かばなかった。自然の猛威に唯々恐れ入っていた。そして、全てを失う前に兎に角自分の想いを書き付けておこうという思いが一気に沸いてきた。

四月頃から、夢中で書き出した。結果的に夜と昼とがいつの間にか逆転してしまった。とにかく、その年の末には一冊の本にまとめ挙げられたのは幸いであった。

繰り返しになるが、本書は対象そのものを書き付けるというより、その対象を取り巻く周辺知識も含めてトータルとしてその対象に迫ろうという試みである。対象を説明する際、出てくる出来事や人物を単に注釈的に説明するのでは無く、読み物として本書の対象にしていこうというものである。同じ対象物を見ても、そのことを知っていると知らないとでは喜びの度合いが異なってくる。また、その対象を知り得たという喜びが得られるのは、その対象を取り巻く幅広い知識が得られるかどうかである。本書はそうした思いで取りまとめたものであることを強調しておきたい。

最後になったが、小石川後楽園に興味を持ったきっかけは、後楽園の近くに昔から住んでおられる末正明氏からの呼びかけで、今から十四年ほど前に、後楽園の南側に超高層ビルが立つ計画が発表されたので、是非これを阻止したいので協力して欲しいとの誘いを受けたのが最初である。以後、特定非営利活動法人小石川後楽園庭園保存会として組織化し、今日まで共に活動してきた末理事長が平成二十三年十一月二日に急逝亡くなられた。享年八十四歳であった。まだまだ活躍を期待していただけに残念でならない。この本を是非理事長に読んでいただきたかったのであるが、今となってはかなわないこととなってしまった。ここに心から哀悼の意を表すると同時に本書を理事長であった故末正明氏に捧げる。また他の理事の皆さんにも日頃お世話になり、本書作成にご尽力を頂いたのでここに厚く感謝の意を表する次第である。

平成二十四年一月

追記

出版事情も知らず、原稿さえ書き上げれば、すぐ、出版できるものと勝手に思っていたが、そう事は簡単に進まなかった。幾つかの出版社を紹介されたが、結果的に、こうした本はあまり売れないので、うちでは出版できないとのことでいつの間にか、月日が経ってしまった。書き終えてから、四年も経ってしまったが、ようやく(株)日本地域社会研究所の落合英秋社長とお会いする機会があり、ここに出版することが出来た。感謝の気持で一杯である。しかし、一冊の本としてはあまりにも分量が多く、少なくしないと一冊に収まらないことがわかり、縮める作業で一年を費やしてしまった。あまりにも盛りだくさんすぎた。いずれにしても、とにかくここに日の目を見たことは嬉しい限りである。関係者に心から御礼申し上げます。

第一章　知られざる天下の名園

一、特別史跡・特別名勝　二つの指定

後楽園球場、現在の東京ドームを日本人であれば誰でも知っていよう。しかしその隣にある小石川後楽園の庭園を知っている者は意外と少ない。そもそも後楽園という名称はこの庭園の名称が始まりである。東京ドームを含めて庭園のある一帯は文京区後楽一丁目、後楽二丁目という地名地番となっている。この一帯は旧水戸藩の屋敷跡であり、現在の後楽園（庭園）は作庭してから約三八〇年間も引き継がれてきた貴重な文化遺産なのだ。

小石川後楽園は現在東京都が管理している都立公園として公開されており、三百円を支払えば誰でも入園できる（六五歳以上は百五十円）。高層ビルに囲まれた一角にこのように緑に囲まれた静かで整備の行き届いた庭園があるのに、初めて来た人は一様に驚かされる。ここをただ散策し、心を静めるのも一方であるがこの庭は、単なる都市公園とは異なり歴史的、文化的遺産である点を忘れてはならない。小石川後楽園は日本国政府（文部科学省）が文化財保護法（従来の国宝保存法その他を統合し一九五〇年〈昭和二十五年〉制定）に基づいて指定した特別史跡・特別名勝の二つの冠を頂いている日本でも数少ない庭園なのである。

ちなみに文化財は、「指定」文化財、「選定」文化財、「登録」文化財に区分されている。「指定」文化財はさらに一、国宝・重要文化財、二、史跡・名勝・天然記念物、三、重要無形文化財、四、重要有形民俗文化財、五、重要無形民俗文化財に区分され指定されている。

　これらの文化財のうち、小石川後楽園は二、史跡・名勝・天然記念物の分野に属する。史跡・名勝・天然記念物のうち特別優れている文化財は特別史跡、特別名勝、特別天然記念物として指定されている。史跡は全部で二〇一一年（平成二十三年）四月現在、一六五五件が指定されているが、うち特別史跡は六十件が指定されており、名勝は三二二件で、そのうち特別名勝は三十件である。

　その中で小石川後楽園は特別史跡と特別名勝の二つの指定を受けているのである。日本広しといえどもこの二つの指定を受けている文化財は京都、奈良を含めて次に示す九つしかない。東京都では小石川後楽園の他、旧浜離宮庭園の二つが指定されている。京都で名高い金閣寺や銀閣寺と同等に優れた文化財なのだ。

① 毛越寺庭園（岩手県）
② 小石川後楽園（東京都）
③ 旧浜離宮庭園（東京都）
④ 一乗谷朝倉氏庭園（福井県）
⑤ 鹿苑寺（金閣寺）庭園（京都府）
⑥ 慈照寺（銀閣寺）庭園（京都府）
⑦ 醍醐寺三宝院庭園（京都府）
⑧ 平城京左京三条二坊宮後庭園（奈良県）
⑨ 厳島（広島県）

但し、庭園だけに限ってみると、厳島は庭園ではないので八つということになる。あえて言えば毛越寺について見ると、庭園は特別名勝であるが、特別史跡は毛越寺境内の鎮守社跡である。一乗谷では朝倉氏遺跡の中の四つの庭園を総称して一乗谷朝倉氏庭園といっており、そのうち二つが特別史跡・特別名勝となっており、他の二つは特別名勝のみとなっている。従って毛越寺に関しては庭園に関して二重の指定を受けていないことになる。そうした意味合いでいうならば庭園に限って二つの指定を受けているのは全国で七つと言えよう。

日本人であれば金閣寺や銀閣寺を知らない者はいないであろう。しかし、小石川後楽園に関しては、先に述べたように知っている人が少ないのだ。

これほど重要な文化遺産が身近な都内にあるのに、都民でありながら何故知らない人が多いのか。少しばかり考えてみた。後でこの辺について自分なりの意見をまとめてみる。

とにかく、後楽園に関する周辺事情も含め、自らの疑問を自分なりに検討し、考え、多少調べてみて、自分なりに納得してみた。

小石川後楽園位置図

小石川後楽園大泉水正面

慈照寺（銀閣寺）

毛越寺庭園

厳島

旧浜離宮庭園

鹿苑寺（金閣寺）

一乗谷朝倉氏庭園

二、何故、小石川後楽園はあまり知られていないのか

何故、東京都民でいながらこの小石川後楽園を知らない人が多いのか。いくつかの要因が考えられる。結論的に言えば江戸時代に花開いた諸文化を日本独自の輝かしき文化と捉え、教育する時代的ゆとりが明治維新以後なかったことがまず第一に挙げられよう。その他を含め以下に掲げる要因によるものと考えられる。

(一) 明治維新による江戸文化の抹殺

明治維新という名の革命によって、長州や薩摩といった地方の力によって、徳川一族による江戸時代の終焉を目指し、江戸文化は根こそぎ破壊され、大名屋敷とその附属庭園である大名庭園もことごとく取り壊されていった。江戸は日本中の文化が集約され日本文化がこの戦争なき平和な時代に集大成され、世界に誇る文化都市であった。

加えて、他のアジア諸国のように西洋の属国には絶対にならないという強い国家意志が、西洋に追いつき追い越せと近代化を急ぐあまりに、日本文化の良い面もかなぐり捨ててしまった。一方、広大な面積を持つていた大名屋敷は、多くは官庁用地となり、軍部の管轄下に置かれ、また、近大都市として必要な諸施設用地となって、結果的に日本人の勤勉さも作用して世界も目を見張る勢いで近代化が進められていったことも事実である。

同時に富国強兵策を推し進め、軍国主義社会となり、そうした中で強い日本を国民に植え付けることが教育の最大目的となり、日本の歴史や文化は歪曲され、正しい史実に基づいた科学としての歴史教育をしているゆとりがなかった。

小石川後楽園は幸いかな明治維新時に奇跡的に取り壊されずに、天皇の行幸や皇族、海外の賓客等に利用され庭園として機能してきたが、一般庶民に開放されるには昭和の時代を待たなければならなかった。こうした歴史的背景が小石川後楽園が知られていない大きな要因の一つとなっているのは否めない。

(二) 戦後の偏向教育による弊害

現在、小・中・高の学校の教育は教科書に基づいてなされている。その教科書は太平洋戦争後は検定制となり文部省著作または文部大臣の検定を経たものが使用されることになっている。小・中学校等義務教育は、国にあっては、文部省、地方自治体では教育委員会が行うが、教育内容は学習指導要領が基準とされている。学習指導要領は教育課程の基準として文部省が作成する(教育課程とはカリキュラムの訳で学校の教育目標を達成するため児童・生徒の発達に即して学芸各分野から得られる教材や学習活動を選択配列した指導計画の体系をいう)。その学習指導要領では日本文化について深く言及することを避けてきた。その結果、日の丸国旗の掲揚や君が代の国歌の斉唱も義務付けてこなかったのである。

何故であろうか。二つの要因が考えられる。一つは戦後のアメリカによる見事な統治戦略。もう一つは、戦後小・中学校の教師を中心に組織された日教組等による偏向教育によるものと考えられる。ここでは深く言及しないが、いずれも日本文化を否定的に扱ってきたことによる。アプローチは両者は正反対であったが、日本文化の否定的な姿勢は共通であった。即ち、アメリカは、日本が戦争を仕掛けてきた要因を日本の伝統的文化にあると規定し、再び日本が一丸となって刃向かってこないよう日本文化を否定的に教え、日本の欧米化を強力に推進してきた。

アメリカの戦略にまんまとのってしまった新政府は太平洋戦争終結に当たって、戦争に至った総括も無いまま、またしても西洋に追いつき追い越せ政策を邁進してきた。その結果、公害をまき散らす経済大国になったものの、何の信念もないエコノミックアニマルという酷評のもと、日本人としての誇りも持てず、自分たちの文化をも他国に胸を張って説明できない腑抜けた国民となってしまったのだ。

一方、日教組は、資本主義社会及び国粋主義社会が戦争を引き起こすのであって、戦争なき平和な社会は共産主義社会を構築していく以外あり得ないと規定し、日本文化を否定的に扱ってきたことによる。いずれにせよ日本独自の文化まで否定的に扱ってきた結果、日本を担う学生達は全学連を組織し国家の否定的活動に突っ走っていったのである。

こうした時代にあって地元にこんな立派な庭園があっても、その価値が理解できない人が多いのも無理からぬところであろう。

そうしたことから漸く、今から十四年前の一九九九年（平成十一年）八月国旗国歌法が交付・施行され、そして、中央教育審議会では二〇〇三年（平成十五年）三月に教育基本法の見直しを提言し、伝統文化の尊重や愛国心の涵養、新しい公共の精神などの理念を盛り込むことを答申した。非常に長い間、諸外国では見られない偏向教育がなされてきたのだ。

最近になって少しずつではあるが、日本文化のすばらしさに目覚め、世界に胸張って日本の良さ、即ち、平和な社会をもたらす精神文明の奥深さを多いにアピールできるようになってきた。そして、観光立国を目指そうという気運が起こりつつあることは喜ばしいことである。

（三）東京という大都会なるが故の弊害

昔、東京育ちの私にはふるさとがないと思っていたが、ある年代に達して、しみじみ思うに、東京がふるさとなのであることに気がついた。現在東京で暮らす半数以上の人にはそれぞれふるさとがあり、盆や正月には一斉にふるさとへ帰っていく。自分には帰るふるさとがないことが寂しかった思いがある。

東京という大都会は、日本の首都であり日本の政治・経済・文化の中心地として、日本中から多くの人が集中してくる場所であり、結果的にはこの都会に住み処を見付け、住まうことになるが、その人達にはふるさとがある。それらの人の子供で東京で生まれても、おじいさんやおばあさんがいるふるさとがある。ところがその子供達、即ち三代目となると帰る所がない。即ち、東京がふるさとということになる。しかしながら東京で育った住民に対してふるさとは東京であることを教えてこなかった。

東京都で代々生活する者には、ふるさとは東京であることを教え、且つ、昔から伝わる伝統や文化財等を誇らしく伝えられるように地元の学校で教育してこなかった。今後は東京都内の小学校や中学校において郷土としての東京を肌で感じてもらう教育を行ってもらいたいものである。否、私たちが東京の教育関係者に呼びかけることが大事なのであろう。確かに江戸時代から、江戸をふるさととしている者は少なかったことは事実であるが、それでも現在では半数以上が、三代以上東京で暮らしてきた人々がいるはずである。そのためにも、もっと地元に於けるふるさと教育を積極的に推し進めるべきと考える。東京都以外の道府県での小学校であれば、当該道府県にある貴重で重要な文化財については恐らく例外なく誇らしげに教えているはずである。

（四）管理体制上の問題

これも東京都という大都市であるが故の弊害の一つかもしれない。身近にある文化財や名勝について、前項で触れたように小学校で取りあげ伝承していくことの意義等について教えていくべきであるが、その小学校は区立が多く、区が管理している文化財等についてはその歴史的背景を含めて区としての誇りとして教えるものの、東京都が直接管理運営している文化財等の施設については、あえて無視しているというおかしな現象がおきているのである。都立公園や都が直接管理している施設等は区として特に取りあげないのである。都行政と区行政の弊害と言えよう。

地方では県立施設でも、それが置かれている都市は当該施設を誇らしげに伝えている。東京都という巨大都市といえども、区は当該施設や文化財を都が管理運営しているものでも、当該区に存在しているのであれば、その意義について子供達に伝承すべきであることを肝に銘ずるべきである。同時に、そうした文化財等が存在していない区でも、すばらしい文化財が都の他の区にあっても、その意義について、教育の素材として取りあげる必要があろう。少なくとも今までそうしてこなかった。これらが後楽園というすばらしい庭園が都内にありながら多くの都民に知れ渡らなかった要因の一つと言えよう。

(五) マスコミの偏った番組構成

マスメディアとしてのテレビや新聞・雑誌は、結果的に視聴率が高く、且つ、売れないことには経営が成り立たない。どうしても大衆が好むものを中心に記事にしたり報道する。凶悪犯罪や、スターの近況とかスキャンダルを、また、料理番組や歌謡番組、サスペンス物語や、不倫物語、あるいは下品なお笑い番組などで埋め尽くされ、じっくり日本文化を伝えてこなかったことなども大きな原因であろう。最近は、散歩番組も増えて、史跡や名勝を訪れることも増えてきたが、教育番組でなくとも良いので、もう少しましな紹介の仕方があるのではないだろうか。都会の中でのオアシスの楽しみ方をじっくり伝えて欲しいものである。同時に日本の歴史についても大河ドラマだけでなく、真っ正面からとらえてそのすばらしさをもっと積極的に取り上げて欲しいものである。

ただ、最近好ましいことに、世界遺産の登録に関して、日本に於いても大いに関心が示されるようになり、多くの名勝が登録となりその都度報道され良い傾向をもたらしている。しかし、世界遺産になる、ならないには関係なく、日本文化の良い面は独自に世界にアピールすべく積極的な報道が重要である。

（十八）立地的弊害

小石川後楽園が余り知られていないということは、以上触れてきたように幾つかの要因があるが、そのほかに、後楽園の立地上の問題もあるのではなかろうか。一つは大きな道路に面していない。廻りに商店街も無く住民も少ない。最寄りの鉄道駅が多くあるが、入り口迄のルートがわかりにくい。といったものである。地元の文化遺産として人に誇らしく自慢したり、来園を促す主体が少ないことも指摘できよう。即ち、商店街が近くにあれば、商店街が一丸となって、多くの来街者を招くため積極的に地元の文化遺産を宣伝するのであるが、小石川後楽園の場合、そうした商店街がないことも一因であろう。

更に悪いことに東京ドームが隣接しており、単独で人を集められ、逆に後楽園のイメージが動的な憩いの場として定着し、静的な庭の観賞場所としてのイメージがわかないといったことも災いしているとも考えられる。それに、駐車場もなく、観光バスが横付け出来ないのも観光業界からルートに入れにくい面があるのではなかろうか。しかし、これらの要因は解決可能な面が多くあり、今後地元住民を結集して克服していくことが考えられる。

三、ふるさと意識の大事さ

　生まれ育った土地、そして同じ言葉で話し、同じ伝統や文化を持っている者同士が同志であって、君も僕も同じ仲間であると認識できたときに個人としての自立が確立するのである。そして受け継いできた伝統や文化を次世代の若者や他の人々に教え、伝承していくことが大事で、このことは同様に同じ国土で、同じ言葉を使い、同じ民族としての伝統と文化をもつ日本人としての意識を持つことと同じなのである。世界の人々に誇らしく自慢げに語ることの出来る日本人を育てるのだ。戦後日教組たちによる偏向教育がなされ、国という単位で物事を考えるのは悪と位置づけてきたことによる弊害が今日の日本の姿である。

　即ち、国という単位で物事を考えることは全体主義と結びつき、愛国心をあおり、結果、軍国主義の復活をもたらせ、そして戦争へと突入していくといった短絡的な考え方である。

【日本人であることの自覚】

　世界人といわれる人びとは自国の民俗と文化と伝統等について誇らしげに語れるが、今の日本人の若者はかわいそうに何も語れないのである。

　自分たちは日本人であり、感情豊かな日本語を語り、長い歴史と伝統を持つ民族であることを、きちんと若者に教えていかなければならない。その上で、世界のこともよく知り、それなりに理解していけば、日本文化の独自性や異質性がよりよく理解されよう。自分たちの国の歴史や文化も知らなければその意味合いも分からないというのであれば、世界中の人々から笑いものにされてしまうのが落ちである。日本人である以前に世界人たれという馬鹿げた考え方は全くおかしなことであり、立派な日本人であればこそ立派な世界人になれるのである。自国のことを知らずして何が世界人か、全くおかしな話である。己を知らずして他人と親しくつきあうことなど出来得ようか。

【後楽園が作庭された江戸時代を知ること】

この小石川後楽園をより理解すると共に、作庭時期である江戸時代を深く理解して、文化の神髄と建国の心をくみ取り、よい点と悪い点を整理しつつ、ただ伝統という名の基に、良しも悪しも全て受け継ぐのではなく、これから世界をリードしていく新しい価値観を構築していく手がかりを得たいと思っている。日本人であるが故、日本のことをよく知り・理解しない限り、世界人になれない。今の若い者は非常にかわいそうである。学校で日本文化の特徴・特殊性を極端に言えば教えていないのである。ひどい先生は、平気で生徒に、日本の文化は猿まね文化であると語っているそうだ。全く情けないことである。確かに西洋で発達した物質文明は、近代化、民主化に貢献したが、その結末は、大量殺害兵器による大規模な破壊活動の助長であると同時に地球温暖化に代表される環境破壊の進展である。日本文化は、自然環境との共生であり、精神文明の極致に達した文明であったと確信している。物質至上主義の時代は終わり、心豊かな精神文明・人道主義の時代が訪れようとしている。

現在、平和を脅かしている要因は、人種差別による貧困層のもがきによるテロ活動と宗教対立による抗争である。

我が日本は、江戸時代に確立した徳を重んじた武士道による人道主義と、古くから一般民衆の間で自然及び自然現象を崇高なもの・崇高な現象として捉え崇め祀ってきた伝統があり、結果、森羅万象に神の発現を認め八百万の神への尊厳と敬愛そして信仰の対象とし、仏教の仏様への信仰と対立することなく受け継いできた。自然・環境との共生という文化をもたらせてきたのである。

まさにこれからの世界をリードしていくには、こうした日本の伝統的生き方や宇宙観が必要なのである。どの民族・国家でも自分たちのことを優れた民族で、優れた歴史を持っていることを誇りとして教え、自信をもって生活している。日本のみが一部の教育者達によってもたらされた偏向教育によって自虐思想に根ざした自国の文化の否定的教育を行ったため、何の自信も持てない民族と化してしまったのである。当然、世界中の若者に馬鹿にされてしまう。

私は後楽園を通して、日本の文化が結実した江戸時代を端的にまとめてみたいのである。当然、江戸時代は封建時代であり、その権力構造は、世界中同じ道のりを歩んできた。その中にあって日本は独自の文化を築いて来たのである。そんなこんなで、取りあえず、後楽園を楽しみながら我が想いをぶつけてみたのが本書である。楽しんでいたはずが結果的に怒りに変わっている。そしてその思いを晴らした時、恐らく真の楽しみが得られるのであろう。

第二章　小石川後楽園のあらまし

一、現状

本庭園は、文京区の南端に位置し、都営地下鉄大江戸線「飯田橋」下車徒歩二分、ＪＲ総武線「飯田橋」東口下車徒歩八分、東京メトロ東西線・有楽町線・南北線「飯田橋」下車徒歩八分、東京メトロ丸ノ内線・南北線「後楽園」中央口下車徒歩八分の位置にある。江戸時代に水戸屋敷の中にあった庭園で現在七万八四七平方メートルの広さを持つ都立公園として一般に公開されている。江戸時代の初期に初代水戸藩主徳川頼房公が三代将軍徳川家光より約二十五万平方メートルの土地を賜り、当初は中屋敷として建設されたが、のちに上屋敷として利用されてきた屋敷内の庭園である。二代水戸藩主光圀公によって完成された回遊式泉水庭園である。

（一）後楽園の特徴

小石川後楽園の特色を外観してみる。

□江戸時代初期に作られた築山・泉水の回遊式庭園でその後多く作庭された大名庭園の手本とされた。
□江戸時代に作庭された庭園で、現在までその姿を伝えている数少ない庭園である。
□日本国の文化財として特別史跡、特別名勝という二つの指定を受けている名園である。二つの指定を受けているのは京都の金閣寺、銀閣寺を含めて九つだけである。庭園に限れば八つである。もっと厳密に見れば、毛越寺庭園は庭園そのものは特別名勝であるが、特別史跡は毛越寺境内にある他の施設で、庭園そのものは特別名勝のみで特別史跡となっていないとすれば七つということになる。
□この七つの庭園の中で江戸時代に作庭された大名庭園は小石川後楽園と浜離宮恩賜庭園の二つのみである。
□徳川御三家の一つである水戸藩の初代藩主頼房の茶趣味を基に高低差に富んだ沼地を選び、地形を生かして作庭された庭である。当初は中屋敷として作庭されたが、明暦の大火後、上屋敷の付属物として作庭された（自然の地形を生かした庭は、大変珍しい）。
□頼房は三代将軍家光と親交があり、家光は作庭時によく訪れ、意見を述べ庭造りに参加したという庭である。大泉水の面割りのメモを頼房に渡し、造らせたという話もある。
□後楽園の目玉はあくまで大泉水を中心とした景観であった。大泉水は、現在より広く周囲は巨石・奇石の勇壮な石組みで見る者を圧倒したという。
□大泉水の中央部には木造平橋の長橋が架かり、その北方よりに舞台があった。そこからの眺めは庭を三六〇度何の遮る物もない静寂の中での大パノラマが展開され、圧巻であったという。その舞台では月見の宴が営まれた。
□こうした大泉水も現在では作庭当時と比べ縮小され、長橋も無くなっている。享保の変革といって四代藩主の時代に大改造がなされ、作庭当時の景観は見る影もなくなったと記録（『後楽紀事』）に残されており、作庭当時のすばらしさを子孫に伝えたかったといっている。
□大泉水の北東部に河原書院があって、その周りには特別に池を中心とした庭を作り別世界のようなすばらしい景観を織りなし、「誠に仙家のごとく、別に天地あるがごとし」と言われた。書院自体も障子は金箔であったという。ここで、歌会や茶会、能舞台もあり演舞会が開催された。享保の火災で焼失してしまったが再び建て替えられなかった。後に、その辺りに琴画亭が建てられたが、河原書院にはほど遠い施設で、「周囲の景観をなす木石みな掘捨てられた。」「この時、後楽園の景観大いに変ず」と『後楽紀事』に記録されている。（吉川需・高橋康夫著『小石川後楽園』）

□初代水戸藩主徳川頼房によって作庭されたが、次の代の二代目藩主で国民に親しまれている黄門様こと徳川光圀によって手を加えられて完成された庭である。

□中国の明の亡命者である儒学者の朱舜水を光圀公が招き、作庭に携わらせた庭園である。光圀は朱舜水を師と仰ぎ、儒学の勉強に励んだ。「後楽園」という名称も、朱舜水が名づけ親である。

□後楽園は大きく四つに区分される。一つは大泉水周りの「海の景観」、二つ目は通天橋、大堰川、西湖、渡月橋周りの「川の景観」、三つ目は清水観音堂、得仁堂、小廬山、円月橋周辺の「山の景観」そして四つ目が、水田・菖蒲園、松原周辺の「田園の風景」である。

□内庭から唐門をくぐり、後楽園に誘い込み、「起承転結」のある庭園鑑賞を見事に演出したまれな庭園で、来客者を大いに感動させる庭園がある（この説明は長くなるのでこの概要の後で触れる）。

□日本の名勝や、中国の名勝、或いは見応えのある景観が八十箇所以上バランス良く配されており、歩く度に、移りゆく変化に富んだ景観が心を和ませる庭園である。

□樹木、草花の種類は一般の庭園と比べて少ないが、四季それぞれ特色ある草花を取り入れた四季折々楽しめる庭園である。
□庭園内にいくつもの建物を配し、お茶会や酒宴会、歌会、能舞会等を開催するなど社交の場として利用すると共に、一般庶民にも開放した庭園である。但し、大泉水周囲に中心となる建造物が無く、他の庭園と比べて大きな特色となっている。
　そうしたことが大泉水の勇壮さを醸し出しているといわれている。
□中国の歴史書、「史記」の中の伯夷・叔斉の生き様に感動した作庭者である光圀が、二人と泰伯の木像を彫らせ、これを安置する「得仁堂」を建て、毎日お参りするなど瞑想にふけった得仁堂のある景観は、奥山に見立てた庭の奥地にあり、静かなたたずまいの中で、儒学への志と大日本史編纂の意欲とを新たにした空間を作り、公の空間と私的な空間をうまく融合させた庭園である。
□庭園内に稲田を作り、農民に対する労苦に感謝の意を表すと同時にその心を忘れぬように養子の妻に教えたという庭園である。

　後楽園の鑑賞に当たって物語性があり、起承転結のある庭園であることを述べたが、ここで少し説明したい。但し、これは私のオリジナルな見方であることを予めお断りしておく。

【後楽園観賞にあたっての景観の起承転結の区分】

　園路を進み庭園内を一周するまでを旅路と見なし、要所要所にそれぞれ個性を持った見応えのある景観を創出し、旅人が前進する毎に変化に富んだ景観に感動と安らぎをもたらし、前進することに期待感を与えている。それは景観に起承転結というめりはりとリズム感をもたらしている。リズム感とは、景観の「明と暗」そして「動と静」の組み合わせによって快く遠路を巡っていける工夫がなされているのである。

「明」とは明るく開けた景観で「暗」とは樹木等によって暗さをもたらしている景観をいう。また、動とは園路を歩きながら観賞する景観であり、「静」とは静止して目の前の景観をじっくり観賞する状況をいう。

まず、後楽園の景観を起承転結に区分してみる。

「起」は唐門から大泉水に至る木曽山を中心とした深山渓谷の「動」「暗」の景観（深山幽谷に迷い込ませる。物語の始まりである）。

「承」は二つに区分される。

「承一」は紅葉林から大泉水を望む「静」「明」の景観。（鬱蒼とした渓谷・路から抜け出し、開けた大海原の大パノラマに未來の明るさを諭す）。

「承二」は枝垂れ桜、一つ松、小廬山（富士山）、蓮池、芝生の「動」「明」の景観（一つ一つの景から多くを学ぶ。旅立ちの準備）。

「転」も二つに区分される。

「転一」は音羽の滝、大堰川、通天橋、西湖堤を巡る「静」「明」の景観（物語は進行し、京都の縦軸の壮大な景観や中国のあこがれの空間に旅する。心が弾む）。

「転二」は、清水観音堂、得仁堂、八角堂周辺の「静」「暗」の景観（旅の中にも祈りの大事さと清水舞台からの異なった視覚による景観のすばらしさ、次いで、奥山での祈りの空間。旅の奥深さ、心の引き締め）。

「結」も二つに区分される。

「結一」は梅園、菖蒲園、藤棚と水田と作庭当時本園の北東部に有った河原書院「静」「明」の景観（旅の終わりである。目的地としての河原書院で旅（苦行）を無事に終えた最高のもてなしを受ける。同時に、その後の平穏な暮らしを諭す景観が広がる）。

「結二」は松原、船着き場、鳴門の渦と大泉水の東端からの戻り橋を望む最も長く奥行きのある景観「動」「暗」と「静」（最高の喜びと平穏な暮らしを通して、まだまだ悟りの必要性と戒めを得るとともに、静かに人生を振り返り、余生を待つ心境を得る）。

【起承転結の説明】

「起」は人生の始まりである。暗く狭い産道を苦心して通り抜け、生まれるいずる者の苦しみを通して、親の産みの苦しみを悟らせる場でもある。

「承一」は正に産湯につかって人生の門出を祝す場である。人生の始まり、未來の希望の雄大性・勇壮な無限の広がりを諭す場である。

「承二」は竜田川の幣橋を渡って、枝垂れ桜と小廬山（富士山）、橋を渡っての唐崎の松、橋からの蓮池を通しての富士山の景観は養育時代である。生まれた者が成長して行くに必要な教育を受けた場である。枝垂れ桜からは人生の盛りに思いっきり見事な花を咲かせ、潔く散っていくことの美しさを、唐崎の松からは、一年中緑を失わず勇姿を誇らしく示し、毅然とし生き抜くことを諭す。そして蓮池は極楽浄土にいける目標を見失わず日本一高く美しい富士山を心に描いてこれからの人生を生き抜くことを教える。そして、人は一人で生まれ一人で死んでいくのに一人では生きられない動物であり、家族あっての自分であり、子孫繁栄こそ一族を支える原点であることを陽石、陰石を置くことによって暗示している。一旦、ここでビードロ茶屋（現・涵徳亭）に入って人生の旅立ちを誓う。そして江戸をたって京都を目指す(ここでもう一度唐門からの木曽路を思い起こす)。人生の旅立ちである。

暗くて険しい道のりを行く。眼下に広々とした大海原が望める。明るい未来に向かって歩む。木曽路を抜けて琵琶湖に至る。蓬莱島に不死を願い長い旅、人生を祈る。そして、先に見た景観で教養を身につけ、渡月橋に立つ。京都に到達したのだ。人生の修行の始まりである。

物語は「転一」に入る。噂の通り京の都はあでやかな景観である。渡月橋から大堰川を望み、左に嵐山、大河川の流れの奥に目を懲らす。縦軸の奥深い景観が良く纏められており、その頂点に紅葉に良く映える通天橋が望める。渡月橋から南の方角を眺めるとそこは中国の西湖である。あこがれの中国の西湖堤に心が弾む。旅の楽しみをしみじみ感じる。生きる喜びに浸る。

そして「転二」に突入する。大堰川左側の琉球山に登る。現在こそさほどでもないが作庭当時は大きな岩や奇岩があり、人生楽しいだけでないことを教える。そして清水観音堂の前で人生を振り返り今まで歩んできた人生・景観を振り返り見る。そしてこれからの人生に対する戒めと祈りの空間・修行の場に入っていく。奥山を静かに進む。自らの師と仰ぐ人への想いを込め、手本とするよう意を新たにする。

そして、いよいよ「結一」に至る。旅の終わりである。梅林を進むとそこに全く別の美しい河原書院（今は跡形もない）が優しく迎える。障子は金箔を施しており、この書院の周囲には別の池を中心としたこの世とは思えない美しい庭園に囲まれていたという。ここで茶事や能が演じられた。旅を無事に終えたご褒美、最高の喜びを得る。最高の喜びの後、平穏な生活が待っている。平穏な田園風景の連なる場には水路が静かに流れ稲田が用意されている。日常生活の始まりである。藤棚があり、杜若園が広がり、美しく儚い八橋が見え隠れする。毎日の生活の中に身近な美を望む。平穏な暮らしが待っている。

「結二」に進むと昼なお暗い荒磯の松原（今はその面影が薄れている）や鳴門の渦（今は見られない）など、気を引きしめさせる景観も用意されている。そして、大泉水の東端で静かに人生を振り返り、安らかな余生を待つ心境を得る。

このように小石川後楽園には人生の起承転結が上手くまとめられている。静と動、明と暗のリズミカルな景観が、訪れる人々を飽きさせない。これが後楽園の魅力である。

【後楽園の魅力】

大名庭園は江戸における、二六〇から二七〇といわれる大名たちの屋敷の中に作られた庭の総称である。それらの大名は、自分たちの住まいであり、公式に客を招き入れ、もてなしをする場である上屋敷と、隠居して、公的屋敷を世継ぎに譲り、隠居生活をする場が中屋敷、そして災害が起きたとき等の避難場所として、または、避暑地、別荘、あるいは納戸・倉庫としての下屋敷という屋敷を最低三カ所を幕府より下賜されており、それぞれにふさわしい庭園が作庭された。従って、当時江戸には一〇〇〇近い庭が存在していたことになる。まさに、自然を取り入れていた、エコ都市が四百年前に実現していたのである。当時の人口は、百万人といわれ、ロンドンやパリと比べても世界で最も人口の多い大都市であった。そうした中で、本小石川後楽園は、今日まで、当時の作庭の意図をそのまま感じさせる数少ない庭園であり、歴史的に意義深い庭園である。そこに第一の特色を見いだすことが出来る。

（二）東京都の管理　（民間指定管理者に委託管理）

本庭園は現在東京都の管理下に置かれているが、実際には民間指定管理者である公益財団法人東京都公園協会に一括運営管理を委任している。二〇〇三年（平成十五年）に地方自治法の一部改正法の施行により、公園・庭園・霊園等の運営を指定管理者という民間事業者と同じ立場で請け負うこととなった。そして二〇〇六年（平成十八年）度からは、他の指定管理者を希望する民間事業者と同じ様にプロポーザルを提出し、地方公共団体（東京都庁）の審査を受けて総合評価によって選定され、委任を受けた。結果、従来と比べ三公園が追加され、五十八公園、九庭園、八霊園、一、葬儀場、一、ビジターセンターの運営管理を行ってきた。更に二〇〇八年（平成二十年）に公益法人制度改革三法の施行により、従来の財団法人から公益財団法人へと変更を余儀なくされ、二〇一〇年（平成二十二年）に設立の認可がおり、二〇一一年（平成二十三年）には、新たに他の民間事業者と競い、従来より二十公園の管理から離れたが、引き続き運営に当たっている。

㈢　公益財団法人東京都公園協会

東京都公園協会は、一九四八年(昭和二十三年)「任意団体」として発足し、一九五四年(昭和二十九年)二月二十五日財団法人の設立許可がおりた。一九八五年（昭和六十年）には東京都財政支出団体（都庁の外郭団体)に指定された。その後、都政の一翼を担う管理団体として長い間公園等の運営に携わってきた。しかし、役所の外郭団体に対して世論として厳しい目が向けられ、上述した流れから、外郭団体ではない民間事業者として衣替えした。その上で公園等の指定管理者を希望する他の民間事業者等と同じくプロポーザルを提出し、地方公共団体で定めた条例に従って、総合評価方式などにより候補者の団体の中から選定され、地方公共団体の議会の議決を経て最終的に選ばれ、晴れて指定管理運営の委任を受ける。こうして今回も五年間、公園・庭園・霊園等の管理運営に当たることになっている。

それでは、明治維新まで水戸家の管轄地であった庭園が、東京都の管理下に至る経緯を見てみよう。

（四）明治維新後都立公園に至る経緯

一八六八年（明治元年）に明治維新により、長い間続いた幕藩体制が崩壊し新しい政府が樹立された。水戸の最後の藩主は徳川昭武であった。翌、一八六九年（明治二年）版籍奉還により邸宅と共に邸地を新政府に上地（没収）され、兵部省の管轄地となった。明治四年には、敷地の一部に造兵司が移された。明治六年以降は、明治天皇の行幸、皇族や海外の賓客が多数来園した。しかし、一八七九年（明治十二年）屋敷跡の大半に砲兵工廠が建設された。庭園は、それまでの価値や実績が評価され、残された。そして、一八八〇年（明治十三年）に涵徳亭が焼失し、翌年再建された。一九二三年（大正十二年）四月には砲兵工廠が改称され陸軍造兵廠となった。その年に庭園は小石川後楽園として国の史跡、名勝の指定を受ける。同年関東大震災により大きな被害を受ける。一九三六年（昭和十一年）文部省の所管となり、東京市庁が管理者となる。そして一九三八年（昭和十三年）に一般公開される。一九四五年（昭和二十年）五月二十五日太平洋戦争によるアメリカの空襲により戦災を受けた。一九五二年（昭和二十七年）に文化財保護法に基づき、国の特別史跡、及び特別名勝に指定され、今日に至る。

（五）指定管理者制度

それまで地方公共団体やその外郭団体に限定していた公の施設の管理・運営を、株式会社をはじめとする営利企業・財団法人・ＮＰＯ法人・市民グループなどの法人、その他の団体に包括的に代行させることが出来る（行政処分であり委託ではない）制度である。

公の施設とは何もハコモノの施設だけでなく道路、水道や公園等も含まれる。地方自治法の一部改正法の成立に伴い二〇〇三年六月十三日に公布され、同年九月二日に施行された。小泉内閣の発足後の日本に於いて急速に進行し、「公営組織の法人化・民営化」の一環とみなされている。

その意義は、次の通りであるとされている。
○利用時間の延長など施設運営面でのサービス向上による利用者の利便性の向上。
○管理運営経費の削減による、施設を所有する地方公共団体の負担の軽減

(六)　公益財団法人　東京都公園協会が管理運営している他の庭園
現在当協会では五十八公園・九庭園・八霊園・一葬儀場・二ビジターセンターの運営管理に当たっている。それらの内、九つの「庭園」は小石川後楽園を含む、次に示す「庭園」である。
○小石川後楽園（黄門様ゆかりの大名庭園）文京区後楽一―六―六（特別史跡、特別名勝）
○浜離宮恩賜庭園（徳川将軍家の庭園）中央区浜離宮庭園一―一（特別史跡、特別名勝）
○六義園（和歌を基調とした江戸の大名庭園）文京区本駒込六―一六―三（特別史跡）
○旧芝離宮恩賜庭園（江戸最古の大名庭園）港区海岸一―四―一（名勝）
○旧岩崎邸庭園（和洋建築文化の水を示す庭園）台東区池之端一―三―四十五（重要文化財）
○向島百花園（四季日本の花が咲く庭園）墨田区東向島三―十八―三（名勝、史跡）

○清澄庭園（全国から名石が集まった庭園）江東区清澄三―三―九（名勝）
○旧古河庭園（洋館とバラの庭園）北区西ヶ原一―二十七―三十九（名勝）
○殿ヶ谷戸庭園（武蔵野の野草と涌水の庭園）国分寺市南町二―十六（名勝）

二、「公園」と「庭園」

「公園」と「庭園」は、実質的に同じであろうと思っている人の方が多いと思われるが、本質的には異なるものである。都市内で緑のネットワークを構成する要因としては同じ役割を持ち、従って広義的には、「庭園」は「公園」の一部として位置付けることは出来る。但し一般に「公園」と「庭園」は異なるものと見た方が良い（ここでの「公園」は「自然公園」とは別の「都市公園」であり、「庭園」は一般に公開されている史的に意義深い「庭」を指し、一般家庭の「庭」とは異なる）。

確かに「公園」には「植物公園」「動物公園」「運動公園」「墓地公園」「河川公園」「海浜公園」「防災公園」「多目的公園」あるいは、「児童公園」「地区公園」「総合公園」等目的に応じて色々な空間があり、その中に「庭園公園」とすることも可能であるし、現在の管理運営の方針はそういう捉え方であろう。しかし、以下に見るように「公園」と「庭園」は元来本質的に違うのである。

以下に「公園」と「庭園」の違いを見てみる。

①「公園」は、公的な都市施設（公共施設）であるのに対し、「庭園」は私的な文化財である。

②「公園」は誰でも無料で自由に出入り出来るものであるが、「庭園」に入るには入園料を支払わなければならない。即ち、「公園」の維持管理費は税金でまかない、「庭園」は庭に興味のある受益者が負担する。

③「公園」は四方から自由に出入り出来る（当然四方に道路があればのことである）が、「庭園」は

周囲に囲い（塀、垣根、築地等）を巡らせており、従って、入園門が必要となる（入園料を徴収するという面からも必要となるが、歴史的に見ても一般に何らかの囲いがあった）。

④「公園」は、十九世紀になってから、都市居住者（工場労働者等）の、肉体的、精神的健康の改善に資するものとして、政府に於いて設置され始めた（日本に於いては、一九七三年（明治六年）太政官府によって設定された）ものである。歴史的には新しい概念の空間地であり、且つ、都市計画的見地から創出されたものであるのに対して、「庭園」は、人類に豪族ないし、貴族あるいは武士等支配階級が出現して、自己の居住地としての屋敷を持つようになって、住居用建物と、その敷地内の付属物で屋外に観賞用の景観を人工的に作り出して楽しんだ、という私的な空間であり、歴史的に古いものである。文化財的見地から保護・保全されてきたものである。

⑤「公園」は目的に応じて多少は異なるが、一般には園内で自由に遊んだり、動き回ったり、寝そべったり、飲食物を車座になって楽しんだり、あるいは、演奏したり、みんなで唄ったり、展示物等を鑑賞したりして楽しむことが出来る空間であるのに対して、「庭園」はそのものが、観賞用の文化財（国の指定の有無に関係なく）で、その中に入り込むことによって庭が作り出す景観を楽しみ、あるいは作庭の時期に思いをはせ、あるいは、作庭者の作庭意図をくみ取りながら楽しむものである。

以上見てきたが、端的に言えば、「公園」は明治維新以後西洋から導入されたデモクラシーないし、「公共の福祉」といった西洋文明であり、「庭園」は長い歴史を持った日本文化なのだ。

【小石川後楽園で正門を閉じてしまった理由】

先に「公園」と「庭園」の違いは、「公園」は入園料を徴収しないが、「庭園」は入園料を徴収すると述べたが、小石川後楽園についていうと、昔（昭和三十五〜六年頃まで）は、無料であった。少なくとも、小石川後楽園では、当時、正門（現在、東京ドームがある側の東門）からの出入り口としての門があった。しかし、その近くには競輪場があって、後楽園に自由に出入り出来た頃（無料）、競輪場に来る客が休息に入り込み、たばこの吸い殻や飲食物の食べ残し、あるいは、新聞紙等でゴミだらけにし、且つ、草花をいたずらにもぎ取るなど、園内が荒れてしまった。

そのため、無料だから誰でもが入ってしまうので、有料にして庭に興味ある者だけを入園させるようにしたのである。しかし、それでも無断で入り込む人が絶えないので、正門を閉めてしまい、反対側の西門からしか入園させないようにしたとのことであった。そして、競輪場が無くなっても正門は開かれないままとなっており、且つ、入園料も徴収し続けている。私は当然今後も入園料は取ってしかるべきと考えるが、正門は是が非でも開かなければならないと思っている。

【入園料の徴収】

他の都立公園として管理している「庭園」もその時期に恐らく入園料を徴収し始めたと聞いているが、この小石川後楽園の出来事が原因で「庭園」は入園料を徴収し、「公園」はそのまま無料とするということが決められたのか、あるいは、同じ頃、「公園」と「庭園」を区別し、「庭園」の維持管理費は徴収すべきで、「公園」は無料という制度（法律か、都の条例か）が敷かれたのであろう。恐らく無料時代があり、そして有料にすべき論理が構築され、「庭園」（文化財の指定を受けた）は入園料を取り、受益者負担としたのであろう。

いずれにしろ、公共施設に関しては本来、全て税金（国家及び地方公共団体）で建設し、維持管理すべきであるという考え方と、公共施設であるが全てを税金として建設、維持管理を行うのでなく、その一部を公共施設等の利用時点で、利益を受ける個人又は一定の地域の住民に負担させるべきである（受益者負担）という二つの考え方があり、現在では後者の考え方が一般化され、事実、制度化されている。

一般に「一般道路」は、前者で、「鉄道」や「水道」「電気」「高速道路」「ガス」などの公営企業が営む事業に関しては後者である。但し、税金ではないが政府金融機関である公営企業金融公庫は全額政府出資で、他に公営企業債権を発行して資本を調達し、これを地方の公営企業に低利で融資して上述の公営事業の建設を行っている。

第三章　作庭地域・土地（柄）背景

一、江戸という地域特性

現在の東京は押しも押されぬ、世界でも屈指の巨大な都市である。小石川後楽園はまさに、そうした大都会の中心に超高層ビルに囲まれながらも多くの市民の憩いの場として、今日も機能している。この地は、徳川家康が江戸に幕府を開くことによって開発整備された地域であり、その一環としてこの地に水戸藩の屋敷が作られ、その付属施設としての庭園が造られ今まで引き継がれてきたものである。

江戸という土地は、京都から見ると遙か東部に位置する関東地域の一部であり、未開の地といわれてきた土地である。では、何故徳川家康はこの地に幕府を開くことを決めたのであろうか。それなりの理由があったはずである。今一度この関東地域はどういう土地であったのかを見ていくこととする。

一般的には、徳川家康が入城する前に太田道灌によって築かれた江戸城があり、そこに入城したとされ、江戸の初期開拓者は太田氏に始まるとされている。しかし、実はそれより古く、十二世紀初頭江戸氏によって江戸の館が築かれていたのである。

その間四世紀半、時代は平安末期から鎌倉時代を経て南北朝時代そして室町幕府、戦国時代とめまぐるしく変貌していった。

そもそも関東地方は石器時代と言われる一万～二万年前から人々が住み着き、竪穴式住居に住み、狩猟や漁労生活を送っていた。

当時の関東地域は現在の内陸部まで海が深く入り込んでおり、遺跡の分布を見ても明らかなように埼玉や群馬あたりにも貝塚の跡が見える。従って南部よりも北部の方が早くから開発が進んでいたようである。弥生文化の時代には既に群馬県や栃木県にまたがった地域に多くの小国家が群立していた。そして、それなりに安泰な生活を送っていたのである。しかるに、大和朝廷に代表される中央政権は京都を中心に九州を含む大部分の西部地域を平定していたが、箱根山から東のこの関東地域まで平定し切れておらず、何回かの討伐を試みて、やっとのことで平定していったわけである。伝説の時代とはいえ、香取神宮の祭神・經津主命（ふつぬしのみこと）、鹿島神宮の祭神・武甕槌命（たけみかづちのみこと）の東征、天富命（あめのとみのみこと）による斎部氏の移住、武渟川別命（たけぬかわわけのみこと）の東征。そして、倭建命（やまとたけるのみこと）による関東平定などである。こうして四世紀から五世紀に懸けて大和政権に組み入れられていった。関東地方には近畿から東海道と東山道の二道が通じていたが、東海道の箱根の足柄坂から東を坂東（ばんとう）といった。大化改新六四五年（大化元年）以前にはその坂東には七カ国があり、この七カ国を支配した国造（くにのみやつこ）には二十六人程度がいたといわれている。

改新後、国造に変わって国郡制が施行され、陸奥が加わり、坂東七カ国と合わせた八カ国に国司が任命された。七一三年（和銅六年）頃、武蔵という地名も確定されたようである。武蔵国は地名の由来からも明らかのように、荒涼とした原野が多く上野や下野あるいは上総・下総よりも未開の地であったが、関東諸国は東北蝦夷に対する防波堤として軍事的な機能を強化する地域として位置付けられ、武蔵国に国府が置かれた。現在の府中市である。その後、聖武天皇により諸国に国分寺も建てられた。国府の北方に創建されたのである。また、高麗人等帰化人による開墾もなされ積極的な開発が進められた。武蔵国はその後、地形的変動によって街道も整備され近畿から常陸方面に向かう要衝地となった。八世紀から十世紀にかけて、この武蔵国は律令制下中央政権により派遣された国司により治められた。十世紀の初頭に編纂された延喜式によれば、守（かみ）、権守、介（すけ）、大掾（だいじょう）、権大掾、少掾、権少掾、大目（おおさかん）、小目の各一人と史生（しせい）五人の役人がいた。これらの役人が武蔵国二十一郡を支配したという。当時の人口は日本全土で五〇〇万人から七〇〇万人といわれており、そのうち武蔵国には十三万人強がいたと推計されている。

このように、大化改新以降、関東一帯は確かに律令政府の支配下にあり統治されていたとはいえ、その地形的閉鎖性は京から見ればあくまで辺境の地であり、律令制権の及ばない地域であった。八八九年には物部氏の叛乱があり、八九九年（昌泰二年）には僦馬（しゅうば）の党が蜂起するなど、京で栄華を誇っていた藤原氏の時代、関東では新しい勢力が胎動していたのである。坂東武者といわれる武士集団である。これらは七世紀中頃より、東国国司として中央より赴任した皇族の系統である藤原氏や清和源氏であり、桓武平氏である。彼らは解任後も任地に留まり、律令制下の地方を私物化し土豪として地盤を築いていったのである。そして九三九年（天慶二年）には、平将門による将門の乱が勃発する。続いて一〇二八年（長元元年）には平忠常の乱、一〇五一年（永承五年）の前九年の役、一〇八五年（応徳二年）の後三年の役と続く坂東武者の反乱は西の公家勢力に対する東の坂東武者勢力の台頭を示す。
家康が入城する以前の江戸の状況や入城当時の状況については、内藤昌著『江戸と江戸城』（鹿島研究出版会）に詳しく述べられている。本章や次章は本書を参考とし或いは引用及び抜粋を行った。詳しく知りたい方は本書をお読みになることをお薦めする。

【国造】（くにのみやつこ）
国造は古代、大和の王権に附属した地方首長の身分の称である。地方統治に当たらせ、大和政権は国造制のもと地方支配体制をかためた。そしてそれらは解任後もその地域に留まり、土豪化していった。大化の革新後国郡制の施行により郡司（国司）に優先的に登用した。しかし、一部は律令制下の国造として祭祀をつかさどり、世襲の職とされた。

【国司】（こくし・くにつかさ・くにのつかさ）
律令制で、中央から派遣され、諸国の政務を管掌した地方官。七世紀後半の国の成立に伴って任命された国宰（くにのみこともち）がその前身。八世紀以後の律令制では守（かみ）、介（すけ）、掾（じょう）、目（さかん）の四等官と史生（しせい）を置いた。任期は当初六年、七〇六年（慶雲三年）以降は一時期を除き四年であった。その役所を国衙（こくが）といい、国衙のあるところを国府といった。狭義には守（長官）のみをさす。

【郡司】
律令制で、国司の下にあって、在地任用の郡を統治した地方官。大領（長官）、少領（次官）の総称。

【延喜式】

養老律令の施行細則を集大成した法典。醍醐天皇の命により九〇五年編集に着手し、九二七年（延長五年）に完成し九六七年（康保四年）に施行した。五十巻。以前に編集された弘仁・貞観（じょうかん）の二式を取捨して、改訂したもの。三大格式のうちほぼ完全な形で残存する唯一のもの。九条家本が古写本として著名である。


【養老律令】

日本古代の法典で、律十巻十二編、令十巻の三十編からなる。藤原不比等が学者や渡来人とともに大宝律令の条文を改修し、七一八年（養老二年）に完成したと当時の公式史料は伝えている。編纂事業はその後も継続された。七二〇年（養老四年）不比等の死後まもなく中断されたが、七五七年（天平宝字元年）に藤原仲麻呂が公布・施行した。律十巻約五〇〇条は大半が散逸したが、令十巻一〇〇〇条は大半が残存する。十世紀以降はほぼ形骸化したが、国家の基本法として、形式的には明治維新まで国制を規制し続けた。


【律令】

東アジア古代統一国家の法典をいう。格式とあわせて、律令格式の四語が成文法の体系を意味する。律は刑法に、令は行政法に相当する。中国で古くから発達した。秦・漢に律が、南北朝に令が現れ、随・唐で発達の頂点に達した。

日本では唐代のものに習い七世紀後半から八世紀前半に近江・飛鳥浄御原（あすかきよみがはら）

大宝・養老の律や令が制定された。古代朝鮮やベトナムでも編纂されたというが条文が残っていないため内容は分からない。

【律令制度】

律令に基づく古代統一国家の統治体制をいう。中国では随や唐で、日本では奈良時代を中心に行われた。中央集権の一種であるが、成文法典による罪刑法定主義である。巨大な官僚機構による直接統治で、その手段としての文章主義、官衛（かんが）と私宅との分離などを特徴とした。人民に対して戸籍、計帳による個別人身把握や均田法・班田収受法による耕地配分、租庸調制による人頭税賦課など、国家的土地所有を基礎とした公民支配をもって臨み、中央集権を最も徹底させた。

【格式】（きゃくしき）

律令と並ぶ古代の成文法をいう。格は律令の規定を部分的に修正した単行法令、式は律令および格の施行細則をいう。共に、詔勅・官符などの形式で必要に応じて発布された。九世紀初めから十世紀初めに弘仁・貞観（じょうがん）・延喜の三大格式が成立。そのうち格は類聚（るいじゅう）三代格として、式は延喜式に伝存する。

二、水戸藩邸の明治以降の土地利用の変遷

（一）維新後の水戸藩邸の変遷

明治以降の後楽園の庭園の変遷については小石川後楽園の概要の章で若干触れてきたが、ここでは庭園以外の水戸藩邸全体の土地の変遷について見ていくこととする。

一八六八年（明治元年）に明治維新により、新しい政府が樹立され、翌明治二年、版籍奉還により水戸藩の土地は邸宅と共に新政府に上地（没収）され、国有地となり、庭園を含め兵部省の管轄地となった。一八七一年（明治四年）には、敷地の一部に造兵司が移された。造兵司は翌年陸軍省に属し、一八七五年（明治八年）に砲兵第一方面砲兵工廠となった。そして、一八七九年（明治十二年）東京砲兵工廠に改称された。同時に屋敷跡の庭園部を除いた大半に砲兵工廠が建設された。庭園は、それまでの価値や実績が評価され、庭園として残された。それには当時の陸軍卿であった山縣有朋が「天下の名園を失うに忍びない」として後楽園全体を潰廃する意見に反対して事なきを得たとのことである。山縣有朋は当時工廠にフランスから招かれたルポン陸軍大尉の意見を聞き入れ、同時に強い後押しがあったということである。もし、山縣有朋がいなかったら後楽園はこの時点で姿を消していたことになる。後楽園史上特筆すべきことである。

一九二三年（大正十二年）四月には砲兵工廠が改称され陸軍造兵廠となった。その年に庭園は小石川後楽園として国の史跡、名勝の指定を受ける。しかし、同年の九月一日の関東大震災によって

甚大な被害を受けたことなどから、砲兵工廠の復旧には巨額な費用がかかるため九州の小倉兵器製造所に集約移転が計られることとなり、一九三一年（昭和六年）から逐次小倉に移転が実施された。一九三三年（昭和十年）には東京工廠は小倉工廠へ移転を完了し、約六十六年間の歴史の幕を閉じた。庭園を除いた大半は払い下げられ、その多くは「後楽園球場」となった。また、一部は一九四九年（昭和二十四年）後楽園競輪場となり、一九七二年（昭和四十七年）十月には廃止され、後楽園スタジアム（現在の東京ドーム）となった。

その他、旧水戸藩邸で砲兵工廠となった跡地である北部地域には、現在、文京区役所・文京シビックセンター、礫川公園、東京都戦没者霊苑、中央大学後楽園キャンパス、丸ノ内線・後楽園駅などが建てられている。

以下に砲兵工廠について今少し詳しく紹介しておく。

（二）東京砲兵工廠

東京砲兵工廠は日本陸軍の兵器工場である。小銃を主体とする兵器の製造を行った。また、官公庁や民間の要望に応えて様々な金属製品も製造した。一八七〇年三月三日（明治三年二月二日）（旧暦）兵部省に造兵司が新設され、同年五月十三日（四月十三日）（旧暦）に大阪城青屋口門内中仕切元番所を仮庁として事務を開始した。大阪工場は、鋳物場・鍛冶場・機械場が六月（旧暦）から、火工所が十月（旧暦）から操業を開始した。明治四年七月（旧暦）造兵司本局は東京に移転して、大阪は大阪造兵司と名称を変更。陸軍省の発足とともに一八七二年四月十五日（明治五年三月八日）（旧暦）大砲製造所と改称した。一方、東京では、造兵司は旧幕府営の関口製造所と滝野川反射炉を管轄とし、それらの設備を元に東京工場をこの小石川の水戸藩邸跡に建設し、一八七一年（明治四年）に火工場（小銃実包の製造）が操業、翌年には銃工所（小銃改造・修理）、大砲修理所の作業が開始された。後に板橋火薬製造所・岩鼻火薬製造所・十条兵器製造所など関東の陸軍兵器工場を管轄下においた。制度的には一八七五年（明治八年）組織を改正して、造庫兵司と武司を廃止し、東京の造兵司を「砲兵第一方面内砲兵本廠」、大阪の大砲製造所を「砲兵第二方面内砲兵支廠」と改称した。さらに、一八七九年（明治十二年）の条例の制定に伴って十月十日に「東京砲兵工廠」となり、一九二三年（大正十二年）大阪の砲兵工廠と合併し「陸軍造兵廠火工廠東京工廠」と改称した。そして先に述べたように同年九月の関東大震災によって大被害を受けたため、九州小倉兵器製造所に集約的移転が計られることとなり、一九三五年（昭和十年）十月東京工廠は閉鎖され跡地は払い下げられ、後楽園球場となった。

【兵部省・造兵司】

兵部省・造兵司ともに律令制下の官庁の組織名である。兵部省は省の一つで軍事を担当した。兵馬(ひょうめ)造兵・鼓吹(くすい)主船・主鷹(しゅよう)の五司を管轄した。実戦部隊は中央で衛府(えふ)、地方で軍団などであるが、これらを指揮し、また武官人事を掌握したので有力な官庁だった。明治初年の軍務機関でも採用された。一八六九年（明治二年）に設置され、一八七二年（明治五年）に陸軍省・海軍省に分割され廃止された。

「司」は、律令官司制（古代、中央・地方の官僚機構を官司と言い、その体制をいう。律令的な官僚機構を典型とするが、学説史上は国家的ないし官僚制的支配体制を意味する学術用語で、氏族的な支配体制と対比される。律令官司の呼称で、八省に分属された官職の中の最も規模の小さな組織名（役所名）である。則ち、「省」、「職（しき）」、「寮」そして「司」となる。「司」は「正（かみ）」、「佑（じょう）」・「令史」に分かれ、四等官に相当。明治維新後、太政官制で一時復活した。

【工廠】

工廠は工場・仕事場のことで「廠」はおおや、うまや、とも読み、広くて筒抜けになった家。間を隔てる壁のない広間や土間になった建物を意味する。

【小石川トンネル射撃場】

砲兵工廠の遺構ともいえる小石川トンネル射撃場は、丸ノ内線後楽園駅の横、礫川公園地下に存在した。この射撃場は、一八八三年（明治十六年）から十八年ごろに完成されたと推定されている。このトンネル射撃場は初の国産軍用小銃の増産体制のために建設されたと考えられ、主に軍用小銃や機関銃の試射用（訓練・弾道実験等）の場所として使用されていた。大正天皇が一八八六年（明治十九年）ごろ本射撃場を訪れたことが、『村田銃射的場御巡覧』の記述が記録されている。大日本射撃協会が財団法人として認可されたのを機に、陸軍省を通じて近衛師団から貸与された。その後、大日本射撃協会は社団法人日本ライフル射撃協会に改称された。トンネル上部を含む一帯は戦時中、高射砲陣地が築かれた。現在近辺には弾薬庫や火薬庫などの存在を伝える礎石が残っている。戦後は食料不足の一助として、椎茸栽培が行われていたが、東京都との交渉が円滑に進み、スモールボアライフル射撃場に改装され、一九五〇年（昭和二十五年）四月二日に射撃場開きが行われた。トンネルの全長は二八十メートルとされる。三射座で、五十メートル地点に土手・監的壕を築き、照明や標的を設置した。後に二階建ての管理棟が建設された。一九五二年（昭和二十七年）のヘルシンキオリンピックが行われる際には、第一回の全日本小銃射撃大会が開催された。また、一九五四年（昭和二十九年）には第一回全日本学生ライフル射撃選手権大会が開催された。一九六四年（昭和三十九年）の東京オリンピックの際には選手強化拠点として運用された。一九九九年（平成十一年）三月三十一日に国に返還され、終焉した。現在は国有未利用工作物として関東財務局東京財務事務所が管理している。

第四章　作庭時期・時代背景

一、江戸時代初期

本庭園が作庭されたのは江戸時代の初期である。第二章では江戸幕府が開かれた江戸という土地は、いかなる土地で、中央政権からどのように位置付けられてきた土地かについて見てきた。この章では、この小石川後楽園が作り出された江戸時代について見ていきたい。江戸時代とはどういう時代でその初期はどういう状況であったかを見てみよう。

一五七三年（天正元年）七月に織田信長によって足利義昭が滅ぼされ室町幕府は終わりを告げた。そして戦国時代を制して信長、秀吉の安土桃山時代を経てここに天下平定を果たしたのが徳川家康である。その間の戦国武将の栄枯盛衰は現代人の生き方に多くのヒントを与えてくれる。駆け引きや戦争のあり方、思いやり、決断、責任、自己犠牲、隠居、切腹等多くを考えさせられる。

江戸幕府は、徳川家康が一六〇〇年（慶長五年）の関ヶ原の戦いで豊臣側に勝ち、一六〇三年（慶長八年）に征夷大将軍に任ぜられ、江戸に開府した年をもって始まる。ここに戦国時代は終焉した。ようやく平和な時代を迎えた。というより、今後、再び戦争がおきないような社会、徳川に刃向かってこない様な仕組みづくり、そして、永続的に徳川の天下が続くように世継ぎ体制を同時に進めたのである。しかし、正確にいえば一六一四年（慶長一九年）、十五年（元和元年）の大坂冬の陣、夏の陣によって、豊臣家を完全に滅ぼすことによって戦いは終わった。

家康は豊臣家を滅ぼすと翌年七十五年の生涯を終えた。その意志を受け継いだ二代将軍秀忠、三代将軍家光が徳川政権の永続的支配と安泰を目指して、矢継ぎ早に諸制度を打ち上げ実行していった。まずは、江戸の天下普請をおこなうと共に幕藩体制を強固なものとし、武家諸法度等諸法律を制定し、諸大名の妻子の江戸住まい、参勤交代等を行っていったのである。そうした中で、御三家が誕生した。

これらの制度は、戦国大名が再び地方で力をつけ、徳川家に反旗を翻すことを防ぐための一つの方法でもあった。武家諸法度により、江戸に、地方の各藩の大名の妻子を人質に取り、且つ、参勤交代制などにより大名を一定期間滞在（住まわす）させ、そのための屋敷の土地を下賜し、屋敷を自費で造らすなど、大金を使用させ、地方大名の財力を弱めさせたのである。

江戸城下町の建設は、厳密にいうと、家康が豊臣秀吉より関八州を与えられ江戸城に入城した一五九〇年（天正一八年）から始まっているといえる。しかし、当時はあくまで秀吉の天下で、その家臣としての家康の城づくりは思い通りには進まなかった。

（二）家康入城前の江戸城

家康が入城した江戸城は、前章で触れたように、十二世紀初頭武蔵国一帯を制していた武蔵七党とともに、北武蔵一帯に絶大な勢力を持った秩父党と名乗る一族がおり、その族長である秩父重綱の第四子重継が江戸貫主（くわんず……族長）となり、重継の長男が江戸の櫻田郷の東南端に本拠を置き江戸太郎重長と称し（一一一七年～一一八一年）武蔵国の棟梁（親分）と言われ、江戸館を建てたのが始まりであるといわれている。

江戸氏を名乗ったのは、その辺一帯を江戸といっていたことによるものと考えられている。江戸の地名の起源は諸説あるが、最も有力なのは、水戸や平戸と同じく、江の戸で、江の入り口ということから名付けられたと言われている（「江」とは海や湖が入り込んだ所という意味であり、「戸」とは出入り口のことである）。

その館は、後の江戸城の本丸台地と考えられている。一般に江戸を開拓したのは太田道灌と言われているが、実はそれよりも三百年も前から江戸城のあった台地に館が築かれていたのだ。では何故、江戸の開拓者は、江戸太郎とせず、太田道灌というようになったのであろう。それについても諸説あるが、明治政府にとって、江戸という言葉自体使用したくないという意図があり、教育において太田道灌以前のことを伏して、江戸を開拓してきたのは太田道灌であると教えてきたということである。

その後、江戸氏は源頼朝の配下となる。鎌倉時代に入り北条氏が実権を握ると、かえって江戸周辺に勢力を伸ばし大いに栄えた。東は小日向、浅草、石浜、千束、高杉、南に桜田・国分方、飯倉、鵜ノ木、蒲田、西に渋谷、喜多見、北に中野、阿佐ヶ谷、とその所領を拡大した。しかし、北条氏の滅亡と建武の新政一三三四年（建武元年）、そして、南北朝の動乱には、足利一族をはじめとする多くの有力武士が各地で対立し、足利の支配下にあった江戸遠江守忠重は足利と対峙していた新田義興（新田義貞の次男）主従を謀略にかけて殺害した。しかし、そのたたりとして狂い死にしたという。以降衰退したと言われている。その後の消息は定かでなく、太田道灌が城を築くまで江戸館は無人の廃墟となった。その間、約一世紀であった。

一四五〇年（宝徳二年）頃、関八州は古河公方・成氏と幕府の後ろ盾のある上杉氏とが対峙し、二分されていた。上杉氏は、一連の成氏に対する防御のため、上杉氏の家掌太田資長に一四五六年（康正二年）の江戸館を再建して江戸城の建設工事を始めさせた。そして一四五七年（長禄元年）八月に一応工事は完成した。

この太田資長が後の太田道灌である。この道灌の築いた城に関する直接の史料はないが、当時記された禅僧の詩集などから、城は子・中・外の三郭よりなり、中城はのちの本丸、子・外は二の丸の機能を持っていた。中城には静勝軒という道灌の館を中心に付属屋があった。当時禅宗建築の影響を受けて一般に「閣」と言われる重層建築が建てられていた（内藤啓『江戸と江戸城』鹿島研究出版会）。

いずれにせよ、桃山時代の城郭構成の祖型をなしたことがうかがい知れるとのことである。道灌はこの城に約三十年間ほどいて、周辺を整備して、城下町の体裁を整えた。しかし、主君上杉氏に殺害され、その後上杉氏が江戸城に入った。一方駿河国から虎視眈々と、関八州をねらっていた、北条早雲は一四九五年（明応四年）二月上杉氏の支城小田原を責め、徐々に関東における地歩を固めていったが、志半ばで、一五一九年（永正一六年）亡くなる。その後を継いだ氏綱は武蔵に進出し、一五二四年（大永四年）上杉朝興を川越に敗走させて、江戸城に入城する。以来、江戸は、家康の入国まで約六十年間遠山氏を城代とする北条氏の一支城に過ぎなくなる。以後、北条治下の城下町として着実に発展していった。太田氏の入城後、下町を中心にして、日比谷、桜田、牛込、市ヶ谷等城南、城西地帯に拡大した。又、日比谷入江をへだてた前島森木村や平川を渡った上野、湯島、本郷、神田などの外延的発展が著しかった。

当時の代表的都市は京都、堺、博多であるが、京都の人口は、二十万人余、堺、博多は二万人余と推定されている。江戸はこの三都市ほど集約したものではなかったが、多くの外延地帯が形成されていたのである。

（二）家康入城後の居城づくり

家康がこの江戸を本拠地にしようとしたのは、外延的な将来性にあったといえよう。しかし、家康が入城したときの城は名ばかりで、太田氏が築いた城の面影はなく、城内の建物の屋根は柿葺（こけらぶき）など一つもなく、民家と同じような板葺きで、内部の床は土間で、板敷ではなかった。石垣もなく、全て、芝土居であって、竹木が茂っていたという。

関八州二四〇万石の大大名の居城としてはあまりにも貧弱であった。そこで、まず始めたのが、本城の中心である本丸を建築し、同時に城下局沢にあった十六ケ寺を移転してその跡に「御隠居御城」後の西の丸を普請した。しかしこの工事は、秀吉の命で、伏見城を家康に普請させることになり中途で中止された。一方、城下町の普請は家康が秀吉より、小田原城落城（一五九〇年（天正一八年）七月六日）の論功行償により北条氏の旧領である関八州を与えられ、七月二十三日には家康は一度江戸に入っていたという説があるが、正式にはその年の八月一日をもって家康江戸城入城日とされている。

当初家康は、関八州を与えられたので、その居城をどこにするか考えたそうである。小田原城を再建して拠点とすることも考えたが、関八州の支配地としては西に偏りすぎた。そこで、江戸を見ると、先に触れたように道灌以後、近世都市としての外延的広がりの下地が作られており、東海道、甲州道中、奥羽道中の主要陸路を集約していた。且つ、波静かな江戸湾奥部に位置し、優れた海港を持っていた。しかし、江戸は自然的立地条件としては恵まれた位置にあったが、平坦地が少なく、東側の平川、隅田川一帯のデルタは低湿地帯で、西側の後背地である武蔵野一帯は水利の不便な原野であった。こうした土地を開拓し農業基盤を中心とした近世城下町を築くとなると、優秀な土木技術が必要とされる。家康は、そうした面で成算があった。江戸がこうして現在も尚、近代都市として栄えているのは、当時世界でもまれなる大規模な自然改造技術があった結果である。

（三）天下普請

一五九八年（慶長三年）豊臣秀吉が没し、一六〇〇年（慶長五年）関ヶ原の合戦で徳川家康側が勝利するに及んで、一六〇三年（慶長八年）には征夷大将軍になる。ここに家康は晴れて、江戸を拠点とした幕府を開設する。江戸の城下町としての整備は、それまでは一大名の居城づくりであったが、幕府の拠点としての江戸の開発は全く意味合いが異なる。

天下人が住まう城はもはや戦闘用の必要はなく、その権力の象徴としての天守閣は大坂城をしのぐ偉容を誇っていた。天守閣が完成したのは一六〇七年（慶長十二年）、大御所になっていた家康の居館である西の丸が完成したのは一六一二年（慶長十七年）である。家康は一六〇五年（慶長十年）には将軍職を三男の秀忠に譲り、自らは大御所になって、駿府に居城を構築して死ぬまでここで過ごした。以後江戸の天下普請は二代将軍秀忠によってなされた。一六一四年（慶長十九年）大坂冬の陣、そして一六一五年（元和元年）の大坂夏の陣によって豊臣は滅亡した。次いで、「武家諸法度」「禁中並公家諸法度」を制定して幕府の基礎を固めた。一六一六年（元和二年）四月十七日家康は七十五歳で病死した。

秀忠によって天下普請は引き継がれ、城を囲む堀は太田道灌時代の堀を基礎に内堀とし、新たにその周囲に外堀を巡らした。これはもはや敵の侵入を防ぐ防御策というより、災害（水害）から城を守るという意味の方が大きかったといえよう。こうして江戸は、江戸城を中心とする大がかりな城下町を普請していった。これが天下普請である。江戸城を中心に各藩の大名屋敷を建設させた。当然、内堀内の城の近くに御三家である尾張、紀伊、そして水戸屋敷を作らせた。ところが一六五七年（明暦三年）の明暦の大火により、天守閣はもとより、全てが焼失してしまった。そして以後、天守閣の再建はなかった。内堀内の御三家の上屋敷もそのまま再建することはなかった。外堀の外の中屋敷を上屋敷として再建させたのである。天守閣は建設後四十五年で姿を消した。諸制度の実行により地方大名による反乱は事前対策により、疑わしい大名は根こそぎ失脚させ、今更はむかってくる者が考えられなくなっていた。天守閣も必要でなくなったし、御三家も、内堀内に配置しておく理由もなくなったからである。

天下普請の大がかりな土木工事の一つは、現在の利根川が、江戸時代前までは隅田川と直結しており、しばしば氾濫し、城を脅かしていた。そこで利根川の流れを現在のように千葉県と茨城県の境の太平洋側に変えさせたのである。また、神田山の山頂部を削り、現在の日比谷地区が浅瀬の入江であったのを埋め立て、更に外堀としての機能を持たせて、神田川を隅田川まで掘らせた。これを、仙台の伊達政宗によって築造させたという。当時は伊達堀といわれていた。インフラの整備も急ピッチでなされ、神田上水や、玉川上水が敷かれ、江戸中が上水の恩恵にあずかっていた。また、五街道の整備を行い、日本中から江戸へと参勤交代で来られるようにしたのである。後楽園は、この神田上水を引き込み大泉水として活かしたのである。

水戸藩は、御三家の一つであり、戦国大名と比べて、新参者である。家康の強い意志で誕生した特別の大名として位置付けたといわれている。他の二家は尾張藩、紀伊藩である。尾張藩の初代藩主は家康の九男の義直、紀伊藩は十男義宣、そして水戸藩は十一男である頼房である。

こうして、水戸藩は現在の小石川の土地を三代将軍より一六二九年（寛永六年）に下賜された。そして初代藩主頼房が屋敷を建て、庭の作庭に取りかかった。水戸藩は尾張藩や紀州藩と比べて石高が低く、従って、屋敷の広さも他の二藩と比べて狭い。そのようなこともあって、水戸藩は歴代、参勤交代はせずに、江戸に常駐することが認められた。よって、水戸藩藩主は副将軍と呼ばれた。特に、二代藩主光圀がそう呼ばれたが、現実的には御三家はあくまで将軍の家臣であり、副将軍という役職も無く、政治に口出しすることは許されなかった。こうした時代に水戸藩の屋敷内に作られたのが後楽園であった。

【江戸幕府】

江戸幕府とは徳川家康が天皇から征夷大将軍に任命され、初代将軍となった一六〇三年（慶長八年）から十五代将軍慶喜が天皇に政権を返還（大政奉還）した一八六七年（慶応三年）まで二六五年間続いた武家政権をいう。鎌倉幕府と室町幕府との根本的違いは、室町幕府時代以後、秀吉によって築かれた太閤検地や兵農分離政策を引き継ぎ、それを基調として幕藩体制を確立し、その上で三都市（江戸、京都、大阪）などの主要都市を直轄する経済力と、譜代大名と旗本・御家人とで構成された直轄軍から成る強大な軍事力とを基礎に朝廷や宗教勢力・諸大名を統制下においたところにある。

また、外交もキリスト教を禁止し、鎖国政策を展開し、海外との自由な通行を統制した。これらの支配を可能ならしめるために、禁中並公家諸法度・諸宗寺院法度・武家諸法度などの法度、また、庶民に対する御触書、五人組長前書などを矢継ぎ早に制定し、厳しく実行したところにある。この結果長い平和な時代が出現し、商工業や、貨幣経済が発展したが、反面、享保・寛政・天保の三大改革にもかかわらず、幕府による支配の仕組みが経済の変化に対応できず、またヨーロッパ勢力による外圧に対抗する軍事改革も思わしくなく、雄藩による倒幕運動により崩壊した。

江戸幕府の政治組織は老中を設け、これに、複数の譜代大名を当て常時の最高職とし、非常時には、その上に大老をおいた。そのほか側用人、若年寄、奏者番、寺社奉行、京都所奉行、大阪城代がいた。老中の下には大番頭、大目付、勘定奉行、町奉行、遠国奉行、城代が同格でおり、大番頭の下には十二組の大番組があり、それぞれのリーダを番頭といい、その下に組頭（補佐役）が四人いて五十人の番士、十人の与力、二十人の同心で構成されていた。

【幕藩体制】

幕藩体制とは、中央政権である江戸幕府とその支配下にありながら独立の領国をもつ藩を統治機関とした政治社会体制をいう。織田信長・豊臣秀吉によって確立された兵農分離策を継承して、領主が集団として、直接生産者である百姓の集団（村）から米を主とする現物年貢を、石高を基準に収奪するという社会的関係（村請制・むらうけせい）を基礎にしている。村は農民の生活や再生産の共同組織で自治権を与えられていた。村請制とは領主がこうした村の自治体に対して年貢の徴収を行う制度をいう。即ち、年貢の徴収は村単位に村高を基準に算定した年貢を記した書類が村当てに下され、これを受けた村役人が村内の家ごとに割りつけ、村としてまとめて納入した。百姓の戸籍や宗門人別改帳は村ごとに作成され、移動は村の許可が必要であり、その身分は村によって保証された。山林原野・水利の用益にも村が係わり、村内の家との間を媒介していた。こうして百姓達は世界でも早くから、読み・書き・計算の能力を身につけ、識字率が高かったのもこの村請け制の結果であるといわれている。

この制度は、村を代表とする役人がこの任務を世襲制でこれを受け継ぎ、村の権力者となり、農民との対立関係を生むようになった。こうした制度は、織田信長・豊臣秀吉が全国統一の過程で行った城下町の建設、楽市令、太閤検地、刀狩り等の諸政策を通じて次第に形成されていったものである。徳川幕府の元で、将軍と大名との領主権が確立し、家臣団の知行制が成立して幕藩間の秩序が整い、更に一六二四～一六四四年（寛永年間）の鎖国体制の完成によって揺るぎないものになった。

将軍は大名・旗本の他、天皇・公家・神社を統合して広義権力となり、諸法度の法令により、領主権、知行権に制限を加えて統制したのである。そのほか全国四〇〇万石の蔵入地、主要鉱山、重要都市を直轄下に置き、金銀銭の貨幣の鋳造と流通を進め、大阪を中心とする全国市場を掌握した。但し、十八世紀の半ばになると商品経済が村にも入り、村共同体は動揺して解体過程に入った。地主、小作人関係が形成され領主財政の窮乏、商人資本の伸長が見られ、幕政、藩制の改革・再編にもかかわらず、一揆や打ち壊しなどが頻発し、身分制も変質していった。幕末の開港により幕藩関係の解体が促進され崩壊していった。

宗門人別改帳とはキリスト教禁制の徹底を諮るために作成された帳簿で、寺院が檀家であることを個人ごとに証明した。一六六五年（寛文五年）寺請け制度の確立とともに全国の幕藩領で作成されるようになった。記載方法は時代や、地域によって一定しないが戸主以下家族や奉公人の名・年齢と檀那寺（だんなでら）は必ず書かれ、戸籍としての役割も果たした。一八七一年（明治四年）に廃止された。

【法度】

法度と言えば私達の感覚からすると禁止事項という風に理解していたが、中世・近世においては法規のことである。戦国大名の分国法において公権力の制定法を意味する呼称となる。江戸時代には武家諸法度・禁中並公家諸法度・壬寅法度・諸寺諸本山法度等が有名である。江戸中期になって法度は禁制の意味にも用いるようになったという。分国法とは戦国大名が領国を支配するために制定した法である。戦後家法ともいう。制定年代や地域、作成事情により、内容の性格が異なるが、総じて年貢収納の確保と農業生産の保護に関心を示し、家臣団の所領や組織化に関する規定などがあり、鎌倉・室町幕府の法とは異なる条文が多い。江戸幕府法や藩法に継承された。

【武家諸法度】

江戸幕府の諸大名統制法規をいう。当初一六一一年（慶長十六年）は、家康が諸大名に示し、誓紙を出させた三箇条を指したが、一六一五年（元和元年）に家康の命で以心崇伝（いしんすうでん・江戸初期の臨済宗の僧）が起草し、二代将軍秀忠が伏見城で諸大名に読み聞かせたのが最初である。第一条は文武弓馬の道の奨励に始まり、法度違反者の隠匿禁止、城郭の無断修築禁止、紫紺の禁止、参勤作法、衣服の制などの十三箇条である。以降、新将軍就任後に諸大名に読みきかせるのが原則となった。三代将軍家光によって参勤交代制や大船建造禁止などを定める十九箇条の法度として体裁を整え、後の定型となった。その後も若干の改訂追加が行われ、一六八三年（天和三年）五代将軍綱吉の時、諸氏法度も統合し、大名のみならず徳川家臣団すべてを対象とした。やがて諸大名もこれに習って家臣を統制したので以降、武家身分全体の法となったといえる。

以心崇伝は江戸初期の臨済僧（一五六九年～一六三三年）金地院崇伝ともいう。京都の人で、幼児から南禅寺に入り一六〇五年（慶長十年）徳川家康に召され、外交関係の事務一切を管理し、寺院法度、禁中並公家諸法度なども起草した。また、紫衣（しえ）事件では沢庵和尚らの厳罰を主張して流罪にさせ、黒衣（こくえ）の宰相と称されたが、家康の死後は勢力を失った。

【禁中並公家諸法度】

朝廷や公家を統制するための法令、正しくは禁中方御条目。公家法度ともいう。一六一五年（元和元年）以心崇伝の起草により、家康が制定した。主として天皇の行為を細かく直接に規定し、江戸時代を通じて朝廷対策の根本法となった。武家諸法度はしばしば改訂がなされたが、公家諸法度は変わらなかった。

【参勤交代】

一六三五年（寛永十二年）武家諸法度で大小名は毎年四月に交代で参勤することを定め制度化した。四十二譜代を含む全大名へ一般化した。一方で大名は妻子を江戸に住まわせるよう強いられ、国元との二重生活や道中の費用で経済的負担をかけさせていた。上米（あげまい）の制によって緩和時期があったが原則的には一八六二年（文久二年）の改革で三年に一回の出府に緩和されるまで継続したのである。江戸幕府の大名統制に絶大の効果をあげるとともに、行列の往来は領主権威を示すものとなり、また、水陸交通の他、文化交流、三都（江戸、大阪、京都）を中核とする全国市場の発展に波及効果をもたらした。

この参勤交代の初めは鎌倉幕府が御家人に課した大判役や室町幕府による守護大名京都集住策などにあり、戦国大名も家臣を城下町に集住させた。豊臣秀吉も大阪・京都・伏見に大名屋敷を与え、服従した大名に参勤させた。江戸幕府はこれらを受け継いだものであり、諸法度で制度化し全大名に課した。

【大名】
一六三五年（寛永十二年）の武家諸法度以降、石高一万石以上を領有し、将軍に対して直接の奉公の義務を負うものをいった。
将軍家の親近度により……親藩・譜代・外様
領主の格式として……国主（国持）・準国主・城主（城持）・城主格・無城
江戸常駐の詰間により……大廊下・溜間・大広間・帝鑑間・柳間・雁間・菊間
官位により……侍従以上・従四位・諸大夫（従五位）
石高により……十万石以上、五万石以上、一万石以上
の別があり、これらの組み合わせにより複雑な格式序列を形成した。最も多かった大名は、五万石以下の譜代であった。大名は家臣団の統制、領国の支配に独立の権限を与えられていたが、一六三五年（寛永十二年）の武家諸法度などにより幕府の統制を受け、参勤交代、軍役その他の義務を負った。三代将軍家光の頃までは、しきりに改易、減封を行い、大名の数は安定しなかったが、以後はほぼ二六〇～二七〇家となった。
明治維新によって殆どが華族となった。

【旗本】
一万石以下御目見得以上の家格をもつ者をいう。総数五二〇〇名、そのうち一〇〇〇石以上五〇〇〇石以下の者が六〇％……三河以来の家臣を中心に大名の一族・家臣などによって構成された。三〇〇〇

石以上は知行所に陣屋をおき、他の大部分は支配権を幕府の代官にゆだね、年貢だけを収納した。江戸に詰め、若年寄の支配下にありそれぞれ、番方、役方の職をつとめた。

【御家人】

鎌倉時代には将軍と主従関係を結んだ武士身分の総称であったが、江戸時代では知行高は一万石未満の幕臣で御目見得以下の者をいった。俸禄は金額で窮され二六〇石から四両一人扶持（ふち）である。譜代・二半場・抱入（かかえいり）の別がある。宝永年間（一七〇四年～一七一一年）で一万七四〇〇人がいたという。このように旗本と後家人の違いは将軍に御目見得（謁見）出来るかどうかの違いであり、旗本の方は謁見が出来、御家人は出来なかった。また、一般的に旗本の方が御家人よりも家禄が多い。

【番方・役方】

番方は番衆とも呼ばれた。江戸幕府の職制で、役方に対するもの。将軍の身辺の護衛など軍事的な任務についた。江戸幕府には、大番組、小姓組、書院番組（三番という）などがある。それぞれの長を番頭といい、諸大名家にも置かれた。軍事的な緊張が続いていた初期には重要視されたが、次第に重要性は低下した。

役方は、番方に対するもの。勘定奉行、町奉行など行政・経済関係の役職。諸大名家にもこの区分は存在した

【石高制】

近世、土地の生産力を米の収穫高で示す石高を社会体制を編成する基礎に置いた制度をいう。石高は知行宛行状（ちぎょうあておこないじょう）に記載され軍役賦課の基準となり、領主階級を編成し、格式・序列を定める目安とされた。百姓に対してはこれを村人に割り振ったので、持ち高の大小・有無が百姓の身分・格式を規定した。

石高は畿内近国では検地によって丈量された土地一反あたりの生産量を米に換算し、それに地域の社会経済条件を加味して算出した。石高が御前帳や知行宛行状に記載され、大名の家臣への知行宛行もそれによった場合も多い。大名内の検地も徴収すべき年貢量を基礎にして石高が決定された場合があり、石高は政治性の強い側面を持っていた。石高制は米を生産しない土地も米の収穫量で表し、米を徴収する原則であったので、米を生産しない地域では石代納や畑方永納などの貨幣納形態が認められていた。石高制下の領主は年貢米を販売して換金する必要があり、そのため大阪や江戸を中心とする全国市場が近世社会の初めから成立し、諸階級の生産と流通がすべてそのもとに組み込まれていた。一八七三年（明治六年）からの地租改正により地租が金納となり石高制は廃止となった。

一石は大人一人が一年に食べる米の量に相当することから、これを兵士達に与える報酬と見なせば、石高×年貢率と同じだけの兵士を養えることになる。つまり、石高は戦国大名の財力だけでなく兵力をも意味していた。江戸時代の軍役令によると、大名は幕府の命に応じて表高一万石当たり概ね二百人程度の軍勢（非戦闘員を含む）を動員する義務が課せられていた。

米を生産する田の面積は反（段）で表すのが一般であるが、この一反の広さは時代によって変わっていった。太閤検地の前までは六尺四方を一歩（坪）とし三六〇歩＝一反とした。太閤検地後は六尺三寸四方を一歩とし、三〇〇歩＝一反とし、江戸時代になると三〇〇歩＝一反は変わらないが一歩＝六尺一分四方となった。但し毛利藩では六尺五寸四方を一歩とした。

もともと、一反という単位は一石の米が取れる面積であったが、農業の進歩により一反当たりの取れる高が増加し、取れ高は変わるので、一反＝一石という関係は成り立たなくなった。実際の検地の時に九段階、あるいは六段階に分けそれぞれの基準の石高を設定した。これを石盛と呼んだ。水戸藩では反当たりのの標準収穫量（斗代）を三段階とした。上田を一石三斗、中田を一石一斗、下田を九斗とした。

一石＝十斗＝一〇〇升＝一〇〇〇合である。キロに換算すると一石は一五〇キログラムである。

ちなみに、現在は田んぼ一反当たり八俵分の収穫量がある。一俵約六十キログラムであるから四八〇キログラムである。現在一人当たりの米を食べる量は一年間で七十キログラムと言われている。昔と比べると三・二倍もの収穫量があると言える。同時に現代人は昔の人の半分以下しか米を食べていないことになる。

【江戸の人口】

江戸初期の一六一〇年（慶長十五年）頃の江戸の人口は資料がないので、外国人の見聞録とか後世の研究者による推計によると一五万人と推計され、これは伊達藩の仙台の人口とほぼ同数である。最も日本で人口が多かったのは京都の四〇万人、そして大阪の二〇万人であった。駿府は十二万人、堺は八万人であった。一六四〇年（寛永十七年）になると京都とほぼ同じ四十万人ほどとなる。そして一六九五年には約八〇万人となって天下一の大江戸となる。一七二一年（享保六年）の幕府の調査によると、武家人口約六十五万人、寺社人口五万人～六万人、町人人口約六十万人とされ、合わせて一三〇万人は下らなかったという。ヨーロッパで第一位はイギリスのロンドンで一八〇一年（享和元年）八十五万人と言われており江戸の人口は名実ともに世界一の人口であった。

【江戸の武家地面積等】

一八六九年（明治二年）の実態調査によると江戸の総面積は十七・〇五万平方キロメートル、その内訳を見ると武家地は三八・六五三平方キロメートル、寺社地八・七九九平方キロメートル、町人地八・九一三平方キロメートルである。構成比は武家地六八・五八％、寺社地一五・六一％、町人地一五・八一％であった。このように江戸の都市計画は武士政治の為の都市づくりであり、町人（職人、商人）はあくまで武士及びその生活を支える補完機能的存在であった。

二、江戸の教育施設

戦国時代という戦争に明け暮れていた時代が終わり平和となった江戸時代になると、藩主のみならず、武士から一般庶民に至るまで学問を学ぶようになった。戦国時代を通じて脈々と受け継がれてきた学問は花開いた。学問を学ぶことがステイタスとして確立していったのである。どのような施設で学問は伝授されていったのであろうか。以下に江戸時代の学問所である教育施設について見ていく。

幕府直営の教育施設である学問所には昌平坂学問所があった。まさに国立大学である。地方では各藩に藩校という教育施設が多く作られた。また、私塾といって特定の学者が自宅を開放して開く塾が多く開かれた。そして、一般庶民に対し幼児の教育施設として寺子屋などが全国的に開設された。江戸の教育は、世界的に見てもすばらしく発展していたのである。従って、識字率も非常に高かった。これらについて概略を逐次見ていくこととする。

(一) 昌平坂学問所

一六三〇年(寛永七年)上野忍ヶ岡の林羅山の家塾に始まる。一六九一年(元禄四年)神田湯島に移転して、拡充され昌平黌(しょうへいこう)と呼ばれ始めた。それから一〇〇年後の寛政の異学の禁を機に学制・施設が一新され、一七九七年(寛政九年)幕府直営の学問所、のち、昌平坂学問所と公称された。陪臣や浪人の入学も許し、公開講釈による庶民教化にもつとめ、名実共に公儀の学府となった。維新後、新政府管轄の昌平校ついで大学校となり、一八七一年（明治四年）廃止された。

【湯島聖堂】

尾張中納言徳川義直（徳川御三家の一つ。初代尾張藩主）は徳川幕府の儒臣林羅山のために、上野忍ケ岡の邸内に孔子廟を建て、同時に聖像と顔子・曽子・子思・孟子の四賢像や祭器等を寄付し、「先聖堂」の扁額を書いて与えた。一六三二年（寛永九年）のことである。これは先に振れたように林羅山が一六三〇年（寛永七年）にこの地に、家塾を建てたことに対する祝いの意味であったのであろうか。その後、一六五七年（明暦三年）の明暦の大火で全焼し、一六六一年（寛文元年）焼失した先聖堂、林家住宅、家塾の再建が行われた。そして、林家住宅内にあった塾や修史事業を行う部屋も独立し、学者、修史館、書庫、文館（書院）が完備し、公的性格が認められたという。

一六九一年（元禄四年）五代将軍綱吉の命により、現在の湯島に移転した。前年に先聖殿を大成殿と改称して、大成殿及び附属の建物を聖堂と称した。ここに湯島聖堂が成立した。新廟は六千坪、大成殿は南向き、間口、十・六メートル、奥行き十一・四メートル、高さ十三・二メートルという物であり、柱や梁は朱塗りされた。正面に綱吉の筆による黒塗地に金文字の「大成殿」の額を掲げ、殿内最奥の中央には神座を配した。この時、林家の家塾も同時に移転し、聴堂（講堂政務を兼ねる）・学舎が幕府により建設された。管理は林家に任された。一七〇三年（元禄一六年）の江戸大火で大成殿他の施設も焼失し、翌年再建した。大成殿、杏壇門、入得門、仰高門、聴堂、斎質、学舎、廟幹舎などの規模拡大、整備された聖堂となった。

また、仰高門の東側と西側にそれぞれ舎が建てられ、東舎、西舎と名付けられた。こうして一七九七年（官政九年）聖堂学舎の敷地を拡張して昌平坂学問所を開設した。この時、林家管理の学寮を幕府の直轄とし、名実共に、官営の学問所となった。教官の宿舎も完備し、学問所も増設し、御成殿を含む聴堂も拡大された。そして一七九九年（寛政十一年）老中松平定信の寛政の改革により、学制を改革し、朱子学を官学とした。同時に聖堂も重視され規模拡張の上改築し、新廟は明の朱舜水が徳川光圀のために作成した孔子廟の木造雛形模型によって建造した。この時建物全体を黒漆塗りとした。「写真と図版で見る　史跡湯島聖堂」（公益財団法人斯文会発行）から抜粋させて頂いた。

【師範学校から東京教育大学・筑波大学へ】

明治維新後は聖堂・学問所は新政府の所管となり、当初は大学校・大学と改称して存続してきたが一八七一年（明治四年）に廃止となり、文部省がこの地に置かれ、次いでこの年に我が国初めての博物館が置かれた。翌一八七二年（明治五年）には東京師範学校、一八七七年には東京女子師範学校が設置され、両校はそれぞれ一八八六年（明治十九年）、一八九〇年（明治二十三年）に東京高等師範学校に昇格した。この学校の卒業生が日本の中等教育界の中心的な役割を果たしてきた。一九四九年（昭和二十四年）東京高等師範学校を中心に東京文理科大学、一九二九年（昭和四年）創立、東京農業教育学校、一九三七年（昭和十二年）、東京体育専門学校、一九四一年（昭和十六年）を統合して、一九四九年（昭和二十四年）に新制大学として東京教育学園を発足させた。文、教育、理、農、体育の各学部。工学研究所、盲・聾・養老学校を含む十附属学校を付設。第二次大戦後も教育界に長い間影響力を持った。一九七四年（昭和四十九年）に開校した筑波大学へと発展した。

【斯文会】

斯文会は現在、史跡・湯島聖堂の管理団体として指定されている公益財団法人である。孔子祭の挙行、公開講座の開講、学術誌「斯文」の発行などを中心に活動を展開している。斯文会は、一八八〇年（明治十三年）東洋の学術文化の興隆を意図した岩倉具視が、谷千城らとともに創建した「斯文学会」を母体とし、これを発展して一九一八年（大正七年）財団法人斯文会となったものである。関東大震災で焼失した湯島聖堂についても斯文会が中心となり、聖堂復興期成会を組織し、全国に募金を展開して一九三五年（昭和十年）再建し、国に献納したもので、その折、国は斯文会に管理を委託した。湯島聖堂は、一九二二年（大正十一年）に国の史跡に指定された。一九五六年（昭和三十一年）に制定された文化財保護法に基づき改めて斯文会が管理団体に指定されたものである。

会の名称である斯文会の「斯文」は、「論語」の子罕（しかん）篇の中のことば「斯の文（このぶん）」（周の文王の時より伝えられた文化の意）から取ったものであるが、この文章には周の文化の継承者としての、また、儒学を大成した思想家・教育者としての孔子の気概が述べられているという。「斯文」という名にはこの孔子の気概を心として、伝えられた学問、文化を継承し、現在に創造していこうとする会の基本理念が託されているという。

【小石川御薬園・小石川養生所・小石川植物園】

現在は東京大学の附属施設の一つであり、一般に小石川植物園と称されているが、正式名称は「東京大学大学院理学系研究科附属植物園」という。東京大学は一八七七年（明治十年）の開設であり、直接江戸時代の教育施設ではないが、この地は元来江戸幕府によって開園された小石川御薬園であった。その後、このなかに小石川養生所が置かれたところでもあるので、ここで少し触れておくこととする。

要するに東京大学が開設した施設ではなく、江戸幕府によって開園された小石川御薬園を東京大学が教育施設として引き継いだのである。小石川御薬園は一六三八年（寛永十五年）に幕府が、人口が増加しつつあった江戸庶民のための薬になる植物を育てる目的で、麻布と大塚に南北の薬園を設置したが、やがて、大塚の薬園は廃止され、一六八四年（貞享元年）、麻布の薬園を五代将軍徳川綱吉の小石川にあった別邸に移設したものがこの御薬園である。その後八大将軍吉宗の時代に敷地全部が薬草園として使われるようになった。

一七二二年(享保七年)、将軍への直訴制度として設置された目安箱に、町医師小川笙船(しょうせん)の投書で、江戸の貧民の病人の「施薬院」設置が請願されると、下層民対策にも取り組んでいた吉宗は江戸町奉行の大岡忠相に命じて、検討させ、当御薬園内に診療所を設けた。これが小石川養生所である。

この御薬園では、青木昆陽が飢餓対策の食べ物として甘藷（サツマイモ）の試験栽培を行ったことでも知られている。その後、明治期になって東京大学が開校されると同大学の理学部の附属施設となり、広く一般植物などを多種揃えた植物学の研究施設として生まれ変わった。同時に一般にも公開されるようになった。一八九七年（明治三十年）には本郷キャンパスにあった植物学教室が小石川植物園内に建設され、植物学に関する講義も行われるようになった。一九三四年（昭和九年）植物学研究室は本郷に再移転した。そして一九九八年（平成十年）より、現在のようになった。園内は地形の変化に富み温室や池もある。現在、約三千種の植物が栽培されて、一般にも公開されている。研究室、資料室、図書室、講義室などの施設がある。

（二）藩校

藩校・藩黌・学校ともいった。江戸時代、諸藩が藩士のための教育のために城下に設立した教育機関。広義には、藩当局設立による医学校・洋学校・国学校を含める場合もある。一般には儒学を中心に武芸その他の実用的諸学科も教授する藩立学校を指す。

一八七一年（明治四年）の廃藩置県に至るまで、二八〇校の開設を見た。早くは尾張藩や会津藩など寛永期（一六二四年から一六四四年）に起源をもつものもあるが、享保期（一七一六年～一七三六年）以前は特定の好学の藩主が儒者にさせた講釈の場か、若しくは儒者の家塾を保護する形で開設されたもので、いずれも儒学一科の簡単な施設であったから、藩主の代替わりとともに衰微廃絶することが多かった。近世儒学の八割以上は十八世紀半ば以降の開設である。藩政改革の一環として藩政を担う人材育成を主な目的としていたので、多くは当初から儒学にもとづく教育理念と一定のカリキュラムを備えていた。また、儒学の他に算学・医学・兵学・洋学・天文学など実用的な科目の設置も増え、学制の年齢や習熟度による等級制の採用も次第に増加した。特に寛政期（一七八九年から一八〇一年）以降、藩校の増加と充実は武士教育を一般化させるとともに加賀藩などでは庶民の入学を認め、庶民教化に配慮する藩校も現れた。既に前章で触れているが、水戸藩の弘道館は斉昭によって一八四一年（天保十二年）に開設された。規模が藩校の中で最も大きくその後の藩校のモデルとなったといわれている。

幕末維新期には、殆どの藩に藩校が普及し、廃藩置県以後、中学校設立の母体となったものも少なくない。

（三）私塾

江戸時代、学者がその門弟に学問を授けるために設けた私的な教育施設である。幕府・藩に仕える儒者が武士の子弟の為に営んだ学問塾を私塾と区分して、特に家塾ともいう。儒者の漢学塾が最も一般的で、やがて、国学・医学・兵学など多彩な私塾の展開が見られる。

漢学では、藤樹書院・古義堂・咸宜園・松下村塾、国学では鈴屋（すずのや）、蘭学では鳴滝塾・適塾・芝蘭堂（しらんどう）などが名高い。それに蘭方医塾の和田塾がある。これは一八三八年（天保九年）に佐藤泰然が江戸で開いたもので、一九四三年（昭和十八年）に佐倉に移り、医塾と病院を兼ねて順天堂と称した。養子の尚中と共に外科に優れ、名医の名が高かった。順天堂は尚中によって一八七三年（明治六年）東京下谷に、のち、一九七五年（昭和五十年）湯島に移された。これが現在湯島にある私立順天堂大学である。

（四）寺子屋

手習い所・手習い塾ともいわれた。江戸時代の庶民教育機関である。起源を中世寺院の俗人教育にもとめる説と、近世的性格を重視する説とがある。商工業の進展と、生産活動の向上は幕府の文書支配主義と相まって、庶民に文字と計算の教育の必要性を自覚させ、都市に次いで農村に次第に増加し、特に十八世紀以後は幕末に至るまで増加の一途をたどった。経営形態は当初は地域の名望家や知識人による慈恵的開設が多かったが、しだいに職業的経営が多くなっていった。通常一人の師匠が自宅を教場とし、数十人から大は百人を超える児童（寺子）に手習い・そろばんなどを教えた。学力や職業に応じて多様な教材（往来物）を使ったから個別学習を原則とした。

師匠は、僧侶・武士・神官・町人などであり、地方では村吏・農民師匠も多かった。また、農村地域ではそろばんを、大都市では茶道・華道漢学・国学などの教育科目を加えるものもあるなど地域社会の構造や機能などに応じた学習も行われた。天保期（一八三〇年から一八四四年）には約一万五〇〇〇校に達した。

七、八歳前後で入学し、十二～十三歳頃まで在学するのが一般的であったが、入・退学は自由であった。近代の学制以後消滅に向かったが、庶民の教育水準を高めた力は大きい。

三、江戸幕府を築いた将軍（徳川家康・秀忠・家光）

徳川家康について改めて触れる必要もないが、やはり江戸時代を築いた張本人について記さないわけにはいかない。そして二代将軍秀忠が家康の意志を受け継ぎ、三代将軍家光によって江戸幕府を揺るぎないものとして完成させた。

三人についてはどうしても触れておかなければならないであろう。これらについては大石慎三郎監修『徳川十五代』実業之日本社を参考にしたり、抜粋させていただいた。

（一）徳川家康（一五四二年～一六一六年）

徳川家康は一五四二年（天文十一年）三河の岡崎城主松平広忠の長子として生まれる。母は刈谷城主水野忠政の娘お大である。幼名を竹千代、以後、元信・元康、そして家康と改めた。広忠の父親で家康の祖父である松平清康は、東西を攻め落とし三河の国を平定した。時に二十三歳であった。しかし、二年後の一五三五年（天文四年）十二月五日守山にて織田信忠と対陣中に、老臣である阿部大蔵により刺殺された（守山崩れ）。このことにより、松平家は一転して苦難の時代をむかえる。清康に屈服していた豪族達が離反し、東西から今川・織田の圧迫を受け、清康の子、広忠はわずか十歳であり、岡崎城を守りきれず、今川の援助に頼った。しかし、お大の兄である水野信本（家康の伯父に当たる）は水野忠政の跡を継いで、織田方についた。従って広忠とは敵対関係となり、お大は離縁され、刈谷の水野家に戻された。家康は三歳であった。そして家康六歳の時、今川へ人質となって岡崎から駿府に向かった。途中田原城主戸田康光に捕まり、尾張の織田信秀に差し出された。

その間、父広忠は二十四歳の時、側近の岩松八弥に殺される。その後、今川義元は織田信長の兄である織田信広を攻略し、信淵を捕えて、家康と交換した。こうして家康は今川の人質として駿府に抑留された。十四歳の時元服して元信と名を改め二年後義元との縁続きの関口義広の娘、築山殿と結婚する。そして元康とまた名を改める。一五六〇年（永禄三年）五月今川義元の上洛の時、家康も岡崎の軍勢を引き連れ参軍し、手柄を立てる。しかし、今川義元は、桶狭間で織田信長の奇襲にあって、戦死する。その際、家康は岡崎城に戻り、今川家から解放される。家康はそのとき十九歳であった。そして二十一歳の時、織田信長と清洲に赴いて攻守同盟を交わす。之が清洲同盟で「信長は西へ、家康は東へ」と定めた。実は、義元が倒れた後、家康は弔い合戦と唱えて織田領に攻め入り、信長と戦っている。しかし、翌年には一転して、今川方の武将を攻め入った。そして、清洲同盟に至ったのである。

一五六三年（永禄六年）元康の名を家康と改めた。同年九月、三河において一向一揆が勃発し争った。その際、一向側の本多正信は後に家康の懐刀として重用された。しかしその戦いは、五ケ月に及び、苦しい戦いであったが家康が勝利を収め、三河の支配権を得て、名実共に戦国大名としての地位を確実なものとした。一五六六年（永禄九年）勅許を得て松平を徳川に改め、従五位下、三河守に叙任された。

一五六九年（永禄十二年）五月家康は掛川城を攻め、今川氏真を破って遠江を平定する。翌年一五七〇年（元亀元年）に浜松城を築いてここを本拠地とする。岡崎城には嫡男の信康を置いた。同年六月織田信長と共に近江の姉川で浅井・浅倉連合軍と戦って勝利する。一五七二年（元亀三年）武田信玄が三万人の大軍を率いて遠江・三河に侵入してきた。家康は多くの城を落とされ大敗したが、翌年の一五七三年（天正元年）に武田信玄は没した。一五七五年（天正三年）織田・徳川連合軍は武田勝頼と長篠の戦いで大勝したが、その後も武田と徳川との戦いは一五八二年（天正十年）まで続く。

一五七九年（天正七年）四月、信長の命によって嫡男信康と正室の築山殿は殺害させられた。武田側との内通という疑惑によってである。一五八二年（天正十年）織田信長は、武田討伐を行い、家康も従い武田氏を滅亡させた。そのことにより、家康は駿河国を与えられた。しかし同年六月、本能寺の変で信長は明智光秀の奇襲によって自刃した。

その後、一五八四年（天正十二年）羽柴秀吉と信長の次男・織田信雄と対立し、家康は信雄に味方して秀吉と戦うこととなる。これが小牧・長久手の戦いである。

小牧において両者は八カ月間対峙するが、結果的には信雄は秀吉と和睦し、家康は浜松に引き上げる。その間、家康は家康の留守をねらって三河に奇襲をかける秀吉側の池田恒興、森長可（ながよし）の軍と長久手で待ち受け、これを撃破する。

家康は秀吉からの和議に応じてその承人（人質）として家康の子於義丸（のちの秀康）を差し出した。一五八六年（天正十四年）十月二十日家康は秀吉の願いに応じて上洛した。臣従のためであるが、このことにより豊臣内で別格の地位を得た。

同年十二月家康は浜松から駿府に本拠を移し、三河・遠江・駿河・甲斐・信濃の五カ国を統治した。一五九〇年（天正十八年）家康は、秀吉の小田原責めに従い北条氏を攻め落とした。その功績により北条氏の旧領伊豆・相模・武蔵・上野・下総の六カ国へ転封された。同年八月一日に家康は江戸城に入った。この日を江戸では「八朔」（はっさく）といって祝いの日とした。家康は文禄・慶長の朝鮮征伐には行かず、疲弊を逃れた。そして秀吉の五大老の筆頭としての大きな勢力をもった。一五九六年（慶長元年）には正二位内大臣に昇進した。一五九八年（慶長三年）秀吉が没すると家康は、伊達政宗や福島正則らと婚姻関係を結ぶなど、秀吉との約束を破って、独断専行したため、石田光成や、他の四大老との間に対立が生じ結果的には関ヶ原の戦いが行われ、家康側が圧勝してここに武家政権の代表者の地位を獲得したのである。

一六〇三年（慶長八年）二月、征夷大将軍に補任され江戸幕府を開いた。同十年将軍職を子の秀忠に譲って家康は「大御所」と称して駿府に居城して実権を保持する。すぐ将軍職を子秀忠に譲ったのは、将軍職を徳川家が継承することを天下に知らしめるためであった。家康は駿府で画策し、一六一四年（慶長十九年）から翌一六一五年（元和元年）にかけて豊臣家と大坂冬の陣、夏の陣でこれを完全に滅ぼし幕府の将来の不安要因を吹き払い、次いで、「武家諸法度」や「禁中並公家諸法度」を制定して幕府の基礎を築いた。駿府では家康は本多正信の子である本多正純を徴用し、江戸では本多正信が将軍を補佐してもっぱら、天下普請に力を注いだ。

一六一六年（元和二年）四月十七日、家康は七十五歳で病死した。遺言により遺体を久能山に移して新神式で葬ると共に、江戸の増上寺にも仏式の廟を作った。さらに、天海僧侶の扱いで山王神道に基づく東照大権現の神号が勅許されて、翌元和三年四月下野（しもつけ）の日光山に改葬された。

（二）徳川秀忠（一五七九年～一六三二年）

秀忠は一五七九年（天正十八年）四月家康の三男として浜松城で生まれた。母は西郷氏於愛の方。幼名は長松、のちに徳川家の嫡子にあたえられる竹千代、更に長丸と改める。同年八月長兄の信康が自刃した。織田信長によって武田氏との内通を理由に疑われたためであった。その母築山殿も惨殺された。一五八四年（天正十二年）の小牧・長久手の戦い後、徳川・羽柴秀吉の講和の証人（人質）として次兄の秀康が秀吉の元に送られ、後に養子となった。一五九〇年（天正十八年）家康は小田原討伐に際して、十二歳の長丸（秀忠）を秀吉の養子（人質）に差し出した。秀吉は長丸を元服させて「秀忠」と名乗らせ従四位下に叙任させて家康の元に帰した。

小田原征伐後、家康は関東六カ国に転封され江戸城に入った。秀忠もこれに従い江戸城に入り、以後江戸城を築き、守り通した。家康は文禄・慶長の役で名護屋に出陣し、その後も秀吉の五大老の筆頭としてほとんど江戸にいなかった。一六〇〇年（慶長五年）関ヶ原の合戦のとき、秀忠は二十二歳、四万の大群を引き連れて、中仙道から向かったが、結果的に合戦に間に合わず、家康の不興を買い対面も許されなかった。この時、嗣子の座もあやうくなった。

一六〇三年（慶長八年）家康は将軍となったが僅か二年で将軍職を秀忠に譲った。秀忠二十七歳の時である。しかし、家康は「大御所」として実権を握り全国的統治の体制作りにあたっており、秀忠はもっぱら東国の大名の統率にあたった。また、天下普請にも力を注いだ。家康は大坂冬の陣・夏の陣に勝利し、翌年の一六一六年（元和二年）に亡くなると秀忠は重荷が取れて以降「強気五政務」を行って恐れられたという。朝廷の対策も家康よりも強力に推し進めた。五女和子を後水尾天皇の正室として入内させた。一六二〇年（元和六年）の夏である。

武家からの入内は平清盛の娘以来二人目である。これは、元来家康の発案であった。家康は、公家を抑圧する一方、天皇の外戚となり朝廷を幕府に引き込もうとしていたのである。一六二三年（元和九年）秀忠は将軍職を家光に譲り、その後は二代目「大御所」として君臨した。将軍職十八年目である。四十五歳の時であった。一六二九年（寛永九年）紫衣事件（しいじけん）が起きた。これは寺院の勢力の削減と天皇の権限を無力化するものであった。諸宗本山の住職の任命や上人号の認可などは天皇の勅許を必要としたが、家康は「勅許紫衣法度」を発布して「勅命によって紫衣着用を許される大徳寺、妙心寺、知恩院などの八十寺の住職になるには幕府の同意を必要とする」とした。しかし、寛永の頃になると上人号の勅許がみだりになり、秀忠は元和以降の勅許を無効とし、厳しい規制を新たに設けた。これに反発した沢庵和尚は島流しに処せられた。勅命も勅許も幕府の介入なしには行われないことを示したのである。また、キリシタンにもこの頃最も厳しい弾圧を行った。

秀忠は大名統制を強め、些細な罪も見逃さず、二十三家の大名を処罰改易をした。豊臣の重臣であった福島正則を取り潰し、弟の松平忠輝も改易された。また、後継者がいないというだけで潰された大名も多く、延べ四十一名の大名が改易されている。家康の重臣であった本多正純も改易された。一方、譜代の大名三十二名を外様大名の多かった西国や東北に配置し、軍略上からも徳川幕府を揺るぎないものとした。

「御三家」を確定したのも秀忠による。一六一九年（元和五年）駿河・遠江を領していた徳川頼信を紀州に移し、尾張、水戸三家から徳川宗家の血筋が途絶えた場合、将軍を継ぐこととされた。

この他、幕藩体制を強固なものとし封建官僚システムを築いた。

【秀忠と妻子】

秀忠が十七歳になったときお江与の方（お江・おごう）を正妻に迎えた。というより、秀吉の養女であったお江与を秀吉が徳川家に嫁がした政略結婚であった。そのときお江与の方は二十六歳であった。お江与の方は、織田信長の妹のお市の方の三人姉妹の末っ子である。お市の方と浅井長政の子である。浅井は秀吉に滅ぼされ、お市の方と三人姉妹は助け出され、のち、お市の方は柴田勝家に嫁ぎ、三人の姉妹も母と一緒に移り住んだが柴田も秀吉によって滅ぼされる。お市の方はそのとき柴田と共に自害するが、三人の姉妹は秀吉によって助けられ、長女の茶茶は秀吉の側室となり（のちの、淀君）、お江与の方と次女のお初は秀吉の養女として養育される。

お江与の方は生来の気丈夫さと勝ち気の強い女性で、秀忠が側室を持つことを許さなかった。それでも例外的に秀忠はお静との間に子をもうけてしまう。秀忠は、お江与の方の目をはばかって、お静を江戸城外に出し、姉の嫁ぎ先である竹村家にかくまわせた。そして子を出産させた。その子が後の会津藩主となる保科正之である。

お江与の方は秀忠との間に三男五女をもうけるが、長男は早世している。次男は家光で三男は忠長である。次男は、家康が送り込んだお福、のちの春日局が乳母となって育て上げたが、人見知りのする子で引っ込み思案であった。三男はお江与の方が直に育て上げたため三男を可愛がった。これが後に対立の元となった。秀忠とお江与の方は忠長を三代将軍にさせたかったが、家康の強い意向で兄が次ぐべきであるとして家光を後嗣と決められた。成人してもこうしたいきさつから家光と忠長はいがみあい、修復不可能となり、母や父の死後、忠長は孤立化し、結果的に一六三三年（寛永十年）十二月自害した。家光が三代将軍になった年の翌年には忠長は分家して甲斐・駿河・遠江五十五万石を与えられ、駿府城主になったが一六三一年（寛永八年）四月、駿府城を召し上げられ、甲斐に蟄居を命ぜられた。一六三二年（寛永九年）十月にはついに改易とされ、高崎の安藤家に預けられたが翌年自害したのであった。保科正之は一六一一年（慶長十六年）にお静を母として生まれた。家光の異母弟に当たり秀忠の四男。信濃高遠藩主保科正光の養子となり次いで山形藩主を経て会津若松の藩主となる。家光の遺言により四代将軍家綱を補佐して幕政を見た。朱子学と神道を信奉した。編著書に『会津風土記』『会津神社史』があり、『家訓十五ケ条』がある。

女子についてみてみる。長女は千姫で豊臣秀頼に嫁いだが大坂夏の陣で大坂城は落城し、千姫は救出され、のち、播磨姫路藩の本多忠刻の正室として播磨姫路城に居住し、二人の子をもうける。しかし、忠刻は三一歳で死去した。暫くして千姫は娘と姫路城を出て江戸城に戻り生涯を過ごした。次女は子々姫（珠姫）で加賀金沢の前田利常の正室に、三女は勝姫で、越前福井の松平忠直の正室となる。四女は初姫で、京極高次の長男忠高の正室となる。高次の正室はお江与の方の姉に当たるお初である。高次との間に子が生まれなかったので、お江与の方の四女初姫を養女としてもらいうけ、高次の側室の子忠高と結婚し正室となる。五女は先に述べた和子（松姫）で後水尾天皇の中宮となり、のち、東福門院となり明正天皇の生母となる。

皆、波瀾万丈の生涯を過ごす。

【本多家について】

二代将軍秀忠の長女千姫が二回目に嫁いだ本多忠刻（ただとき）は、姫路城主本多忠政の子である。忠政は、家康に仕えた四天王の一人として有名な本多平八郎忠勝の嫡男である。

著者である私は、本多平八郎忠勝の三男忠義の流れを汲むものである（忠政の弟）。忠義には七人の男子がおり、その七番目（五男とも言われる。上二人がその上の兄の養子となる）の忠周（ただくち）が直接のご先祖様である。父忠義は白河城主十三万五千石であり、忠周は初代淡路守となる。忠周には忠職と忠知の二人の男子がいたが共に早世し、世継ぎは家康の二男の結城秀康の孫に当たる松平大和守直矩（なおのり）の七男忠貞が継いだ。三代・四代も養子を迎えている。歴代の流れを見ると次の通りである。これらの位牌は全て海福寺に置かれている。

忠周ー忠貞―忠強―忠弘―忠保―忠堅―忠昶―忠恒―忠曄―忠興―忠栗―忠更―吉五郎―友次郎―安五郎―忠晴―重次朗―明―剛―忠夫

安五郎が私の祖父。祖父の子に四人の男子があり、長男の吉太郎がいたが、若くして亡くなったので重次朗が継いだ。私の父は重次朗の弟で三男敏雄である。四男が春男であった。従って重次朗の子である剛が十九代目となる。剛の上に長男がいたが早死にし、子供はなかったので、次男の剛が継いだ。私は敏雄の一人っ子として一年七カ月の時、養子として川越の的場から迎えられたのである。剛氏とは従兄弟関係である。その剛氏も平成二十五年に亡くなられた。従って私が二十代目として意識している。

本多家の代々の菩提寺は現在の目黒区下目黒にある黄檗宗海福寺である。もとは深川にあった海福寺を、明治四十三年に新宿区の上落合にあった泰雲寺と合寺して目黒の現在地に移築したものである。海福寺は宗祖隠元禅師が一六五八年（万治元年）に深川で開創した寺である。海福寺を移築するに当たって本多家先祖の墓を発掘したところ墳墓から先祖の死臘（しろう・ミイラ）が発見されたと一九〇九年（明治四十二年）九月二十日の二六新聞に載っている。当時の報道では二五〇年前の死臘としているが、現在では、それから百年以上も経っているので、現時点から見ると三五〇年以上前となる。ミイラとなっている者は二代目に当たる忠貞である。東大医学部に運ばれ詳細な研究がなされたという。東京においてこのように完全な形で出土したのは当時初めてとのことであるという。そして現在は国立近代博物館に大事にに保管されているという。従兄弟の剛氏は見学させてもらったとのことであるが、私も近いうちに是非見学させてもらいたいと思っている。

本多一族は藤原鎌足を祖として不比等、房前と続き、十一代藤原兼通を経て二十一代兵和助秀が豊後国本多郡の土地を領したため、以降本多姓となる。助秀を本多家の初代とするならば平八郎忠勝は十一代目となる。

忠勝と同時代本多一族で武将として名を馳せた者に本多作左右衛門重次（鬼作左）、本多彦八郎忠次（伊那城主）、本多彦次郎康重（三河岡崎初代藩主）、本多三弥左衛門正重（下総国舟渡城主）、それに智将と称される本多正信、正純親子などがいる。

そうした本多一族の宗家は諸説ある中で、最も有力視されているのは本多平八郎忠勝家だそうである。私の一族はそうした意味では忠勝の流れを引いており、本多家の本流ではあるが、忠勝の長男である忠政の流れでは無く、三男の忠義の流れのため、その点で宗家からは外れている。且つ、忠義の一番末っ子の流れであるので宗家とはだいぶぶれるが、一族の中では比較的宗家に近い流れといえよう。

本多家は江戸時代には多くの一族が大名や旗本として栄えた。本多家の大名は十三家、旗本は四十五家あり、他に例を見ない。江戸時代を通して徳川宗家と分家以外に使用できなかった葵の紋を唯一許されていた。これは松平家（徳川家）と同じく古くから三河に土着しており、賀茂神社を共に司る加茂氏の系統であるからである。

一節によると本来徳川家の「三ツ葉葵紋」は本多家も使用していたが、一五六〇年（永禄三年）本多家の「三ツ葉葵」を旗紋としたため、それまで松平が使用していた「立ち葵」に改めたとしている。現在著者の紋は丸で囲んだ「右離れ立葵」を使用している。

【海福寺・隠元禅師・黄檗山満福寺】

先に触れたように、海福寺は明暦の大火の翌年の万治元年（一六五八年）に深川で宗祖隠元禅師が開創した寺である。

隠元禅師は、朱舜水よりも早い一六五四年（承応三年）六十三歳の時、弟子二十人を伴って中国明から来朝した。来朝当初は興福寺に入り明の禅を説き、隠元の高僧としての評判を聞き多くの僧や学者達が雲集し活況を呈した。一六五五年（明暦元年）には、現在の大阪府高槻市の普門寺に晋山するが、隠元の影響力を恐れた幕府によって、寺外に出ることを禁じられ、また、寺内の会衆も二〇〇人以内に制限された。

しかし、弟子達の奔走により一六五八年（万治元年）江戸に赴き、四代将軍家綱との会見に成功して、同年深川に隠元禅師を開祖として日本で最初に建立した黄檗宗の寺が海福寺である。その後、隠元禅師は一六六〇年（万治三年）に山城国宇治郡大和田に寺地を賜り、翌年新寺を開創し、故郷の中国福建省福州の同名の黄檗山満福寺と名付けた。以後黄檗宗の総本山として現在に及んでいる。黄檗宗は臨済宗と曹洞宗との日本禅宗の三派の一つであり、曹洞宗や臨済宗に大きな影響力を与えた。因みに隠元禅師は中国から持ってきたインゲン豆を広めた人でもある。

海福寺は先に触れたとおり、明治四十三年に深川区から目黒区に移築した。そのとき新宿区の上落合にあった泰雲寺と合寺して泰雲寺は廃寺となり、その山門を目黒に移築した。朱色の四脚門である。区指定文化財となっている。山門手前の左側には文化四年永代橋沈溺横死者亡霊塔及び石碑があり、都の指定文化財に指定されている。一八〇七年（文化四年）深川八幡宮大祭の際に起こった永代橋崩落事件の死者のために建てられた供養塔と石碑を移築したものである。また、境内の梵鐘は都の指定文化財であり、一六八三年（天和三年）中国の鐘の形式に似ながら日本の古鐘の形式に範をとるという特異なもので、藤原正次の作と言われている。江戸時代の梵鐘の中でも類例の少ない品である。この梵鐘は何回かの火災にあって、しばらくは海福寺の境内に置かれていたが（何時だったか記憶がないが）、この梵鐘の為の鐘楼を建てて、記念式典を行ない、その際、私も出席し鐘を打ったことを思い起こす。当然建てられた鐘楼は新品で、つるされていた鐘は何か不釣り合いな感じがしていたが、最近は鐘楼も古びてきてそれなりの風格が出てきた気がする。最近は行かなくなったが暮れには必ず家族で梵鐘を打ちに行ったものである。

（三）徳川家光（一六〇四年〜一六五一年）

家光は一六〇四年（慶長九年）に生まれた。母はお江与の方。長子は生後八カ月で早世し、家光が嫡男となる。幼名を竹千代と言った。次男には国千代（国松）、後の忠長が生まれた。二歳年下であった。竹千代は生まれてすぐお福、後の春日局に育て上げられたためどうしても秀忠、お江与の方になつかず、引っ込み思案で人見知りのする子であったという。顔色も悪く青黒くて、どちらかというと愚鈍な子に見えたのに対して次男の国松は色白で、かわいらしく気の利いた子であったという。従って、周囲は次男の国松が世嗣になると思われたほどであったが、先に触れたようないきさつから、兄の家光が世嗣と決まった。しかし、家康が一六一六年（元和二年）に亡くなると世嗣の座も揺らいだ。家光は十二歳の時である。後ろ盾の祖父家康を失い、父母に疎まれて、自殺を図ったという。危ういところで春日局に押しとどめられた。そうした家光も青年になるに従って、また、傅役（もりやく）の教育によって見違えるようになり、闊達で、血の気も多い青年に成長した。しかし体質的には弱く絶えず病気を患っていたという。

一六二三年（元和九年）家光二十歳のとき秀忠は隠居して家光が三代将軍となった。秀忠は、家康と同じく二代目「大御所」となって実権を握っていた。それでも家光が将軍となったとき、諸大名を率いて上洛し、伏見城において将軍就任を実現させた。そして「今や余に至っては即ち同じからず、生まれながらにして天下の主たり」といったという話は有名である。しかし、事実上の将軍としての働きは九年後父の秀忠が亡くなってからであるという。そのとき「自分は若く、戦場で戦ったことはないが、この機に乗じて、野心を抱く者があれば、直ちに国元に帰って戦の用意をせよ。されば我も直ちに兵を向け、兵の強弱を試みよう」と言ったという。

秀忠の重荷が取れて、最初に行ったのは紫衣事件で配流されていた沢庵等四人を赦免し、特に、沢庵には厚く帰依して品川に東海寺を建立した。

一六三四年（寛永十一年）日光東照宮の建設にかかり、二年後に完成。一六三八年（寛永十五年）に松平信綱等「六人衆」が幕政の中枢となって幕府の支配体制の総仕上げを行った。その上で政治機構の制度化や法令の整備を強力に行っていった。幕藩体制も完成させた。江戸幕府職制の特色である複数の役人による月番交代制と合議制が確立した。軍役規定も改められ、「旗本諸法度」を制定し、「武家諸法度」も改訂され、参勤交代制が定められた。家光の代で特質されるのは「島原の乱」とそれによる「鎖国政策」である。一六五一年（慶安四年）四月二十日四十八歳で没する。四代将軍は家光の長男家綱が継いだ。その時、家綱は十一歳であった。

【島原の乱】

島原・天草一揆ともいう。これは、島原藩主松倉勝家と天草を領有していた唐津藩主寺沢堅高の虐政、年貢の収奪、そしてキリシタンの弾圧が原因となって農民等が起こした一揆である。かつて、島原は有馬晴信、天草は小西行長のキリシタン大名の旧領であったことから、領民にキリシタン信仰が根強く残っていた。松倉・寺沢両氏は幕府の方針に基づき信者に改宗を厳しく迫り、過酷な迫害を加え、且つ、年貢の取り立てが年々厳しくなり、凶作になっても取り立てに容赦なく、飢え死にする者も出て、農民は一六三七年（寛永十四年）十月有馬村の代官を殺害して島原城を攻めた。天草でも農民達が蜂起し、富岡城を攻撃した。共に城攻めには失敗したが両者は合流して益田（天草）四郎時貞が首領となって三万七千人が有馬氏の旧島原城に籠もった。

幕府は、板倉重昌、戸田氏鉄に上使いとして島原に赴かせ、弾圧に当たったが一揆の頑強な抵抗を受けて板倉重昌は戦死し失敗に終わった。一六三八年（寛永十五年）元旦の出来事である。幕府は、ことの大きさに驚き老中松平信綱を派遣してオランダ船からの砲撃をはじめとするあらゆる作戦の末、二月二十七、二十八日の総攻撃により一揆勢を滅ぼした。生き延びた者はなかったという。勝家の苛政が原因ということで勝家は斬罪、堅高は天草没収を不服として自害した。両大名家は断絶となった。幕府は乱の鎮圧後キリシタンを根絶するため鎖国政策を完成させた。

【家光と妻子】

家光は元々虚弱体質で、幼いときから手の掛かる子供であった。性格的には成長したものの、体質は弱く絶えず病気がちであった。二十代では瘧病（おこりやみ）、眼疾、脚気と立て続けに病気に見舞われ、二十六歳の時には虫気（中風）・疱瘡・霍乱（かくらん）、二十九歳では癰（よう）に掛かるといった具合で病弱体質は三十代、四十代になっても変わることはなかった。

家光の正室は孝子と言い、鷹司信房の娘であった。しかし、家光とは折り合いが悪く、早くから別居生活を送っていた。一説には家光の男色癖が原因といわれている。記録では七人の側室がいたが、子供には恵まれなかった。最初の子供が生まれたのは家光三十四歳になってからである。千代姫であった。嫡子として家綱が生まれたのは三十八歳になってからで側室お楽の方である。以後他の側室との間に男五人女一人をもうけたが男で成人したのは長男家綱と三男綱繁（六代将軍家宣の父）四男の綱吉（五代将軍）の三人だけであった。

（四）御三家誕生の背景

何故、家康の子のうち、この末から三人が御三家と呼ばれて、特別扱いをうけたのか。男子が十一人おり、一番末の十一男が水戸藩、十男が紀州藩、そして、九男が尾張藩と下の三人が選ばれたのか私自身不思議であったが、結局家康が気がついたときには三男の秀忠のほか、上述の三人しか徳川家の直系の子がいなかったのである。

即ち、長男の信康は一五七九年（天正七年）武田氏の謀反の理由により、織田信長により自害させられ、次男の秀康は豊臣秀吉の養子となり、後には、越前国福井六十七万石の大名になるが、一六〇七年（慶長十二年）に三十五歳の若さで死去している。従って三男の秀忠が、家を継ぎ、後の二代将軍になる。そして、四男の忠吉は関ヶ原役後、尾張国の清洲城六十二万石を与えたが、二十八歳で死去したため九男の義直を尾張に送り込んだ。そして五男信吉を水戸二十五万石を与えたが、信吉も早死にした為、一番末の十一男の頼房に水戸を与えた。六男忠輝は関ヶ原役後、下総国で四万石、のちには越後国高田城六十万石の大名となったが、一六一六年(元和二年)に家康の咎めを受けて流罪、一六八二年（天和二年）信濃国諏訪で死去、九十二歳という長寿であったといわれる。しかし、七男、八男は早生し、大名にはなれなかった。そして、先に述べたように九男義直は四男忠吉のあとを継いで尾張藩へ、そして十男の頼宣は初め駿河・遠江で五十万石を領し、家康と共に駿府城に居住したが、家康の没後一六一九年（元和五年）に二代将軍秀忠の命により、紀伊国和歌山に移封し五十五万石余を給与された。十一男の頼房が五男信吉のあとを継いで水戸藩主になったのは僅か七歳の時である。頼房の兄で十男の頼宣は頼房より一つ上、その兄である九男の義直はその二つ上である。ちなみに九男の義直が尾張を継いだのは同じく七歳の時である。共に十歳以下の幼少期で大名に仕立て上げられたのである。

これは家康が徳川氏による幕府体制を末永く継承させていくための方策として考え出されたものである。一つは、自分の血筋を絶やさぬように宗家が後嗣を絶たれた場合この御三家から、将軍職を継ぐように特別扱いをした。一般大名は嫡子さえ決まればお家安泰として安堵するが、家康は結果的には三男秀忠を嫡子として決めているものの何世代後に、宗家としての血筋が途絶えた場合を想定していたのである。もう一つの理由として、戦国大名はその配下に「ご一門」が確立されており、嫡男はその「ご一門」から輩出していけば世継ぎに対する心配はさほどなかったが、家康の場合、他の戦国大名と比べ弱小大名であり、自分で立ち上げた大名に近かった。従って、「松平家ご一門」と言った形が形成されないまま天下を取って大大名になった。即ち、徳川という姓に変更したのもその辺の事情を意識してのことである。子どもを持って「ご一門」を確立していく必要があった。現実に六代で宗家の血筋が途絶え、御三家の一つ紀伊家から八代将軍を輩出することとなった。また、そう考えたとき十一人の男子がいたが、結果的に秀忠を除いて幼少の九、十、十一男の三人しか「徳川一門」を形成するものがいなかったのである。従って、三人とも独り立ちは出来ないので、三河以来の家臣を付け家老として付属し、桁外れの領地を与えたのである。関ヶ原の戦い以後、家康取り立ての大名の中で島津、毛利の有力な外様大名に匹敵する大名は、近江国佐和山城の井伊家十八万石しかなかった。家康は、武功に関係無い息子達を井伊氏以上の大名に仕立てたのである。これにはもう一つの理由があある。

徳川氏による幕府体制を末永く継承させていくための方策として、関ヶ原の戦い以後、豊臣方に組した大名九十カ国から六百二十二万石余の領地を没収して、自分を支持する味方の大名に与えたのである。

即ち、豊臣方で力のある戦国大名を外様大名とし、味方の大名で関ヶ原の合戦で功績のあった大名を譜代大名として明確に一線を画し、その勢力を伸ばし、大阪城の豊臣包囲網を築き、これを支配下に置いたのである。そして譜代大名は戦後急速に増え、家康の力は揺るぎないものとなったがその反面、彼らが力をつけて譜代勢力としての発展を抑制するねらいもあったと考えられる。そうした意味からも子ども達を「ご一門」として、譜代大名よりも強力な大名として位置付けておく必要があった。もし五人の男子が生存していれば、御五家として同じ扱いをしたのであろう。特別の扱いというのは、先にも述べたように、将軍宗家で後嗣がなかった場合、将軍職を受け継ぐ資格を得ていることであり、他に、譜代大名の多くは転封（領地の移動）が多く一定の領地に落ち着くことはなかったが、御三家が尾張、紀伊、水戸の用地に配置されて以来明治維新にに至るまで移動されることはなかったのである。また、御三家の成立によって、江戸幕府の関東から近畿に至る軍事的基礎が固まった。

近畿地方では幕府直轄の大阪、二条城、北陸方面の出入り口に彦根城の井伊氏、四国方面の押えとして御三家の紀州藩、関ヶ原を経て、江戸に至るまでの間を尾張藩、そして箱根を越えた地点には小田原城の大久保氏を配した。東北の諸大名に対しては、関東を譜代大名で固め御三家の水戸藩が親族の立場から徳川将軍を直接守護する立場にあった。三代将軍家光は、このような徳川権力の基礎が定まりつつある状況の中で、幕府組織、武家諸法度の改訂、軍役制、鎖国、参勤交代、五人組などの諸政策を打ち出したのである。

また、参勤交代においても、水戸家は他の二家と比べて、領地や石高が小さいこともあり、定府が決められた。他の二家は、恐らく数年に一度の割合で参勤したのではないかと推測されている。但し、二代将軍秀忠、三代将軍家光も将軍権力は何人よりも超越するという立場から御三家を家臣として扱う立場を鮮明にした。御三家という名称が史料に出てくるのは、家光が没して以後一六七三年～八一年とされ、五代将軍綱吉のときには、尾張家、紀伊家、水戸家の三家が他の諸大名と違った特別な格式のある家柄として制度化されたのである。

四、後楽園の作庭者

後楽園は初代水戸藩主徳川頼房と、二代藩主である徳川光圀によって庭園された御庭である。頼房と光圀の人なりを順を追って紹介しよう。特に光圀については魅力的な藩主であり、当時より庶民の間でも名君と慕われていた。『水戸黄門漫遊記』で有名であるが、その実像は更に魅力的であり多くのページを割いてその実像に迫った。光圀が係わったというだけでも後楽園の価値は倍加したといえる。「漫遊記」は江戸後期に作られたが、その時代まで黄門さまの人気は続いていたのである。

以下に頼房と光圀についてその人なり魅力について見ていく（『歴史読本』昭和六十一年五月号「特集・徳川御三家の全て」より）

（一）初代水戸藩主徳川頼房（一六〇三年〜一六六一年）

家康の十一男の頼房が水戸藩主に至る過程は次のようである。長く常陸・北陸地方を支配していたのは佐竹氏五十四万五千七百石であったが、関ヶ原の戦いで家康側に加担しなかったため、一六〇二年（慶長七年）出羽秋田二十五万五千八百石へ国替えを命じられた。代わりに、家康の五男信吉が入封し十五万石を与えられたが、翌年一六〇三年（慶長八年）に没したので、十男頼宣が二十万石で入封した。一六〇四年（慶長九年）五万石の加増を得て、二十五万石となったが、五年後の一六〇九年（慶長十四年）駿府に移封されたため十一男の頼房が入って二十五万石を領した。ここに御三家の水戸藩が確立する。領地は、常陸のうち茨城、那珂、久慈、多賀の四郡と行方、新治の二郡の一部、及び下野郡那須内であった。一六二二年（元和八年）には戸沢氏の旧領多賀郡松岡の地など三万石を増封され、二十八万石となった。一六四一年（慶長十八年）一月頃領内総検地を開始、同年九月頃完了した結果、水戸藩の実高三十六万九千四百石余となった。しかし、幕府で公認されたのは一七〇一年（元禄十四年）五月であった。

頼房は一六〇三年（慶長八年）にお万の方を母として生まれた。家康が征夷大将軍になった年である。幼名鶴千代と言い、三歳で常陸下妻十万石に封じられたが、一六〇九年（慶長十四年）七歳で水戸二十五万石に移る。幼児期には駿府に、家康の死後は江戸城に住んでいた。最初の就藩は一六一九年（元和五年）十七歳の時である。定府制のため、就藩したのは寛永期中七回、慶安・明暦・寛文の各々一回で五十三年間十一回に過ぎなかった。

佐竹氏移封後だけに藩内には不満が残り、混成部隊である家臣団の統制にも困難が多かった。しかし、水戸城の修築、侍屋敷、町人町の整備、領内総検地の断行、家臣団の統制、及び領民支配の種々の掟を発布するなど支配体制を固めた。学問好きで儒学や神学を学んだ。官位は正三位権中納言。一六六一年（寛文元年）七月二十九日五十九歳で没した。

水戸家の江戸屋敷は初めに千代田城内の松原小路にあった。現在の皇居内、吹上御苑中央辺りである。次いで、一六二二年（天和八年）神田台（文京区駒込）に下屋敷が一六二九年（寛永六年）小石川にも屋敷を与えられた。明暦の大火一六五七年(明暦三年)で松原小路の城内の屋敷が焼失したので、幕府はこの屋敷を再建せずに、小石川邸を拡張してここを上屋敷とした。その後、いくらかの変更があったが、一六八八年～一七〇三年の元禄期までには小石川邸は約七万六千坪、後に九万九千坪、駒込邸（中屋敷）現在の東京大学農学部校内に約五万四千坪、本所小梅邸（下屋敷）現在の隅田公園に約一万八千坪などが定まった。後楽園は、小石川邸の付属の庭園で、頼房によって築造された。小石川の土地を与えられたのは頼房二十七歳の時である。茶趣味のあった頼房はかねてより山水経営をしたい希望があり、この高低差のある沼地を庭にすれば、すばらしい庭園が出来るとのことから、この地を選んだと伝えられている。この庭を作ったのは大徳寺左兵衛で、彼が頼房の命を得てこの地を探し出し、頼房は三代将軍家光に願い出てこの地を拝領したとの記録がある（『後楽紀事』一七三六年（元文元年）源信興）。この地には当時、本妙寺、吉祥寺などの寺があったが、共に丸山、駒込に移されたという。

頼房の命を受けてこの小石川の地を選定し、作庭した徳大寺左兵衛に関する伝記はほとんど無いようであるが、平安時代から代々作庭技術を伝えてきた京衣笠左大臣家の出の家柄で、幕府でも上杉、宇都宮両家と共に高家として由緒ある家系であったといわれている。従って左兵衛も一流の作庭手腕を持っていたと思われる。小石川の庭が完成するのは二代目水戸藩主となった光圀によってである。

どこまでが頼房の時代、即ち徳大寺左兵衛が作庭したかを見ると次のようだったと伝えられている。吉川功氏の著書『東日本の庭園』によると、木曽谷、棕櫚山、大泉水、蓬莱島、竜田川、清水、音羽、大堰川、小廬山、水田、八つ橋などであって、建物は河原書院、清水堂、ビロード茶屋、水車小屋、丸屋などと推定している。　このように頼房の時代には、それなりに、頼房の趣味が生かされ諸国の風景などが取り入れられ、池泉には神田上水を引き込んでおり、一応完成されたものであった。

一六二九年（寛永六年）に家光によって小石川の地を下賜されてすぐ、頼房は屋敷の建設に取りかかったが、最初は屋敷の建造物から建設された。おそらく同年三月十一日に作事始の吉日と推定され、同年九月二十八日に完成したと上掲の吉川氏は金地院崇伝の記録から推定している。しかし、その新築の屋敷も他の記録によると翌一六三〇年（寛永七年）九月十一日に火災が発生して焼失してしまったという。そして再建したのが一六三三年（寛永十年）八月二十日と記されている。

一六三四年（寛永十一年）三月二十八日この日に家光が、水戸邸に入っている記録があるので、その頃までに庭園が一応の完成を見たと推定されている。そして、一六三六年（寛永十三年）十一月十一日には水戸邸にて茶事が催され、家光をはじめ尾張藩徳川義直、毛利甲斐守秀元等が頼房によって招かれた記録がある。次に、一六四〇年（寛永一七年）林羅山が招かれて庭園内の築山の一つである景勝地に小盧山と命名したという。そして、一六五七年（明暦三年）正月十八日の明暦の大火によって、再度邸宅を焼失してしまった。この再建は、一六五八年（万治元年）十二月十二日であった。

それまでは、小石川の邸宅は中屋敷と位置付けられて整備されてきたが、上屋敷であった邸宅は江戸城内の吹上御苑内にあったが、これも焼失してしまい、天守閣と共に再建しないことが決まり、変わって小石川の邸宅を上屋敷として、敷地規模も広くするなどの再建が図られたという。

【支藩・分家】

頼房はどういうわけか正室を迎えなかった。その代わり側室が九人おり、全てに子が授かっている。子供は全部で二十六人、内、男子が十一名である。そのうち水戸家の支藩・分家として四人が藩主となり、大名として取り立てられた。これは尾張、紀伊にも見られないことであり特別扱いといえた。長男頼重は讃岐高松藩。四男の頼元を藩主とする陸奥守山藩。五男頼隆を藩主とする常陸府中藩。そして、七男の頼雄を藩主とする常陸宍戸藩である。高松範以外の三つの藩は無城で、陣屋を置いた。高松藩は十二万石、守山藩と、府中藩はそれぞれ二万石、宍戸藩は一万石であった。これら分家は御三家の分家として御連枝と呼ばれた。

(二) 二代水戸藩主徳川光圀 (一六二八〜一七〇〇年)

一六二八年(寛永五年)六月十日太陽暦では七月十一日に頼房の三子(女子を加えれば七子)として生まれる。母は谷重則の娘で久子という。後に久昌院と称された。久子の母親は江戸の水戸藩邸の奥殿に老女として使えていた女性である。光圀が生まれたときは、既に頼房の第一子の七歳上の頼重がいた。しかし、頼房は何故か頼重の出世を喜ばなかったという。頼房には数人の側室がいたという。その一人に佐々木氏の娘、お勝に生ませたのが第二子の亀丸と言い、世子の筆頭と目されていたが、光圀が生まれた年の秋、四歳で他界した。光圀は字を徳亮、観之、子竜、号は日新齋、常山、梅里の他、隠居後、西山、西山隠士等である。

幼名は長丸、千代丸といい、水戸柵町にある家臣三木之次の家で誕生した。一六三三年(寛永十年）六歳の時、世子として江戸小石川邸に入り、一六三六年（寛永十三年）九歳で元服して光国と名のったが、のち、光国の国の字を改め、光圀とした。そして従五位上に叙せられた。一六三九年（寛永十六年）十二月兄頼重は常陸下館五万石の城主となり、光圀は翌年一六四〇年（寛永十七年）十三歳で従四位上右近衛権中将に叙せられ、七月には従三位に昇進した。これを契機に頼房は本格的な教育を光圀に施すべく三人の守り役を任命した。しかし、光圀は両親の期待を裏切ること甚だしく不良少年であったという。服装も派手であり、人々に挨拶する仕草や歩く姿も大げさで異様であったという。頼房もそうした光圀の行状や言動に心を痛めており、一六四三年（寛永二十年）十月十六歳になった光圀を熱海に湯治に出かけた折、日頃の行状を厳しく戒めたという。

そして、一六四五年（天保二年）光圀十八歳の時、突如として心の転機が訪れた。この年、はじめて『史記』を読んで深く感動し、それまで学問も好きでなかったが、以後学問に精を出し始め、奇行もなくなり、放埒な生活を続けてきたこれまでの態度を深く反省したという。兄頼重は光圀十五歳の時常陸下館から讃岐十二万石に移封された。

一六五七年（明暦三年）明暦の大火に見舞われた。世にいう振袖火事である。江戸城本丸、二の丸そして城内にあった水戸屋敷、小石川の水戸藩邸も全て焼失した。光圀はその翌月の二月には、後の中屋敷となる駒込の一隅に史局をもうけて修史事業を開始したのである。この大火によって、江戸中の貴重な古文献や書籍が一瞬にして消滅してしまったためである。未だ世子の身分でありながら修史事業に踏み出したのはそうした理由と、「論語」にいう「三十にして立つ」の年齢に達して、自立心の確立に目覚めたのであろうと考えられている。

そして一六六一年（寛文元年）八月十九日父頼房が亡くなり、三十四歳で水戸二十八万石の二代目水戸藩主に就任した。その年、光圀は次の世子として兄頼重の子、松千代を養子としたい旨を伝え、三年後一六六四年（寛文三年）十二月に松千代を幕府の許可を受けて正式に養子とした。翌年、元服して松千代を改め綱方と名乗った。ところが綱方は一六七一年（寛文十年）二十三歳で病死し、翌年頼重の第二子采女を世子として同年十二月に元服させて綱條と称した。

藩主となった光圀は父、頼房の藩政確立に努めた跡を継いで民政の安定を目標とした藩政を水戸にて推進した。笠原水道の開設、神社の整理と復活、殉死の禁止、貧民の救済、大船海風丸の建造と蝦夷地の探検など、注目すべきものが多いが、特に江戸での彰考館を設立して、諸国から学者を集めて『大日本史』の編纂を始めた実績は重要である。

一方、小石川の水戸藩邸において光圀は頼房の跡を継いで庭園造りにも精を出した。しかし、当初は、頼房の意志を尊重し、良く保存されたが、一六六五年（寛文五年）日本に亡命してきた明の儒学者朱舜水を師として迎えてからは中国的文人趣味に心奪われ、ついに朱舜水の指導を得て庭園を改造することとなった。新たに作られた景観は現存の西湖堤、円月橋、唐門、徳仁堂、文昌堂（八角堂）、西行堂、長橋などであったと考えられている。「後楽園」という名称も朱舜水によって名づけられ、唐門には朱舜水の筆による「後楽園」の三字の額が掲げられていた。この「後楽園」は中国宋代范仲淹の詩『岳陽楼記』の一節から名付けたものである。それは、士たるものは、天下の憂いに先んじて憂い、天下の楽しみに遅れて楽しむ（士当天下之憂而憂、後天下之楽而楽）から命名された。

【光圀誕生秘話】

光圀の生みの母は谷重則の娘で、谷久子という。谷家は身分的に低く、頼房が目をつけた人であったが、第一子の頼重や第三子の光圀が生まれるまでは、未だ侍女でもなく側室でもなかった。従って二人とも頼房は「水に流せ」（堕胎せよ）と命じたという。しかし、家臣の三木仁兵衛之次・むさ夫婦は密かに、頼重については久子を江戸麹町にある自邸に引き取って出産させたのである。そして七年後光圀の誕生に際しては、三木夫妻は水戸柵町に転居していたので久子を呼び寄せ、頼房には内緒で出産させたと伝えられている。頼房二十六歳、久子二十二歳であった。

四歳まで三木の家で普通の家臣の子と変わりなく育てられた。しかしよくよく考えてみれば、藩主頼房の意志に反して内緒でこのような行為をすることは考えられない。恐らく三木夫妻に因果を含めて密かに依頼したのではないかと考えられている。いずれにせよ頼重にあっては、十一歳の時頼房の養母英勝院の取りなしによって江戸に帰り、五年後の十六歳になって初めて頼房に親子関係が認められ対面したという。光圀（千代松）は五歳の時公子と認められ、水戸城に入った。翌年五月水戸の付け家老である中山備前守信吉は、将軍家光の内命を得て水戸に下り、諸公子の中から世子となるべき者を選抜することとなった。対象者は光圀（千代松）を含めて六人であったが、中山氏は、光圀の言動を見て、すぐにこの子が世子となるべき人と感じ、江戸に帰って報告した。間もなく、光圀は水戸から江戸の小石川邸に上り一六三三年（寛永十年）十一月六歳の時、正式に世子として認められた。七歳の時英勝院に連れられて、江戸城に入り、世子としてはじめて将軍家光に謁した。この時将軍から光圀は文昌星をかたどった唐銅の像を与えられたという。文昌星とは、中国で、北斗七星中の六星を称し、文学のことを司るといわれ、試験の合格をこの星に祈るところから、光圀が後年「名君」と言われるようになったのはこの文昌星のみちびきによるものかと家臣達は噂をしたという。光圀は後に小石川の後楽園内に八角堂を建てて唐銅の像を安置した。これを文昌堂ともいう。兄頼重は光圀七歳の時には十四歳だから、まだこの時、父頼房と面会していなかったことになる。

【諸国漫遊に係わる逸話】

二代目水戸藩主徳川光圀は生前中から領民はもとより他国の領民そして諸大名にも名君として人気が高かった。光圀は、名君といっても単なる堅物ではなく遊興も楽しみ、酒色を好んだことも確かなようだ。江戸では隅田川で船遊びもたびたび行っていたし、歌舞伎役者も寵愛したという。また、料理茶屋にも通い、ひいきの女性もいたという。一方、学問にも真剣に取り組み、庶民生活にも気を配り、反面、粋人でもあった。こうした人物像は、他の名君とは異なった評価を受け、一般庶民に受け入れられていったのであろう。『水戸市史』中巻に光圀を崇敬する話が掲載されている。

西国巡礼に出かけた太田在住の百姓が、大隅国（鹿児島県）で老女に道を尋ねた時、生国は常陸と言っても分からないので江戸から三十里ばかり行った土地であると言っても通じなかった。そこで、水戸様という御三家の農民だというと、「御三家ということは分からないが、水戸様は水戸黄門様の国ではないか、よい殿様の領民だ、黄門様は仏様のようにありがたい殿様だとこの国でも皆いっている」といって愛想良く茶を振る舞ってくれたという。

もう一つ紹介すると、郷士の立原政五郎という者が下総（栃木県）の湯西温泉に湯治にいったとき、山村で荷物を運ぶ人夫が見つからず困っていたところ、水戸の者だと名乗って荷物運搬を頼むと、「水戸黄門様の国の人のためならば苦労を厭わず荷物を背負って運びましょう」といって、賃銭の高にかかわらず運んでくれたという。政五郎もこれには感激したと伝えている。

このような逸話がまとめられ、勧善懲悪の黄門漫遊記が出来上がったのである（『歴史読本』一九九四年（平成六年）七月号コラム五「名君としての評判」）。

光圀が名君として定着したのは江戸末期から明治にかけてのことである。その逸話を含む『桃源遺事』等が実録本『水戸黄門仁徳録』に影響を与え、さらに、水戸斉昭に招かれたという幕末の講釈師桃林亭東玉が、十返舎一九の『東海道中膝栗毛』や湯治の旅行ブームにヒントを得て、光圀の諸国漫遊記を創作した。その際、光圀による三回の蝦夷地渡航や『大日本史』編纂のため各地に赴いた安積澹泊（通称覚兵衛）と佐々十竹（介三郎）がそれぞれ格さんこと渥美格之進、助さんこと佐々木助三郎のモデルになったという。

その後、明治初年に『名君膝栗毛』『名君道中記』等の演題になり、立川文庫が『諸国漫遊・水戸黄門』を刊行。更に歌舞伎では実録本『護国女太平記』「柳沢騒動」から河竹黙阿弥が、光圀が妖臣藤井紋太夫を手討ちにするくだりを『黄門記童幼講釈』（明治十年）として劇化している。これが水戸光圀の伝承化の主な道筋であるが、この後に、劇曲に岡本綺堂の『黄門様』（昭和二年九月）があり、大衆文学では戦前に直木三十五の『黄門廻国紀』（昭和七～八年）や吉川英治の『梅里先生行状記』（昭和十六年）、戦後では村上元三の「水戸黄門四部作（昭和三十一年～三十七年）が、そして映画では月形龍之介が、テレビでは、東野英治郎が、それぞれ当たり役となった。（前掲『歴史読本』「水戸光圀から水戸黄門へ」縄田一男）

【助さん・格さんの実像】

『黄門漫遊記』に出てくる黄門様のお供役の助さん、格さんは実在の人物をモデルにして作られていることは多くの人が知っているところである。しかし、黄門様が二人を供にして諸国をめぐることはなかった。ただし、先に触れたように光圀の生存中から黄門様は多くの人に人気があり、明治二十年代になって『水戸黄門諸国漫遊記』が大阪の講談師の創作として広められ、今日まで語られてきた。そして多くの作家や、講釈師等によって、黄門様を全国に旅立たせたのである。

そのモデルとなった助さんは漫遊記では「佐々木助三郎」といわれているが、実物は、佐佐十竹介三郎という。格さんは、劇中「渥美格之進」であるが実在名は安積澹泊覚兵衛といった。佐佐十竹と安積澹泊は年が十六歳離れており、佐佐十竹のほうが年上である。佐佐十竹が彰考館の館員となったのは彰考館ができた二年後の一六七四年（延宝二年）光圀の招きに応じてである。佐佐十竹の功績は史料の収集に大活躍したことである。京都、奈良、高野山、熊野、吉野、摂津、高知、九州、中国、北陸方面までも訪問している。そして多くの貴重な資料を採集した。中でも九州、中国、北陸方面の調査は半年以上に及ぶ大調査であったという。一方安積澹泊は一六八三年（天和三年）彰考館に入り八十二歳で没するまで五十五年間修史事業に携わった。彼は館内で佐佐十竹等が収集してきた史料をさばき修史事業の進展に顕著な功績を残した。このように対照的な働きをした二人であるが、ともに彰考館総裁として光圀はもとより他の会員からも信頼厚いものがあったという。

【黄門様といわれた理由】

「黄門」とは中納言という官位制度における官職の唐名である。この官職は代々水戸藩の藩主に与えられてきた。当然初代の頼房も中納言であり、黄門様である。水戸藩歴代藩主は中納言の官職を任命されてきた。ちなみに御三家の尾張藩及び紀伊藩の藩主は歴代大納言という官職であった。同じ御三家でも官職は水戸藩が低かったのである。石高も尾張藩は六十五万石、紀州藩は六十万石に対して水戸藩は当初二十五万石、後に何回か改められ三十五万石となるものの、尾張藩や紀州藩と比べて低かった。どうしてそうなったのかは今のところ謎らしい。大納言は唐名「亜相」といったそうであるが、あまり知られていない。中納言の下の官職は参議と言い、唐名は「宰相」といった。一般に水戸藩二代藩主徳川光圀に対して、親しみの意味から彼を指して「水戸の黄門様」といわれてきたようだ。

以上『歴史読本』徳川御三家のすべて（昭和六十一年五月号）を参考にさせていただいたり、抜粋を行なった。

【官位制】

そもそもその官位制とは何か。要するに官職における身分階級である。正確にいうと「官位相当制」といい律令制において官人の位階に官職を対応させる制度のことで、唐から学んだ制度である。唐では官階相当が官職そのものであるが、日本の場合、位階によって官人を序列化し、それによって官職を与え官人を統制したため、官人統制の要となった。

飛鳥浄御原令（あすかきよみはらりょう）で成立し、大宝律令で確立した。位階は位階制によって制度化されたもので官人の序列を示す等級の制度である。親王は一品から四品の四階、諸臣は正一から正初位下までの三十階にわかれる。

一般に五位以上を貴族と呼び、四位以上に位封（いふ）等の特権を伴う。位封とは位階に応じて食封（じきふ）を支給する制度。親王の品階（ほんかい）に応じた食封を品封（ほんぷ）という。食封の語句は七世紀の半ばに見えるが位封の実施は七世紀末頃であろう。七〇一年の大宝元年の大宝令は三位以上をその支給の範囲としたが、七〇六年（慶雲三年）には四位以上に改訂された。

徳川家康が江戸幕府を開くと官位を武士の統制の手段として利用しつつもその制度の改革を行った。まず、禁中並公家諸法度により武官官位を員外官とすることにとって公家官位と切り離した。これによって武士の官位保有が公家の昇進の妨げになることを防止したのである。少将、中将等の官職を権官として任じたこともその現われである。また、武家の任命権者は事実上将軍とし、大名や旗本が朝廷から直接昇進推挙を受けた場合でも、将軍の許可を受けなければならなかった。但し、形式的手続きとはいえ、将軍が任じた官位を幕府から朝廷に申請を行って天皇の勅語を得る必要があった。勅語を得ることによって正式にその官位が認められた。

大名に与える位階は

従五位下（諸大夫）

一般大名

従四位下（四品）

官職は、

○侍従

○権少将—国持大名の一部（岡山池田、細川など）、親藩（越前松平の津井など）親藩並（鳥取池田など）、連技（高須、西条など）、井伊

○権中将—保科（会津松平）島津、伊達

○参議（宰相）—前田、家門（館林、甲府）

○権中納言（黄門）—水戸徳川

○権大納言（亜相）—尾張徳川、紀州徳川

とした。これらの武官官位について、伺候席席次を官位の先任順としたり、一部の伺候席を四品以上としたりするなどして格差をつけた。その上で大名家より初官や昇進を微妙に変えるなどして家格の差を生ぜしめた。尚、旗本が武家家格を授けられる場合は、正五位相当の布衣に任ぜられる場合が

ある。江戸幕府における武家官位では布衣が最も下である。また、御三家及び加賀藩の家老のうち数名が幕府の推挙という形式で叙爵を受けることがあった。

一八六九年（明治二年）正一位から従九位・大小初位までの二十階とされたが、一八八七年（明治二十年）叙位条例で正一位から従八までの十六階と定められた。その後一九二六年（昭和元年）位階令が制定され近代の位階制度が整備された。一九二七年（昭和二年）生存者への叙位・叙勲は停止されたが一九六三年（昭和一八年）生存者叙勲が復活した。このように見てくると位階制度はつい六十年ほど前まで生き続けてきたのである。

シャープ株式会社電子手帳・ウィキペディア等参照

【史記】

先に述べたように光圀十八歳の時の一六四五年（天保二年）突如として心の転機が訪れた。この年、はじめて『史記』を読んで深く感動し、それまで学問も好きでなかったが以後学問に精を出し始め、奇行もなくなり、放埒な生活を続けてきたこれまでの態度を深く反省したという。では、その『史記』とはどのような本であったのかを見てみよう。

史記は中国の歴史書で、当初は『太史公書』と呼ばれたが通称の『史記』が書名として定着した。前漢の時代に司馬遷によって書かれたものである。紀元前九十一年頃完成したと見られる。一三〇編、五帝の伝説時代から、司馬遷の生きた前漢武帝期半ばまでの二千数百年の歴史を総合的に叙述した通史である。紀伝体の正史の祖となる。本紀（歴代王朝の編年史）十二巻、表（年表）十巻、書（祭祀・税制など分野別に整理された文物制度史）八巻、世家（春秋から漢代までの諸侯国の歴史を記す）三十巻、列伝（個人の伝記）七十巻、第七十巻目の著述の意図を記す。著者である司馬遷の境遇から、人間の運命の変遷を鋭く見据えた文章が高く評価されている。

光圀は、まず『史記』のうち「世家」の部の「呉泰白世家」に泰伯の話が載っており、これを読んだ。その次に列伝の部の冒頭にある「伯夷伝」即ち、伯夷・叔斉兄弟の伝記を読んだ。光圀はこの二つの話に心打たれて、兄の子に家督を譲ることを決意したといわれている。光圀は兄を飛び越えて世子に選ばれながら、放埒な生活を続けて来たこれまでの自分をかえりみて、深い反省の念を抱いたのである。

泰伯は周の太王の長男で、泰伯には、仲雍と季歴という弟たちがいた。父の太王は末弟の季歴に家督を継がせたかった。そこで泰伯と仲雍は父親の思いを汲み取り、呉の地に出奔してしまう。その結果、周の王家は季歴が継ぎ、その子の昌が周の文王となり、文王の子が武王となった。

「伯夷伝」は次のような内容である。殷の諸侯弧竹君の長男が伯夷で三男が叔斉である。父の弧竹君は、三男の叔斉を世継ぎにしようと考えていた。父の弧竹君が死んだとき、伯夷は父の遺志を重んじて受けず、叔斉も礼にかなうように長兄に譲ろうとして受けず、二人とも国を去り、文王を慕って周に行った。ところが周では文王が死に、文王の子の武王が位についていた。その武王は父の葬儀も済ませず、文王の位牌を車に乗せ殷の紂王を征伐しようとしていた。この挙に出合った伯夷と叔斉は、武王に対して父の葬儀も済まないのに、君主である紂王（暴虐な天子といわれている）を打つには父子の道にも、君臣の道にも悖ると諫めたが、聞き入れられなかった。そこで二人は周の粟（ぞく）を食することを恥、西山（首陽山）に隠れ、ワラビを採って食べていたが、ついに餓死してしまった。私は当初、光圀が十八歳にして、この膨大な歴史書である史記を読んで、その中から、この二つの話を特に気にかけ自分の立場の相似性を感じ取り、自分としてどうすべきかに大きな方向性を抱いたことを感心したものである。そして色々資料や本を読んでいるうちに、これらの話が孔子が書いた「論語」に載っており、孔子の見解が出ているのである。分かった気がした。まず、論語の勉強をしたのであろう。そしてこの二つの話に心奪われたのではないか。

孔子はこの泰伯の行ないについて『論語』の「泰伯」編の中で、「泰伯は志徳というべきのみ」と表している。王位を固辞して受けなかった所と、父の遺志を尊び国を去った所を表して志徳の人という位置づけをしているのである。次に「伯夷・叔斉」の生き方に対応して、孔子は『論語』の「述而（じゅつじ）の編の中で、弟子の子貢（しこう）が「伯夷・叔斉はどういう人ですか」と質問すると「古の賢人である」と答えた。重ねて子貢は「二人は国を譲って恨み悔いることは無かったのか」と尋ねると「二人は国を譲って仁を行おうと求めて、仁を行い得たのである。何で恨み悔いることがあろうか」と答えた。

こうした『論語』を読んで光圀はこの三人を自分の生き方の基本とすべく像を造り祀ったのである。これが光圀の偉いところであり、その堂の名前も論語のさきの下りから採ったなどは、さすがといえよう。即ち、当該箇所の原文を見ると、「求仁而得仁又何怨」であり、光圀が泰伯・伯夷・叔斉の三像を祀るために建てた堂を「得仁堂」と称したことは誠にすばらしいことであり、正に光圀の神髄というべきであろう。仁を行い得た人達という意味で「得人」なのである。光圀は、論語を読みそしてこうしたいくつもの話がある史記を学んでいったのであろう。

もう一つ、光圀という人の偉大さは、『論語』を学び、『史記』も読んでいる多くの大名なり学者が数いる中で、「日本にはこうした歴史書はない」と思い至ったことである。「では私が造ろう」といった創造力をかき立てたことが他の人がなしえなかった『大日本史』編纂の大事業なのだ。これも明暦の大火によって多くの歴史書が焼かれた事実を目の前にしてすかさず、このままでは貴重な史料は全て灰と化してしまう、これからでも史料を集めなければならない、という使命感を抱いたことの偉さであり、そして、邸内に「史局」を建て実行に移したことである。勉強とは正にこうした力を発揮してこそ生きるものであり、「論語読みの論語知らず」の全く逆で「一を教わって百を悟った」光圀はやはり偉大な人であった。

【彰考館の設立】

一六七二年（寛文十二年）春に光圀は明暦の大火一六五七年（明暦三年）後に駒込の中屋敷に開設した「史局」を小石川の上屋敷に移すと同時に、「彰考館」と命名し、日本史の編纂に本格的に取り組みだしたのである。「彰考館」の名称は中国晋代の杜預（とよ）（二二二年～二八五年）の「春秋左氏伝」序にある「彰往考来」から採ったものであるという。過去を彰（あきらか）にして将来を考えるという意味である。光圀は、当初この歴史書を「本朝の史記」とか「倭史」、「国史」、「史編」あるいは「記伝」と言っていた。『大日本史』と書名が決定したのは光圀死後の一七一四年（正徳四年）のことである。光圀は「彰考館」と自ら書き、それを一枚の板に彫らせた扁額を掲げ、館内には館員の心得として「史館警」五箇条を掲示した（扁額は現在も水戸の水府明徳会彰孝館に保存されている）。我を張らず、謙虚な態度で執筆編纂に当たるべきことを諭したのである。史局員は初め四人であったが「彰考館」開設時は二十四人そして元禄年間には、五十人を超えていた。資料調査は、一六九三年（元禄六年）までの十八年間に大小十三回実施した。また一六八三年（天和三年）修史の責任体制を明確にするため総裁の職をもうけることとした。当時の館員は三十四名であった。人見懋齋（ひとみぼうさい）が初代の総裁に選ばれた。光圀は総裁を選ぶに当たって学力だけでなく人望が無くてはならないということから、館員全体の選挙という方法を選び、光圀自身も一票を投じた。開票すると全員がこぞって人見懋齋を選んでいたという。『大日本史』は結果的に光圀存命中には完成されず代々受け継がれ、九代藩主斉昭の代に一応完成されるのである。

この『大日本史』編纂事業は水戸家の運命に多大な影響をもたらすのである。ここから水戸学が発生して、幕末では「尊王攘夷論」の理論的根拠となり、幕府倒壊へと向かわしめたのは皮肉でもある。

『歴史読本』七月「彰考館開設」参照

【大日本史】

光圀の命によって一六五七年（明暦三年）に編纂に着手し、一九〇六年（明治三十九年）年に完成した漢文で書かれた歴史書である。水戸藩の歴代藩主が受け継ぎ、九代藩主斉昭の頃、一旦完成されたが、以後も書き足されて最終的に一九〇六年（明治三十九年）に完成したものである。内容は本紀、列伝、志、表に分けて合計三九二巻（本紀二七三巻、列伝一七〇巻、志一二六巻、表二十六巻）である。光圀は林羅山が始めた『本朝通鑑』に対抗して、独自の体裁と内容を持った史書を編纂する意図を持っていたので、編年体ではなく神武天皇から後小松天皇までの一〇〇代を対象として中国の正史の体裁である紀伝体を採用した。将軍とその家族、家臣の列伝や文学列伝、歌人列伝をたてるなど日本の歴史の実情を考慮している。全体の基調は朱子学流の大義名分だが、資料の収集、史実の交渉において、客観的立場を貫いている。紀伝の構成では神功皇后を列伝に入れたこと、大友皇子の即位を認めたこと、南朝の天皇を正当としたことは、本書の三大特色として知られ、この編纂事業の中から水戸学が生まれた。

シャープ株式会社電子手帳参照

【水戸学】

歴代水戸藩主が受け継いできた『大日本史』の編纂の中から生まれた学問である。前期と後期に分けられる。前期は、光圀をもとに安積澹泊、栗山潜鋒、三宅観瀾らが朱子学的名文論を基調とした思想を示した。後期は藩主斉昭を先頭に藤田幽谷、藤田東湖、会沢安らが尊皇攘夷を核とした国体論に内憂外患の理論的支柱となった。倒幕論にはならなかったが、近代天皇制イデオロギーの一源流になった。

シャープ株式会社電子手帳参照

【本朝通鑑】

江戸初期、朱子学者である林羅山によって『本朝編年録』が編纂されたが明暦の大火でそれら全てを焼失してしまい、羅山はその後四年で他界してしまう。その子、林鵞鋒がその意志を引き継ぎ、復元し、続編を編集した漢文で書かれた編年史である。三一〇巻からなる。一六七〇年（寛文十年）成立。神世から一六一一年（慶長十六年）までの歴史を綴ったものである。前・正・続編の三部からなる。

シャープ株式会社電子手帳参照

【光圀と漢詩】

光圀は十八歳になって『史記』を読んでから人が変わったように勉学に勤しむようになり、漢詩も始めた。当初は見よう見まねで、さほど上手い詩でもなかったが、徐々に頭角を現わし、漢詩として立派なものを作するようになったという。但し、漢詩家として名を馳せるまでには至っていなかったようである。光圀は生涯千数百首の漢詩を詠んだという。二〇一一年（平成二十三年）六月三十日、私も参加している特定非営利活動法人 小石川後楽園庭園保存会（この法人の活動状況については第七章を参照のこと）の総会に於いて、総会後に特別講演会が開催され、講師に斯文会の理事長で元二松学舎大学の学長であられた石川忠久先生をお招きして、光圀の漢詩についてご講義を頂いた。先生は長いこと、漢詩についてNHKのラジオで講座持っておられた人で漢詩の大家である（NHKでは「新漢詩紀行」として石川忠久先生・監修・解説、語り・松岡洋子、朗読・加藤剛とするDVDをまとめた。現在市販されている。全十巻で、一巻七十分から五十分である）。

江戸時代、将軍や大名といわれる各藩の藩主や家臣、そして僧侶、天皇をはじめとする公家等支配層は、学者から教養として漢字を学び、もって、儒学等を学んだ。『史記』等を原文で読み、記録なども漢文で書き上げる学力を身につけた。そしてその一つとして漢詩も学び、自らも作詩したものである。光圀も、ご多分に漏れず、漢詩を作詩した。『大日本史』も総て漢語による記述体である。先生のお話を聞いて、光圀がこのように多くの作詩をしていることを私は始めて知った。この講演で石川先生から披露された光圀の漢詩を、ここで二、三紹介したい。後楽園に関するものを掲げる。

後楽園即興

緑草紅花入詠名
好山勝水以人鳴
我園忽被群公賞
自是風光又向栄

後楽園即興

緑草紅花 詠に入りて名あり
好山勝水 人を以て鳴る
我園忽ち群公に賞せらる
是より風光又栄に向かふ

遊後楽園

後園夏景思依依
新樹林深鳥独帰

後楽園に遊ぶ

後園の夏景思ひ依たり
新樹の林深く鳥独り帰る

雨過平田鍼水長
西山秧稲定須肥

遊後楽園観紅楓
夾岸霜楓水底匀
微風緩動畳紅鱗
山頭秋晩物皆酔
笑殺独醒千歳人

後園雜興
杖藜徐歩上高岡
千里風光入一望
間倚松根思寂寞
緩尋芳草立彷徨
江城粉堞接雲表
菅廟朱甍映夕陽

雨は平田を過ぎて水を鍼するごと長（の）び
西山の秧稲定めて須らく肥ゆべし

後楽園に遊びて紅楓を観る
岸を夾む霜楓水底に匀（ととの）ひ
微風緩く動いて紅鱗を畳（かさ）ぬ
山頭の秋晩物皆な酔ひ
笑殺す独醒千歳の人

後園雑興
杖藜（じょうれい）徐歩して高岡に上る
千里の風光一望に入る
間に松根に倚り 思ひ寂寞（せきばく）
緩に芳草を尋ね立ちて彷徨す
江城の粉堞雲表に接し
菅廟の朱甍（しゅぼう）夕陽に映ゆ

怡爾遊心天地外　怡爾として心を遊ばす 天地の外
紛紛世慮総相忘　紛紛たる世慮 総じて相ひ忘る

【漢詩】

本来は日本人の作で、漢字を用い、中国詩の形式に従った詩をいう。漢詩という名称の使用は新しく、明治二十年頃新体詩と区別するために用いられた。それ以前はただ「詩」といわれた。日本で漢詩が作られ始めたのは七世紀後半の近江朝といわれるが、現存していない。「懐風藻」が現存最古の漢詩集である。平安時代には「凌雲集」、「文華秀麗集」、「経国集」が編まれた。中世には五山文学において絶頂を示し、江戸期から明治にも文人で漢詩をよくするものが多かった。中国詩の形式は周代の四言詩（「詩経」など）から六朝に至る平仄（ひょうそく）の規定がない五言・七言を基本にした古体詩と、唐代に確立された句数に制限があり、平仄の規則をもった絶句・律詩などの今体（きんたい）詩とに二分される。

シャープ株式会社電子手帳参照

【西山荘】

西山荘は水戸二代藩主徳川光圀が、一六九〇年（元禄三年）に引退後一六九一年（元禄四年）から一七〇〇年（元禄十三年）に没するまでの晩年を過ごした隠居所である。光圀はここで『大日本史』の編纂の監修を続けた。建物は茅葺き平屋建で、内部は粗壁のままで、どの部屋にも装飾は無く、書斎も丸窓だけの三畳間と質素な佇まいである。尚当時の建物は一八一七年（文化十四年）の野火によって焼失し、現在の建物は一八一九年（文政二年）八代藩主斉脩によって再建されたものである。西山荘は久慈郡太田から西方一・一キロメートル離れた新宿村西山の麓に造られた。山続きには光圀の母である久昌院の菩提樹・稲城の久昌寺があり、且つ、水戸徳川家の墓所瑞龍山も四キロメートルの所にある。

光圀は隠居地を当初、江戸の郊外である高田の一本櫻という所や、城西の千波湖畔の地、緑岡などが候補地であったが、結果的には常陸太田の西山を選定した。ここは先にも触れたとおり、久昌院や瑞竜山に近く、『史記』にある西山と同名であり、地理的、自然的環境が隠居場所として相応しかったこと、そして、この地はかつて佐竹藩の遺臣達が数多く土着しているので、佐竹旧臣達に対する政策上からも適当な場所と思われたことなどが挙げられている。

光圀はここで十年間生活した。『大日本史』の編纂の傍ら、読書、詩文を楽しみ、学者や僧侶、文人達と風雅の会を催すなど充実した日々を送ったという。西山荘に奉仕した藩士は家老大森典膳、小姓佐々宗淳（介三郎）、医師鈴木宗与ら、二十三名のほか、徒士（かち）や足軽、以下雑役婦まで含めて、六十余人であったという。光圀は、西山荘に移るや、瑞龍山の墓所に寿蔵碑（梅里先生の碑）を建てた。これは生存中に建てる墓のことであるが、碑の裏面に自作の文章を刻んだ。この碑文は光圀の人となり思想とを簡略な文章で纏めたもので、名文として有名である。

【墓所・瑞龍山】（水戸徳川家の墓所）

水戸徳川家の墓所は瑞龍山と号し、茨城県の北部常陸太田市の北部郊外の阿武隈山地から続く国見山の南側丘陵斜面に立地している。東西三六〇メートル、南北五〇メートル、標高一三四メートルから六十五メートルの範囲に営まれている。東に里川の沖積平野を、西に谷津田を望む景勝地である。水戸徳川家には先に触れたように四家の分家があるが、この墓所には高松藩を除いた三分家の歴代の藩主も、同じ墓所内に埋葬されている。墓の形式は光圀が儒教に基づいて定めた水戸徳川家独自の形態である。葬祭は無宗教であるため菩提寺は無く、僧侶の立ち入りも禁じられている。墓所は一六六一年（寛文元年）初代頼房の埋葬、墓造営に始まり、一六七七年（延宝五年）頼房側室久子（光圀生母）、初代水戸領主の武田信吉（家康五男）、二代夫人壽子が水戸から改葬され、本格的な墓所造営が開始された。江戸時代の墓は水戸藩主（当主）夫人墓が二十九基、一族墓が八十六基、その他が四基の合計一一九基が営まれた。

瑞龍山墓所の中程に小さな沢があり、東西に二つに分かれる峯の南側斜面に墓が点在する。東の峯には初代、七代、九代、十一代、十二代、十三代の墓が、西の峯には二代、三代、四代、五代、六代、八代、十代の墓が営まれ、代が降りるに従って下部に造営された。当主・夫人の墓は方形の石積みの墓壇の同一区画内に営まれ、四周に玉垣を巡らし、正面に当主墓、右手に夫人墓を配置する。中央に長方体の石材を三段に積み重ねて玉壇を築く。玉段の上に亀趺を据え、その上に墓標を建て、墓標の背後に漆喰で固めた当主埋葬用の、側面からみると台形、正面から見ると、上部が丸みを帯びた三角形の馬鬣封（ばりょうほう・馬の鬣（タテガミ）のように薄く長い形に土をもった墳墓）と、夫人埋葬用の円錐形の馬蹄封を築く。初代頼房は正室を迎えなかった為、墓は一基である。頼房の区画外の左隣に側室久子の墓が置かれた。十代と十三代は正室を二人迎えたため三つの玉壇が並んでいる。二代光圀だけが、生前に自らの墓の前の一段下がったところに壽蔵碑を建てている。

墓所東側の平坦地には一族の墓が置かれた。一族は、支藩の守山、府中、宍戸の各藩の藩主・夫人、本藩・支藩生母側室、夭折した子女等で、時代が降りるに従って東側に営まれ、墓所が東側に拡張されたことを示している。

朱舜水の墓は東西峯の間の沢地形の窪地に営まれている。朱舜水は、一六八二年（天和二年）に江戸の水戸藩の中屋敷で死去した。光圀の恩師とはいえ、一族の墓所に異国の偉人を同じ墓所に葬り・祀ることは非常に希なことであり、光圀の朱舜水に託した想いの大きさに改めて驚かされる。

墓所南側の入り口部、参道沿いの東側には参拝の際に装束を整える御装束所が、西側には警備のための番所がある。正式な参拝では、一つの墓の参拝を終えるたびに御装束所に戻り、装束を整えてから別の墓を参拝した。

このように水戸徳川家の墓所は、光圀が定めた儒教葬の様式を遵守して、当主家と三支藩の分家が同一の墓所で墓を営み続けた特徴的な大名墓所である。

壽蔵碑とは生前に作っておく墓のことで、光圀は自らの墓の前にこの壽蔵碑を建てた。それが「梅里先生の墓」である。

瑞龍山は二〇〇七年（平成十九年）七月二十六日に「水戸徳川家墓所」として国の史跡の指定を受

けた。所有者・管理者は（公財）徳川ミュージアムであり、いまだ原則的には未公開である。しかし、二〇一一年（平成二十三年）三月十一日の東日本大震災の被害を受けて、再建するにも経費が掛かることから、（公財）徳川ミュージアムは一般の人からの寄付を仰ぐこととなり、一定の寄付金を納めた者には特別に参拝が許された。

同年十一月五日、私も参加させて頂き、この壮大なお墓を目の前にした。一族の墓所のイメージを遙かに超えており、想像外の規模の大きさにただ唖然と墓所を見渡したものである。

【梅里先生の墓】

光圀は一六九一年（元禄四年）十月に瑞龍山の墓所に壽蔵碑（梅里先生の墓）を建てた。これは光圀が引退し、西山荘に入って五カ月後のことである。碑の裏面に自作の文章を刻んだ。この碑文は、光圀の人となりと思想とを簡潔な文章で記したもので、名文として特に有名である。少し長くなるが、光圀自身が自分のことを記したもので、光圀を知るためには重要であるので原文を掲げたいところであるが、紙面の関係から約文を掲げる。

先生は常州水戸の産なり、其の伯（はく）は疾（や）み、其の仲（ちゅう）は夭（よう）す。先生、夙夜（しゃくや）膝下（しっか）に陪（ばい）して戦戦兢兢たり。其の人と為（な）りや、物に滞（とどこお）らず、ことに著（ちゃく）せず、神儒を尊んで神儒を駁（ばく）し、仏老を崇（あが）めて仏老を排す。常に賓客（ひんかく）を喜び、殆ど門に市（いち）す。暇（いとま）あるごとに書を読めども、必ず藻解することを求めず。歓びて歓びを歓びとせず、憂ひて憂ひを憂ひとせず。月の夕（ゆうべ）、花の朝（あした）、酒を斟（く）んで意に適すれば、詩を吟じて情を放（ほしいまま）にす。声色飲食（いんし）、其の美を好まず。第宅（ていたく）器物、其の奇を要せず。有れば則ち有るに随って楽胥（らくしょ）し、無ければ則ち無きに任せて晏如（あんじょ）たり。蚤（はや）くより史を編むに志有り。然れども書の徴すべきもの罕（まれ）なり。爰（ここ）に捜（さぐ）り爰に購（あがな）ひ、之を求めて之を得たり。微（びりん）するに稗官（はいかん）小説を以てす。実（じつ）を摭（ひろ）ひ疑わしきを闕（か）き、皇統を正閏（せいじゅん）し、人臣を是非し、輯（あつ）めて一家の言を成す。元禄庚午の冬、累（しき）りに骸骨を乞ひて致仕（ちし）す。初め兄の子を養ふて嗣（し）と為し、遂に之を立てて以て封（ほう）を襲（つ）がしむ。先生の宿志、是（ここ）に於いてか足れり。既にして郷に還り、即日攸（ところ）を瑞龍山先塋（せんえい）の側（かたわら）に相（そう）し、歴任の衣冠魚帯を瘞（うず）め、載（すな）ち封（ふう）じ載ち碑し、自ら題して梅里先生の墓と曰ふ。先生の霊は永く此こに在り。嗚呼（ああ）、骨肉は天命の終わる所の処に委せ、水には則ち魚鼈（ぎょべつ）に施し、山には則ち禽獣にだかれる飽かしめん。何ぞ劉伶（りゅうれい）の鍤（すき）を用ひんや。其の銘に曰く。月は瑞龍の雲に隠ると雖も、光は暫く西山の峰に留まる。碑を建て銘を勒（ろく）する者は誰ぞ。源光圀。字は子龍（しりょう）。

㈢ 朱舜水（一六〇〇年～一六八二年）

江戸前期に日本に帰化した明の儒学者。名は之瑜（しゆ）という。明朝の福王にしばしば召されたが仕えず、明滅亡後は外国の援助で明の復興を志したが、果たせなかった。一六五九年（万治二年）

に日本の長崎に亡命する。はじめ柳川藩の安藤省庵（せいあん）の師となり、一六六五年（寛文五年）徳川光圀に招かれて、水戸藩の賓客となる。当時の江戸は既には鎖国中であであったが、一六二四（寛永元年）～一六七三年（寛文十三年）前後には多くの中国人が渡来した。中国では、明朝が滅び、清朝が台頭してきた時である。

朱舜水は明王朝（一三六八年～一六六一年）末期の人である。明朝末期に清（満州族）の攻撃を受け、明が滅亡の危機に瀕していたとき、日本や安南に援兵を得ようと何回も往復した。最後に日本に来たのは七回目である。この時日本に帰化することを決めた。しかし、当時の徳川幕府は鎖国中であり、中国人を帰化させることは非常に難しかった。そこで、安藤省庵は鍋島候の同意を取り付け、そして長崎奉行所に帰化願いを提出することによってやっと許可された。

朱舜水が長崎に来て七年目の一六六五年（寛文五年）に光圀は、朱舜水の評判を聞き、四代将軍家綱の許可を請い、使者として小宅生順（おやけせいじゅん）を長崎に派遣した。当初朱舜水は江戸に行くことを躊躇したが、正式に光圀からの招聘があり、門人に相談し、光圀公がたってのお願いであるならと応じることになったという。朱舜水六十六歳の時である。江戸に来た朱舜水は光圀の「賓客」としての待遇を受けた。光圀は朱舜水の学識の深さ、徳望の高さを尊敬し、朱舜水とよく意見を交わし、学者に教授させたりしている。以後十八年間実理・実学を重んずる独自の学風により、儒教の礼法の伝授、小石川後楽園の造園設計、各種農業技術の改良など幅広い学識や技術改良によって各方面に多大の影響を与えている。光圀は朱舜水のために駒込に別荘を新築し、一六六八年（寛文八年）二月新邸に入居した。朱舜水は一六八二年（天和二年）八十三歳で没するが、光圀は自ら、朱舜水の門人であると称した。そして筆を執って「明徴訓子朱子墓」と記し、瑞龍山に祀るなど異例の取り扱いをした。

【儒学】

中国の春秋時代の孔子の古代の理想的な先王の道を集大成したことに始まる。実践的な政治や道徳に関する学派の名称。漢代に国教化され、五経が原点に定められて以後は、基本的には清代に至るまでの中国の正当イデオロギーとなった。その間、宋代に理論的に体系化された朱子学が主流となったが、明代にこれを批判して陽明学が現れ、学理上の革新が続いた。日本では四・五世紀に百済から『論語』や五経などが伝えられた。大化の改新以後、大学や国学で明経（みょうぎょう）道が正科とされ、儒学が貴族や僧の必須の教養となったが、律令制の弛緩とともに形式化し、清原・中原両博士家の家学となった。鎌倉中期に伝来した朱子学は、主に五山の禅僧によって学ばれ、一部の公家にも影響を与えた。戦国期には一部大名の理解を得て地方展開をみたが、近世初頭に藤原惺窩（せいか）が仏教を排して朱子学の自立をとなえ、その弟子の林羅山が幕府に仕えるなど、近世儒学の基礎をなした。朱舜水は朱子学の大家で光圀に伝授した儒学は朱子学のことである。

江戸中期には武家の教養の第一として重んじられるようになり、山鹿素行、伊藤仁斎、荻生徂徠が出て、朱子学を批判した（古学派）。十八世紀後半以降は折衷学が盛んになり、一部の民衆へも広がったが多くは道徳的実践を説く教説という意味で儒学は儒教と呼ばれた。幕末維新期には儒学概念に基づく西洋近代理解も現れるなど、日本の近代化に一定の意味を持った。明治以後は、教育勅語にみられるように、国民道徳形成に儒学の徳目がとられ、国民統合のイデオロギーに利用された。

【五経】

五経とは「易経」「害経」「詩経」「礼記」「春秋」の五つで、儒教における最も重要な経典のことである。五経の名は唐の太宗が「五経正義」を作らせた時に定まった。五経博士とは、儒教を論じる学者をいう。

【朱子学】

儒学の一派。宋学・程朱学・生性理学とも言い、中国南宋の朱喜がそれまでの宋学を集大成して確立した学説。朱喜は五行の訓詁学に偏した古来の儒学に対して、四書を重視した。また、「気」によって構成される天地・万物のあり方を、そこにはりめぐらせた秩序原理としての「理」によって説明した(理気二元論)、人間と自然のあり方を一貫した理論で説明した。以後の中国儒学の主流をなし、朝鮮や日本にも大きな影響を与えた。日本では鎌倉中期、円爾(えんに)ら帰朝の禅僧によってもたらされ、主に五山で学ばれたが、一部公家や博士家にも影響を与えた。朱子学の大義名分論は建武新政の理論的根拠とされた。戦国時代、桂庵玄樹（けいあんげんじゅ）は薩摩に薩摩南学派を、南村梅軒は土佐に南学派を開いた。江戸初期、京都の藤原惺窩（せいか）は朱子学を仏教から自立させ、その門流（教学派）は林羅山のほか松永尺五（せきご）、木下順庵、新井白石、室鳩巣（むろきゅうそう）等の多数に及んだ。南学派から出た山崎闇斎（あんさい）は、窮理よりも「敬」と大義名分を重んじる厳格な道徳主義の崎門（きもん）学派を起こし、多くの門人を擁した。そのほか貝原益軒、中村惕斎（てきさい）ら江戸前期には優れた朱子学者が少なくない。中期に古学の台頭の気運が起こった。幕府も紫野栗山の献策を受けて寛政異学の禁を断行し、朱子学が学問所の正学とされた。以後各地の藩校、郷学（ごうがく）、誅私塾などで武士教育や民衆教育が普及していくうえで、朱子学は主流の位置を占め続けた。

【陽明学】

江戸時代、朱子学を批判して明の王陽明が説いた思想を信奉する儒学の一派。江戸前期中江藤樹を始祖とし、門下に熊沢蕃山、淵岡山（ふちこうざん）が出た。中期には、三輪執斎、中根東里らがあり、後期には佐藤一斎、大塩平八郎、山田方谷らを輩出した。幕末期は梁川星巖、真木和泉、吉田松陰、西郷隆盛らがその影響を受けた。他の学派のような系統的連続性はもたず、思想的にも日本的な解釈や偏りが見られたが、明治以後「知行合一」を唱えたその実践思想が幕末維新の思想的原動力の一つと見なされ、注目されるようになった。

【古学派】

儒学の学派の一つ。山鹿素行の聖学、伊藤仁斎の古義学、荻生徂徠の古文辞学を総称していう。いずれも理気二元論にたつ朱子学の思弁的性格を批判することを通じて形成された。直接に古代聖賢の原典にたち返って、本来の儒家思想を理解しようとする立場が共通するところからこの名がある。しかし、武士存在の社会的な意味を基本におく素行の学、人としての人倫日用の道を求めた町人学者の仁斎の学、天下を統治する経世学を構想した徂徠学とそれぞれの思想的性格は同じではない。かつては、古学派のうちに近代思惟の形成が探られたが、近年では、古学派は近世社会に適合的な日本独自の儒学思想の形成と考えられるようになった。一六八八年〜一七三六年（元禄〜享保）期がその最盛期で、十八世紀後半の折衷学成立の前提を成すとともに、国学や経験主義的諸学などに広範な影響を与えた。

【折衷学派】

井上金峨、片山兼山らが提唱した儒学の一派。田沼時代に盛行した。おおむね古文辞学批判の形で現れ、いずれの学派にも属さず、先行諸学説を選択・折衷して正しい解釈に達しようとした。単なる諸学説の接合でなく、一定の思想的立場からする経書（けいしょ）解釈を排し、先入観なしに正確な経書の解釈を行い、新注や古注を自己の判断により取捨選択した。井上金峨門から吉田篁敦（こうとん）や太田錦城ら考証学派が出た。一方、藩政改革に関与した細井平洲や冢田大峰（つかだたいほう）らのように、現実の社会的課題に応えることを第一義として柔軟に儒学解釈を行う立場から、経世学的性格を持つ一群もあった。いずれも学派的対立にこだわる既成の学問を批判、主体的かつ客観的たろうとする学問の方向は近代につながる一面を持っていた。

【異学の禁】

江戸後期朱子学を正学とし、その他の異学を昌平坂の学問所で講ずることを禁じた幕府の通達。寛政の改革の一環として行われた。老中松平定信は西山拙斎、柴野栗山らの嫌疑をいれ、一七九〇年（寛政二年）大学頭林信敬にこの禁令を布達した。一七九二年（寛政四年）から始まる学問吟味の試験も朱子学で行われ、学問所も幕府の直轄となるなど、正学による幕政教育が積極的に取り組まれた。禁令の対象は学問所のみであったが、当時の学会に与えた影響は大きかった。特に荻生徂徠学派や折衷学派は大打撃を被った。冢田大峰や赤松滄州（そうしゅう）亀田鵬斎（ほうさい）などが、禁令を学問統制であると批判し、建白する者もいた。しかし、異学の禁は寛政の改革のイデオロギーとして人身から社会・自然まで包含する全体的世界観を持つ朱子学に着目して選び取られた政策であったから、以後幕末に至るまで幕府教学の基本政策となり、多くの藩校もそれに習った。

以上「儒学」「五経」「朱子学」「陽明学」「古学派」「折衷学派」「異学の禁」等についてはシャープの「電子辞書」等を参考にまとめたものである。

五、後楽園を継承してきた歴代の水戸藩主

時代に応じて、また藩主によって後楽園の扱い方、手入れなどが異なってくる。頼房や光圀によって築かれた庭園はどのようになっていくのであろうか。藩主とその時代と庭への関与状況を見てみよう。

(一) 三代藩主綱条（つなえだ）（一六五六年～一七一八年）粛公

初代高松藩主松平頼重の二子として生まれる。母は大老土居利勝の女。幼名は采女という。一六七一年（寛文十一年）光圀の嗣子となり、高松から、江戸藩邸に入る。頼重は先に述べたように光圀の七歳上の兄である。光圀は次の世子として兄頼重の子、松千代を養子としたい旨を伝え、三年後一六六四年（寛文三年）十二月に松千代を正式に養子とした。翌年、元服して松千代を改め綱方と名乗った。ところが綱方は一六七一年（寛文十年）二十三歳で病死し、翌年頼重の第二子、采女を世子として、同年十二月に元服させて綱条と称した。藩主在任二十八年間。その間、養父の偉業を継いで『大日本史』の題号を定め、序文を作り、また、諸書の編纂を行った。水戸藩政の財政難打開のため宝永の改革を行うも、大規模な農民一揆が起こり、失敗に終わった。一七一八年（享保三年）九月十一日江戸駒込邸で没。六十三歳であった。

一七〇二年（元禄十五年）光圀が死んで二年後、五代将軍綱吉の生母桂昌院が後楽園を鑑賞に訪れ

るに当たって、綱条は桂昌院の老体を気遣って、歩行しやすいようにとの配慮から、園路はもとより、ほとんどの大石・奇石等の石組を取り払ってしまったのである。それらの石は桜の馬場や数カ所に山積にされていたと『後楽紀事』一七三六年（元文元年）に記録されている。後楽園の景観はそのとき大きく変貌したという。翌一七〇三年（元禄十六年）今度は、十一月の二十二日の関東大地震に見舞われ、多くの景観が失われた。そして更に悪いことに七日後、今度は江戸の大火災が襲い、本邸も巨樹の大部分を焼失し、また、屋敷も焼失した。新邸の落成は一七〇四年（宝永元年）であった。

（二）四代藩主宗堯（むねたか）（一七〇五年～一七三〇年）成公

高松藩第三代藩主松平賴豊の第一子として生まれる。母は湯浅氏である。賴豊の父は水戸三代藩主綱条の実弟賴候の子である。高松の二代藩主賴常は光圀の実子であるが、兄の賴重に養子に出し、高松の二代藩主にしたのであるが、子が無かったため、賴豊を養子に迎えて高松の三代藩主となった。その子が宗堯である。綱条には世子吉菜がいたが一七〇九年（宝永六年）病死してしまったため一七一一年（正徳元年）に宗堯は綱条の世子となり、江戸に入った。一七一八年（享保三年）家督を継いだ。藩の財政が依然と厳しく自らも倹約を励行、重臣の任免を断行し、藩政刷新に心をくだいたが、実効のあがらないまま一七三〇年（享保十五年）四月七日二十六歳で江戸小石川邸で没した。

宗堯が四代藩主に就任したときは十四歳であり、政治的なことや庭園の手入れのこともよく分からず、高松の父賴豊の江戸藩邸が水戸藩の神田川を挟んだ対岸側にあったこともあって、その賴豊の意見をよく聞いたといわれる。そうした中、頼豊の意向により、先代の藩主綱条時代の後半からほとんど手入れをしていない庭の樹木が鬱蒼と生い茂り、見通しも悪いことから大改革をせよと告げられた。

そこで宗堯は早速、大森茂次郎、三木幾右衛に命じて、大事業がなされた。これを「享保の変革」という。これによって喬木七百余本が伐採され、また、泉水の石組みを取り払われて、石垣に改められたという。古木、石組みで残るものは僅かとなり、頼房時代より大事にされていた松原も下枝が皆、伐られてしまったという。そして庭の北方の高い築山には、すばらしい松の古木があり、光圀が特に愛していたものであるが、これらも全て切り下ろされたとのことが先に引用した参考図書『後楽紀事』に記録されている。後楽園にとっては最悪な出来事であった。恐らくそのとき、大泉水も三分の一ほど埋め立てられ、ほぼ現状の広さになったのである。

(三)　五代藩主宗翰（むねもと）（一七二八年～一七六六年）良公

四代藩主宗堯の第一子として生まれる。母は第三代藩主綱条の世子であった吉菜の娘・御美代姫（長松院）である。幼名は鶴千代といった。父が若くして病死したため宗翰は三歳で家督を継いだ。このため綱条の夫人で祖母の本清院と母の長松院は家臣に幼君を助けて政務に励むように命じた。宗翰は藩の風儀刷新と財政再建に努力したが藩政沈滞の体制は一向に改まらなかった。宗翰は元来善良な人で、在任中、死刑の上申を受けたとき、決済を延ばせば、それだけ罪人の生命が延びるといってわざわざ書類を手元に置いていたといわれる。一七六九年（明和三年）二月十四日小石川邸で没。三十六歳であった。

宗翰の時代は後楽園にとっては特に何事もなかったようだ。父が行なった大変革された庭をそのまま受け継いでいったのであろう。

（四）六代藩主治保（はるもり）（一七五一年〜一八〇五年）文公

治保は五代藩主宗翰の第一子として生まれる。母は側室榊原氏（智仙院）、幼名は英之充という。一七五一年（宝暦元年）、生まれてすぐに世子に建てられて、正夫人千代姫（一条氏）の養子となる。一七六六年（明和三年）十六歳で家督を継ぐ。藩主在住は四十年に及ぶ。その間、士風の刷新、文武の奨励に努めたものの治保、この時期に献金郷士制が確立し、半地借上が始めて実施されたことは財政難であったことを端的に示している。

『大日本史』編纂では、はじめ、立原萃軒を新任し一七九九年（寛政十年）その本紀・列伝八の巻を完成させ、これを光圀の廟に献じた。しかしこの頃から、藤田幽谷を重要視するようになり、このことは萃軒と幽谷の不和を助長する結果を招いた。一八〇五年（文化二年）十一月一日に没。五十五歳であった。

治保の時代になって、後楽園も少しずつ整備しだしたようである。当然泉水を大きくすることは考えられないが、先代の宗堯によって伐採しすぎた樹木も新たに要所要所に木を植え、庭園としての体裁を整えていった。そして新たに現在の白糸の滝が造られたという。長橋は廃されたままで無かったという。水戸藩に仕えた儒学者で『大日本史』の編纂に携わっている彰考館の総裁となった名越克敏（一六九八年～一七七七年）の『後楽園志』に「後楽紀事」の後段と同様に局部の景観名称をあげて解説しており、その中に見られるという。また、北部の台（遠山）は、富士見台と呼ぶ一望万里の展望地点で、ここに「偕楽亭」が新たに置かれたという。施設も整備され、その利用も活発になったことが、その当時書かれた多くの拝見記があり、察しがつくという。これら書物の中に、賓客として招かれた客でない人が、光圀時代に庶民を後楽園に入れたという北東の茅門から入り、御庭巡りをした人の記述がある。かなり事前知識もあって克明に記しているという。そうした意味でも治保は「大日本史」の編纂に力を入れ、光圀に対する崇敬の念を抱いていた。そして整備された庭を光圀に倣って庶民にも開放したのであろう。

（五）七代藩主治紀（はるとし）（一七七三年～一八一六年）武公

治紀は六代藩主の治保の第一子として生まれる。母は一条道香の女、幼名は鶴千代。一八〇五年（文化二年）三十三歳で家督を相続。文武の奨励に熱心で、特に軍制改革と武備の充実に心懸けた。また、よく家臣の意見に耳を傾けたという。青山拙齋の助言によって献金郷士制を廃止したのも一例である。しかし、財政難は依然深刻で、寛政四年に次ぐ二度目の半地借上を実施した。一八一六年（文化十三年）八月十九日江戸藩邸で没。四十四歳であった。

ここで思い出すのは「瘞鶴碑」である。後楽園内にこの碑が大泉水の北東部に建てられている。これは八代藩主斉修が治紀が将軍から賜った鷹を可愛がっていたので、治紀が死んでからもしばらく飼っていたが、ついに鷹が死んだ時、ここに埋めて建てた碑をいう。このように軍制改革と武備の充実に尽くしたということは治紀はよくよく鷹狩りも行ったのであろう。この鷹は鷹狩り用の鷹で優れた鳥であったのであろう。治紀四十歳の時、秋田藩主佐竹義和を後楽園に招いていることが佐竹氏の記した『後楽園紀』に残されているという。

（六）八代藩主斉脩（なりのぶ）（一七九七～一八二九年）哀公

斉脩は七代藩主治紀の第一子として生まれる。五代、六代、七代藩主とも子宝には恵まれており第一子が続いて家督を継いでいる。母は松永氏（浄性院）幼名は栄之充後、鶴千代と改める。一八一六年（文化十三年）二十歳で家督を継ぐ。生来病弱で子がなく、後に後嗣問題が起こって藩内動揺の因を作った。また、藩政を譜代の重臣に任せ、権臣跋扈（のさばり、はびこること）の危機をつくったといわれる。しかし、文才があり、特に書は代々の藩主の中では最も匠であったという。十三年あまりの在任中一度も水戸には行っていない。文政十二年十月四日三十三歳で没。

先に述べたように、父の鷹の碑を後楽園内に作っている。その頃、現在、大泉水の北東部に置かれている異形灯籠（花崗岩）は中山備中守から送られたものである。

（七）九代藩主斉昭（なりあき）（一八〇〇年～一八六〇年）烈公

八代藩主には上述したように子がなかったので、後嗣選びで藩内は二つに別れ対立した。幼名を紀教といい、後に斉昭と改める。第七代藩主治紀の第三子である。斉脩の弟に当たる。

一八二〇年（文政十二年）三十歳で家督を継ぐ。藩は財政難の折、幕府との関係を考慮して将軍家から養子を迎えようとする門閥派と、水戸家の血統と人物から斉昭をを推す会沢正志齋・藤田東湖ら軽格武士数十人とに別れ激しい擁立運動が展開された。結果的に斉脩の遺言状の発見により、斉昭擁立派が勝利した。就任当初から、東湖らの意見を聞いて藩政改革に着手した。これを一般に天保の改革と呼んでいる。初代頼房の寛永以来行われなかった全領検地を実施し一八四二年（天保十三年）には終了した。

助川村（日立市）に海防のための城郭を築いて異国船の進入に備え、藩校弘道館を水戸城三の丸に開設。更に神社改革を行った。一八四四年（弘化元年）五月幕府より、致仕・謹慎を命ぜられる。藩内士民から無実を訴える雪冤運動が起きる。同年十一月謹慎解除されたが藩政関与は許されなかった。そこで、また、復権運動をして結果的に一八五三年（寛永六年）幕府の海防参与となった。が翌年三月辞任。同年七月幕府の軍制参与に任ぜられるが、一八五八年(安政四年)辞任している。この間代々続けてきた『大日本史』の編纂事業も一八五二年（寛永五年）紀・列伝七十三巻をもってついに完成させた。

水戸藩の安政の改革を推進して成果をあげた。しかし、家定将軍の後嗣問題と日米修好通商条約の調印問題を巡って対立し、同五年七月幕府から隠慎を命ぜられ、翌、安政の大獄の拡大に伴い水戸城内に永蟄居を命ぜられたまま、一八六〇年（万延元年）八月十五日城中で急死した。六十歳であった。光圀と並んで編著が多い。正に光圀の再来かと思えるような働きをして、幕府との意見の対立から失脚させられてしまうが、波瀾万丈の生涯といえるだろう。

その間、江戸にあっては、後楽園を出来る限り、頼房・光圀時代に近づけたいと願い、水戸においては偕楽園を建てて、士民と偕（とも）に楽しむ庭園を造ったのである。

後楽園では後で触れるが、西行堂跡の近くに斉昭が建てた碑がある。「駐歩泉」という碑で斉昭自身篆書で碑名を書いた。夫人吉子（有栖川織仁〈ありすがわたるひとしんのう〉の女）が筆を執った歌碑は西行堂跡の一角に現存している。

【弘道館】

弘道館は斉昭によって一八四〇年（天保十一年）に仮会館式を挙行し、一八四一年（天保十二年）に開設された。水戸学に基づく『弘道館記』（藤田東湖の素案に佐藤一斎、会沢安らの意見を微し、藩主斉昭が裁定した弘道館の教育理念である。巨石に刻し、館内八卦堂に安置する。）の建学の主旨を教育の理念とし、尊皇攘夷の実践を目指すと共に、西洋医学なども教育した。多くの藩校の中でも最大規模を誇り、以後の藩校のモデルとされた。

シャープ株式会社電子手帳参照

【偕楽園】

偕楽園は弘道館とほとんど同時期の一八四一年（天保十二年）五月に着工され、翌年一八四二年（天保十三年）七月に完成している。水戸の千波湖の西北高台に作った庭である。これは、弘道館が藩士の文武修行の場に対して、この園は余暇に休養する場として設けたものであり、その付属施設としての性格が強い。

「偕楽園」という名称は「孟子」梁恵王章句上の「古之人与民偕落故能落也」（古の人は民と偕に楽しむ。故に能く楽しむなり）から名付けられたといわれている。

後楽の思想を一歩前進させて、偕楽園を創設したものとされている。しかし、先に述べた名越克敏（一六九八年〜一七七七年）の『後楽園志』の中に次のような一節が書かれている。

「偕楽亭　孟子ノ与民偕落ノ義ニヨッテ名ツク　菱の茶屋トモ称　今廃す」（『小石川後楽園』吉川需・高橋康夫著）

即ち、江戸の小石川後楽園には既に「偕楽亭」という建物が建てられており、その名称のいわれも記されているように斉昭によって始めて偕楽園思想が取り上げられたのではないことが明らかである。後楽園の北方の「遠山」と呼ばれる富士見台にある眺望地点に「偕楽亭」という茶屋があったという。

先に掲げた『後楽紀事』には「偕楽亭」の建物についての記載が見あたらないので、いつ頃建てられたのかは不明であるが、名越克敏が水戸藩に仕えた一七三四年（享保十七年）から死ぬ一七七七年（安政七年）の四十三年間の間に書かれたと思われる書物に上述のように明確に記されていることから、恐らく作庭当時、光圀の時代には建てられていたのであろう。従って斉昭が水戸の高台に建てた「偕楽園」の思想は当初から確立していたと思われる。後楽園の「偕楽亭」も「今廃す」と書かれており、恐らく名越克敏が後楽園を訪れた時には、既に廃されていたのである。「長橋」の記述と同様に享保の変革時に取り壊されたのであろう。いずれにせよ、斉昭は光圀の事業を踏襲し、偕楽園設立当初から市民のために計画され、開放したことが斉昭の自撰の「偕楽園記」の碑文に書かれている。

この偕楽園のある高台は、丁度、江戸後楽園の北方の遠山のような高台で偕楽園の立地と似ているといわれている。

私は当初前掲の東京都公園協会の『小石川後楽園』（吉川需・高橋康夫著）を読んでいたので、水戸の偕楽園の弘文亭の立地を選んだのは、この後楽園の北方の遠山からの眺めが似ていたし、昔、偕楽亭もあったので、それを偲んで現在の偕楽園の場を選んだとばかり思っていた。後日、ある程度この本が出来上がりかけていた頃、水戸藩江戸中屋敷の駒込邸について調査・研究している原祐一氏と知り合い、駒込邸から不忍池を望んだ景観が、弘文亭から千波湖を望んだ景観と似ており、この景観のすばらしさを水戸で再現したいとの思いから、偕楽園の土地を選んで弘文亭を建てたのではなかろうかという話を聞いて、即、うなずくことが出来た。この小石川後楽園の遠山から大泉水を望んだ景観は大泉水が小さく、それほどのインパクトを与えるほどの景観であったのか疑問に感じていたところであったので、この話を聞いてハッとした。恐らくそうであろう。大いに満足した次第である。

【種梅記】

第九代藩主斉昭が万能に効用のある梅の木を江戸から持ち帰り、水戸の近郊の地に移植し、国中に増やした。そして、国中の士民にもその実を採り梅干しとして蓄え珍重するように諭したことを後々の人々に伝えたものである。

この碑は弘道館の八卦堂の近くに立てられている。斉昭が一八三三年（天保四年）初めて就藩したとき、領内に梅が少ないことを知り、江戸に戻った後に種を国元に送り偕楽園などに植えさせた。それから七年後、梅は大きく成長し実をつけていた。そこで弘道館が建設されたのを機に、そこにも梅の木を植えさせたという。碑文は斉昭の自選で碑は一八四一年（天保十二年）に立てられたものである。

（八）十代藩主慶篤（よしあつ）（一八三二年〜一八六八年）順公

斉昭には子がたくさんいた。慶篤は斉昭の第一子で、母は吉子（有栖川熾仁の女）である。幼名を鶴千代という。一八四四年（弘化元年）父斉昭が致仕したため十二歳で家督を継ぐ。一八五八年（安政五年）六月二十七歳の時、父斉昭と一橋慶喜とで、連絡せず、ある日突然登城して井伊大老の日米修好通商条約の無勅許調印を責問した。このため翌月登城停止の処分を受ける。以後同年の八月の戊午の実勅問題が起こり、その返納を巡って藩内は動揺。一八六〇年（万延元年）三月桜田門外の変、一八六二年（万延三年）坂下門外の変、一八六四年（元治元年）三月の天狗党の筑波山挙兵などが続くが藩政を掌握出来ず、その優柔不断な態度は藩政の混乱に拍車をかける結果となったといわれている。

一八六三年（文久三年）二月朝命を受けて上洛する。四月将軍目代となって京都に留まる。しかし八月十八日公武合体論を支持する薩摩・会津は、朝廷内部のクーデターを謀り「文久三年八月十八日の政変」によって、過激な攘夷は天皇の意志ではないと朝議を一変させて、長州藩を京都から追放した。が、翌年七月、長州は巻き返しを図り、京都の蛤門に攻め寄った。未だ将軍職に就いてはいなかったが、一橋慶喜は幕臣と会津藩士とで撃退した。当然、慶篤も在京の藩士を率いて九門内で守衛した。慶喜は一八六二年（文久二年）に将軍後見職という新しい職を定めて自ら就任していた。ちなみに慶喜は斉昭の七男であり、慶篤の五歳下の弟である。

こうした中、一八六四年（元治元年）八月支藩宍戸藩主松平頼徳を目代に任じ、藩内鎮撫のため水戸に派遣したが、三月の天狗党の筑波山挙兵後の対応のまずさ等から頼徳は幕府から切腹を命ぜられた。多くの水戸藩士が京都に派遣されている中での出来事でもあり、打つ手だてもなく大津に方面に向かわしめた責任をとらされたのであろう。一八六八年（明治元年）三月在京藩士が帰藩して藩政を回復し、同月慶篤も戻ったが翌月五日三十七歳の若さで水戸城で没した。

【天狗党】

「天狗党」とは藤田東湖の四男藤田小四朗ら六十余名によって結成された尊王攘夷派の組織。一八六四年（元事元年）に筑波山に挙兵した。幕府は討伐のため各藩に出兵を命じたが、藩政を握る諸生党と他派との対立が激化し榊原新左衛門一派と武田耕雲斎らの一派が合流した。十月二十三日榊原一派が投降したが天狗党と武田一派は、上洛を目指した。その後十二月二十日越前で八二三名が加賀藩に投降した。一八六五年（慶応元年）二月武田・藤田ら三五二名は斬罪され、残りの者は遠島・

追放となった。

シャープ株式会社電子手帳参照

【禁門の変】

蛤御門の変ともいう。一八六四年（元治元年〈甲子〉）におこった戦い。一八六三年（文久三年）八月十八日の政変以後、京都での地位が低下した長州藩は、勢力回復のため、藩主父子の雪冤（せつえん）、尊皇派七卿の放免を願ったが不許可となる。更に、翌年六月池田屋事件で藩士が殺されたため、三家老が兵を率いて上京し、七月十九日会津・薩摩両藩の兵と京都御所蛤の門で戦って敗北し、長州征伐の発端となった。

シャープ株式会社電子手帳参照

（九）十一代藩主昭武（あきたけ）（一八四八年〜一九一〇年）節公

先にも述べたが九代藩主斉昭は子が多かった。男子だけでも三十七人もいた。十代藩主慶篤は、斉昭の第一子であったが、三十七歳で亡くなり、子がなかったので十六歳下の弟である昭武が十一代を継いだ。幼名余八麿、昭徳、のち昭武と改める。慶篤が亡くなったため、急遽、清水家を相続し海外を歴訪していた昭武を帰国させ、一八六八年（明治元年）十一月に二十歳で水戸藩第十一代藩主を継がせた。母は慶篤の母と異なり睦子（仁科氏）である。

それに先立つ一八六四年（元治元年）一月昭武の兄である昭訓が亡くなったため昭武が代わって

上京し、禁裏守衛に任じた。同年七月禁門の変には在京藩士を率いて九門内に守衛した。年は十六歳であった。同年十二月天狗党征討の総督、一橋慶喜に従って、大津に出陣する。翌年帰京する。一八六六年（慶応二年）十二月清水家を相続。

翌年一月フランスに渡り、スイス、ベルギー、イタリア、イギリスを歴訪する。一八六八年（明治元年）十一月に水戸藩藩主を継ぎ、一八六九年（明治二年）一月函館征討に出発、六月帰藩。同月水戸藩知事となる。

八月には斉昭の遺志を継いで、北地の開拓の請願を行い蝦夷地天塩五郡を割与される。翌年三月藩士数十人を率いて水戸を出発し六月小牧に到着。現地の風土を調査して拓殖計画を立て、天塩港口を浚渫して漁業の便を築いた。九月に帰藩。一八七一年（明治四年）廃藩置県となり、水戸藩知事を免ぜられる。一八七七年（明治十年）再びフランスへ留学をする。一九一〇年（明治四十三年）七月三日没五十八歳であった。

正に幕末に生きた藩主の、時代に翻弄された生涯といえよう。但し、藩内の対立抗争に歯止めがきかず、適切な対処が出来なかったため、政治力は低下し、西南雄藩の活発な動きとは対照的に新時代から取り残されていったのである。

こうしてみてくると、十代藩主慶篤と十一代藩主昭武あるいは、十五代将軍慶喜を含め、あまりにも個性的で、リーダーシップもあった父、斉昭の教育を受けていながら、斉昭亡き後の生き様は自らの力を発揮できず、いたずらに時代の波に飲み込まれていった。このような時代にあって江戸の小石川後楽園は、荒れ果てていったのである。おそらく最後の二人の藩主はほとんど水戸城内と京都住まいで小石川藩邸で庭をゆっくり楽しんでいられるような状況になかったのであろう。

第五章　日本庭園の歴史・変遷

一、庭が造られるまでの通史

「庭」がどのようにして日本で作られ出したのか「日本庭園の歴史」を見る前に、人類の発生から日本列島に人類が住み着き、庭を考案するまでの過程をいっきにまとめてみたいという欲求に駆られた。というのは、この長い長い歴史を踏まえて、日本人特有の性格なり現在に通じる風土的文化が育まれてきたのではないかと思うからである。

一般には「庭」は中国や朝鮮半島を通じて日本に導入されたといわれているが、実は日本国内で、自然発生的に造りあげられてきたものではないかと常々思っているからである。確かに、庭として明確な概念で作り出されたのは中国からの都造りが導入される際に持ち込まれたであろうことは否定しない。日本は小さな島国であるが，旧石器時代から今日まで、脈々と歴史的過程を積み上げて、独自の発展を遂げてきた数少ない国であり、民族である。どのようなことであれ、原点は、太古の生活経験を通してはぐくまれてきたとの思いがあるからである。そして、日本国土は他民族に取って代わられたことのない国で、他民族の文化は必要に応じて存分吸収してきたのである。

最近、考古学が発達し、かなり具体的に有史以前の事柄が分かってきたようだ。これは、考古学だけではなく、地質学なり、年代の測定技術、あるいは地球の生い立ちや気象学等の関連科学が飛躍的に発展してきたことにもよる。それに事例が多く発見され、国際的に情報が交換されるようになり比較検討することが出来るようになったことも大きい。従って、現在では先に触れたように日本列島に人類が住みだした時期なども雲をつかむようなものでなく、裏付けのある見解が示されるようになってきている。当然まだまだ解明を要する問題が山積されているのであろうが、その点は大胆に想像を交えていっきに纏めあげてみることも有意義なことではないかと考え、素人なるが故の特権として以下に書き上げた。

（一）人類の誕生そして大移動

人類の祖である猿人は今から七百万年ほど前アフリカの東海岸一帯の森林の樹冠で生活していたが、大きな地殻変動にみまわれ、いっせいに草原に放り出され、やむなく二脚歩行を強いられ、草原をさまよいだした。長い年月を経て、類人猿となった彼らは手の使用、火の使用、道具の製作によって環境に適応していった。ここに古生人類（原人）として進化し、急速に増え出した古生人類は食物を求めて世界中に移動し始める。

当然食物となる動物や植物を求めて次々に移動していった。あるグループは一定の範囲を縄張りとして、その範囲を移動して生き延びる手だてを確立していった。また、あるグループは更に新天地を求めて遠方に移動し、そこで定着場を確保したグループは、その辺り一帯を縄張りとして、住み着いたであろう。それでもまだ飽き足らないグループは更にマンモス等を追いかけ移動し続けた。そして一定の縄張りを作り住み着いた。

そうしたことを繰り返しながら、アフリカで発生した古生人類は、世界中に散らばっていった。ある地域に長い間住み着くことによって、そこの気候風土によって肌の違いや体格の違い等がおこり旧人として進化していったのである。色々な人種がつくり出されていった。こうして今から十五万年程前に現生人類・新人（ホモサピエンス）が発生したことなどが分かってきた。現在も人類学者や考古学者等が中心となり更に真実を求めて実態を解明中である。

（二）日本に人類移動・定住

日本列島に人類が住み着いたのは、今から約四万年前の後期旧石器時代前半と言われている。ナウマン象やオオツノジカ、ヤギュウ等を追いかけ、日本列島に渡ってきたのである。狩猟を始め、魚や貝それにクルミやドングリ等を食べながら移動しつつ生活していった。あるグループはシベリア方面から、またあるグループは南方の島々から、はたまた、中国大陸から、そして朝鮮半島からこの日本列島に渡ってきた。狩猟・採集・漁労に必要な道具やそれら食べ物をそれぞれ料理するための道具が当然必要となる。当初は石をかいて尖ったところを刃物代わりに使用し、釣り針などは魚の骨を利用するなりしていた。こうして旧石器人が日本に住み着いた。

そして二万年ほど前の寒い氷河期を乗り越えて生き続け、約一万年程前の新石器時代を迎えるのである。その頃の日本列島は気候は温暖であり、実のなる樹木も多く繁り、食用になる動物も十分あり、生き続けていくには非常に恵まれていた。

当然グループを構成して、共に移動し、共に助けられながら獣を捕獲し、共に分け合って食べたであろう。どの程度の規模のグループであったかは、未だ定かではないというが二、三家族の小集団から、十四、五家族の大きなグループもあったであろう。

彼らは、グループ内で採集したり、捕獲するだけで十分命を保つことが出来た。そうした意味で豊かな自然であった。しかし、一旦自然が荒れ狂うと、多くの自然崩壊が起こり、相当の被害がもたらされたであろう。いくつものグループが力を合わせてその災害から身を守り団結心が生まれていったのであろう。地震や台風、落雷、津波、噴火と、普段は温暖で住みやすい土地でもひとたび、そうした災害に見舞われると大被害が発生する。こうしたことが繰り返し繰り返し、彼らを襲う。こうして彼らは自然に対する恵みと共に脅威に対して、何とかなだめようとそれぞれの自然に神の存在を認め、祈りの気風が生まれていったのであろう。少なくとも氷河期が終わって、温暖化した時期からの日本列島に生活の基盤を築いた人類はそうした共通の気風をいつの間にか身につけていったものと思われる。

温暖な自然の中で、彼らは粘土を使用して土器を開発していった。石器も新石器時代に入り、縄文人が誕生し、言葉も恐らく中国方面で発生したであろう言葉が長い間に日本の言葉として定着し、形作られ、中国では、多くの民族が入り乱れ、言葉もそれぞれの民族で作られたものが、ある時代には、意識的に根こそぎ廃されて全く新しい言葉が使用されるなど、そうしたことが繰り返されて、ある時期から中国語（漢語）が主となり、大昔の言葉や字は、すっかり跡形もなく忘れ去られたという経緯があったであろう。そして、現在の日本語の元となったであろう種族や歴史・言葉もとうに失われていったであろう。こうして確立した縄文人は日本列島内で独自の縄文土器を作り、徐々に移動・狩猟生活から果物や山菜の採集・漁労を中心とした定住化が進行していった。縄文時代は一万年近い間、それなりに安定した生活を過ごしてきたが、日本を取り巻く周囲の国々から新天地を求めて再度日本列島に移住してきた。それぞれの民族が新しい文化を持って、渡来してきたのだ。彼らは徐々に日本列島の中に定着し、浸透・混血化し、弥生人が誕生していった。

そして、日本列島に長い歴史を刻み込んでゆくのである。多くの民族がすんなり融合し混血化が進んだかは問題である。結構、縄張り争いのような激しい争いもあったようであるが、縄文人同士ではそれほどのこともなかったが、弥生人が形成される過程で、発掘調査などから、争いのあった形跡が伺えるとのことである。いずれにせよ、ある一族なり、グループを徹底的に崩壊させるような争いはなかったようである。中国からもたらされた稲作文化が根付き、人々は河のある畔に田んぼを作っていった。田んぼを作るといっても、周囲は草原であったり樹木が生い茂っている森や林である。みんなで協力し合って、木を倒し、根を取り、土を平に耕していった。当然道具が必要であり、石器だけではどうにもならず鉄が使われるようになった。弥生人が持ち込んだ技術であろう。海辺から砂鉄をとって、高温で溶かし、形を作って道具にしていった。

㈢ 住宅の発生

既に、日本列島に渡ってきた人類は、それぞれ片言の言葉は話していたであろうし、旧石器も使用していた。当然火の付け方も分かっていた。住まいも当初は一定の場所に住まうことはなかったが、縄文時代に入り、徐々に一定の場所に住居を構えるようになってくる。近くに川があり森林の近くの草原に数家族による集落を形作っていった。竪穴式住居が数軒から、大きい集落は三内丸山遺跡（紀元前三千八百年前から紀元前二千一百年前年）のように五〇〇軒とさまざまであった。縄文時代は、一般に紀元前一万三千年前から紀元前一千年前といわれている。

現在副都心として東京都庁舎が建っている辺りは淀橋浄水場であり、私は五歳の時、その近くに住んでいた。アメリカ軍の空襲により、焼夷弾が落とされ、周囲が炎上してきた。まだ五歳であった私は母に連れられ、淀橋浄水場に、同じ敷地内に住んでいた父の兄の子である十歳年上の従兄弟と一緒に逃げて命拾いした。その日までは、空襲警報が鳴るたび庭に作った防空壕に逃げ込んだものである。これは、父親と、近所の人たちが手伝ってくれて作った物である。素人だけの建造物である。六畳ぐらいの長方形で穴を2メートルぐらいの深さに掘り、屋根は掘った穴の天端に木材を桟にしてに何本か並べそれに縦材を架け、板で天井部分を作りその上に記憶はないがトタンを葺いたのであろう。さらにその上を土で覆ったものである。待避所兼臨時倉庫を作ったのである。土が少し盛り上がっているような状態で、トタンで雨水の浸入を防いだのであろう。中に入れた緊急日常品や貴重品を火災から守るための防火倉庫のようなものである。当然、臨時的なものであり、生活などで使える代物ではない。出入り口の部分だけ上下に聞く扉をつけて梯子で下りていくのだ。

焼夷弾が直撃すればひとたまりもないが、母屋に命中して火災が起きて全焼しても、防空壕では延焼を免れるという物である。床はスノコを引いた。

私は、竪穴住居が、日本最古の住居としているが、それ以前にもっと簡易な構造の住まいがあったのではないかとかねがね思い続けてきたのである。竪穴住居として復元されている構造体は、かなり高度なもので、進化した結果得られた構造体であろうと思っている。従って、竪穴式住居直前の住居は恐らく防空壕のようなものであったのではないかと住宅史に興味を覚えてきたときからずうっと考えてきた。勿論屋根は、当時トタンはもとより、板もないので、穴の天端に丸太材を引き並べ、隙間を茅と粘土を固めて、その上に蒲鉾上に土を盛りあげていたのではなかろうか。その盛り土の上に比較的細い丸太を五十㎝ほどの間隔で勾配の左右に立てかけるように並べ（斜面材）、上部で左右の斜面材が交わる箇所で蔓紐でくくり固定させ、その頂部に横材を掛け、それぞれ、斜面材と蔓紐等で固定させれば一つの構造体が出来る。その上で斜面材に横材を数本左右同じように固定させる。そして、竹のような細い木で斜面上に隙間を埋め尽くすように引き詰めていく。そうした形状に茅を束ねて葺いていけば、立派な屋根構造となる。

その次に経験的に分かってきたのが土盛りは不要であることである。同時に穴の天端に引き詰めた丸太も不要であることが分かってきたのではなかろうか。要するに屋根型の構造体だけで雨が防げることが分かってきたのではないかと想像するのである。即ち、初期の段階ではまだ柱と梁によるラーメン構造はなかったのではないかとの発想である。恐らくそれ以前では、川に向かった斜面に穴を掘り（自然地形を活用する）、前方は開放され三面は土に囲まれた状況に、先の土盛りの屋根を作り、人工的な横穴式住居を作り出してきたのではなかったかと想像している。そして、河川等の氾濫などで斜面の住居は危険性が高いことを知り、より安全な高台の平坦地に住居を構え、先のような経験を経ていったのではなかろうか。

しかし歴史学者や考古学者は、遺跡が見つからない限り、想像でものをいえない宿命を背負っている。発掘して出てきた五十センチほどの深さの穴とその中にある掘っ立て柱であろう四つほどの穴の跡、そして同時代に作成されたであろう埴輪や、銅鐸に書かれている絵を参考に復元すると、要するに、登呂遺跡等で復元されている竪穴住居になるわけであるが、実はそうなる前の長い長い体験を通して経験とし、無であった状況から、ある形が生まれる迄の経緯を考えることが歴史をたどることの真の目的ではなかろうかと思う。先に述べたような発達史は、遺構や遺跡として見つけ出しにくい。しかしこうした想像が先にあって、後に目的的にそうした遺跡を発見していけば、考古学の進歩に繋がる。

竪穴住居以前の住宅の形を考えてみたかったのである。人類が日本列島に渡ってきて、定住用の住宅を造り出したそのきっかけかとなる形は何かが知りたかったのである。狩猟時代は、世にいう野宿であろう。ある時は木に登って小屋風の人がやっと寝られる状態の空間を作り寝たのであろう。あるいは窪みをみつけて、枯れ草を敷き、そこに寝たのであろう。雨風が強ければ、岩陰や洞窟に身を横たえたことであろう。農耕が始まれば当然ある箇所に住み、家を構える必要に迫られ、家族単位で穴を掘り枯れ草やわらを葺いて一定の気温を保ち、風を避けることが出来たが、屋根はやはり当初は防空壕方式の土盛り状況ではなかったのではないだろうか。そして先に述べた経緯で両勾配の屋根が生まれ、やがて、穴を深くすると出入りも面倒であり、土の湿気もひどく崩れやすいことなどから、出来るだけ穴を浅くし、四本の材木を柱としてまっすぐ立て、それらを横材としての梁を渡して構造的に安定した形を作り、その上に屋根を作っていったのであろう。屋根は地面まで垂れ下がり壁の役割を持ったものである。世にいう竪穴住居が完成したものと思われる。

（四）原始信仰（アニミズム・自然崇拝）常世思想等の芽生え

当時は人間同士の階級意識はなく、血族長が家族をリードしていた程度で言葉も親から子供へと教えていったであろう。恐れる物はたまに起こる縄張り争い程度で、大部分は自然の脅威であったであろう。台風や地震、落雷、噴火、山火事、津波などであった。病による死も恐怖であった。自然の猛威によって集落が崩壊し命が奪われる恐怖があった。それを逃れる術はひたすらそれらを引き起こすそれぞれの自然に、災害が起こらないように祈るしかなかった。また死者が、自分たちの命をも奪っていかれないように埋葬し、二度と人間界に現れないよう巨石を置き、周囲を石材で環状型に配置する。集落の中心に環状列石が作られたりした。あるいは、それとは別に神が降臨する岩や石を磐座（いわくら）として祀った。石を神の依代（よりしろ）（神霊が現れるとき宿るもの）とした石神などと同じように、岩石の持つ普遍・不動の力に対する信仰によるものである。磐座を祀る斎場の結界とした石が磐境（いわさか）であり、自然の岩石や巨石を建てたものがある。これらが集落の中央広場であったり、集落の北東部であったりした。これが日本庭園の起源といえるかどうかは別として、その後の日本庭園の石組みの祖であることに間違いないとされている。日常生活とは関わりのない祀りの空間として人工的に作られた初めの空間と考えられる。

あるいは、次のようなことも想定される。住まいのある集落は、先に触れた通りあまり川に近いと氾濫によって流される恐れがあるので一定の距離を置いた。未だ稲作がなされていない時代であっても水は身近なところにあることが好ましい。近くの河川の上流部から、集落まで水路を造り引き入れた。引き入れた水を溜めておく必要があり、土を掘って池として貯水した。掘った土はその北側に山として盛り上げた。山が崩れないように周囲を石で覆った。山に木を植える。そうした山の上に磐座（いわくら）を置いたとするとこれは既に立派な庭園である。しかしこうした遺構をそのまま発掘出来るかどうかは分からない。勿論これを庭と呼ぶかは別問題であるが、形態上そうした空間が作り出されたことは容易に想像できる。神の依代は巨石や岩だけでなく、大木・古木の樹木、水、独立峰（山）、全てに見られるのである。円錐形の高木にしめ縄を巡らすと「神籬」（ひもろぎ）と呼ばれ、神の依代となるのだ。

（五）集落内での役割分担

弥生時代に入って、稲作が始まれば、ほとんどの集落は、高台で小川の畔の田んぼや畑の近くの平坦な土地に住居を構え居住区をつくって定着社会を築いていった。一族が単位となって集落をなし、田んぼや畑を耕して食物を生産していった。建物もみんなで協力し合いながら竪穴式の住宅を造り、食物は共同の高床式建物に貯蔵していった。あるいは従来の住宅であった防空壕式の穴（室・むろ）に入れて保管した。農村では未だに室がある。これら建物の資材・構造体は、周辺にいくらでもある林や森の木を切り出して使用した。

そしてある者は従来通り山に出かけ、食べ物になる木の実や根、芋等を採ってきたり、獣を捕ってきたりした。河や海にも出かけ、魚や貝を捕ってきた。食器も専門的に作る者が現れ、着物の元となる布も繊維質の植物から糸を紡ぎ、それを織物機で織って布を作り、それらを着物として縫うというように、それぞれ専門にそれらに携わる者が必要となり、集落は一つの社会を構成するようになってくる。集落をまとめる族長が必要になってくる。従来の族長は、動物や木の実の多い土地を目指して一族をまとめ、導いてきた者がリーダーとなって一族を守ってきた。獲物を見つけるや真っ先に駆けつけ、獲物を射止め、ある時は獲物と格闘して血祭りにあげる勇者が族長の器であった。農耕を中心とする定住社会に入り、それぞれ専門の仕事に携わる者が多くなると、族長の役割は大きく変わってくる。

（六）支配層・貴族の発生

直接食べ物を得るために働く者以外の者に食べ物を与えていくことが大事なこととなる。そのためには如何に安定的に多くの食物を確保するかである。田畑からの収穫量が最も頼りとなる。しかし、天候によっては、収穫が得られなくなることがある。雨が降らなくなるとたちまち、収穫量に跳ね返ってくる。気象、天候が気になる。私達先祖は長い長い時間をかけて自然を観察し、その結果を代々伝承して、暦が出来、季節が秩序正しく移っていくことも分かってくると、自然現象をよく読み取れる者が重宝がられるようになる。自然現象の内、予測可能なことと、どうしても読み取れないことがあることが分かってくる。彼は、時を見計らって雨乞いの祭りを行う。すると確率的に四、五日以内に雨が降る。そうした知識を身につけた者が一族で頭角をあらわす。一族が結束し安定的に食べ物を確保し、いつまでも繁栄できるよう豊作を祈願し、また、死者の霊を祀り、祈りを捧げる。こうして、彼は一族から敬われるようになる。特別な人として大事にされ、子孫がその位を継ぐようになり知識が伝承される。自然や自然現象をコントロール出来る人として崇められる。森羅万象に神が宿っていると説く。一族に神を敬うことを教える。こうして、我々先祖達はあらゆる自然現象や自然物に対して畏敬の念でそれらを祀っていった。祀りを司る人が指導的立場を確立していった。

一方、集落には動物が迷い込んで田畑を荒らされないよう、また、子供達が襲われないように集落を柵で囲ったり、堀を掘ったりした。こうしたことは祈祷師だけではできない。一族が共同ですることである。それぞれの役割を決めること、食物を貯蔵し、これを平等に配分できる人が必要になってくる。アイデアを出し、策を講じ、一族を従わせる人、こうした才覚のある人を従来の族長は一族の中から見抜きその職を与える。祈祷師と並んで彼らは、集落の支配階級を構成するようになる。こうした流れは閉ざされた集落の中で自然発生的に形作され進展していった。

あるとき、一族が狩猟に出かけたり、実を採りに行ったりして同じような集落があることを偶然見つけた。そして、日照りが続き作物が取れなくなった。溜めてあった水も底をついた。川の水が干しあがってしまった。一族の誰かが他の集落を覗くと水が十分にあることが分かる。川の上流部の集落だ。川をせき止め 独り占めしているのである。族長は交渉に行ったが断られる。そこで族長は腕っ節の強い若者を集め、武力で水を下流に流すように迫る。部族闘争の始まりである。どちらが勝つか、これを機に二つの部族が一体化していくのが、至る所で繰り返されてきた。そこで、争いを行う専門の人々が必要になってくる。彼らは、初めは動物を捕獲する道具を、取り急ぎ武器として利用していたが、徐々に戦闘用の武器として使い勝手の良い弓矢や槍、刀等を作り出していった。それらをうまく使いこなすには専属的に毎日体を鍛え、敵に勝つ手だてとしての武術を確立していった。こうして武士が誕生した。当然、一団を統率する指導者が現れ、武術の伝達と訓練を指導し、戦い時には戦略を立て、武士達を引き連れ先頭に立って戦った。そして、彼らは普段は支配階級を守る役割に付いた。そのうち、一族の支配層の一員となっていく。こうして支配階級が時代と共に拡大し、その支配層の子孫達も増え続け、ここに一般の集落構成員や農耕従事者等とは別の一団が形成され、特別扱いをされるようになる。貴族の誕生である。

（七）集落の統合化

集落は膨れあがり、時代と共に幾つかの集落が、あるときは争いで、あるときは話し合いで徐々に統合されていった。貴族達は絶大な権力を掌握するようになる。既に、族長とか祈祷師を超えた支配者になっていくのだ。当然、ここでも、こうした支配層・貴族をとりまとめる大御所が頭角をあらわす。日本の場合、地域一帯を納める頭・豪族といわれる一族の家長が絶対的権力を掌握するようになってくる。彼ら豪族の出身の多くは、武術を心得た祈祷師出身の武士達である。一種の都市国家といわれるような地域一帯を支配する集団が、日本中にいくつも台頭するようになってくる。その都市国家を束ねる豪族の家長の目的は、更に大きな権力を得たいという従来にない野望を抱くようになってくる。

こうした規模の小国家が、日本列島に数知れず出現し、その権力は古墳という形で象徴化され、大小の古墳が多く作られた。そうした小国家どうしで争いが繰り返されていった。九州地方で大きな力を持った軍団はやがて東方征伐に乗り出し、一行は次々にそうした小国家を攻め落とし、配下にしていった。こうして列島を統一した支配者の頭が、天皇となり、その頂点に立った。こうして日本は統一されていったのである。天皇は絶大な権威を誇るようになる。

当初、奈良に都を構え、次いで京都に、中国の唐を手本に大がかりなまちづくりがなされた。

（八）住宅の発展と住宅以外の建造物の出現

前項で竪穴式住居が成立していく過程を想像してみたが、もう一方で集落内で造られたであろう建造物に高床式建造物があり、その発展過程について見てみよう。木材を切り出してくることが容易となり、集落が大規模化してくると、集落全体を一望できる建造物が欲しくなり、櫓のような建造物が出現するようになる。展望台の機能を持った建造物が造られるようになる。既にラーメン構造が出来ているので、背の高い木を組み上げていけば、高い建造物は建設できる。しかし、こうした建造物は、一人では出来得ない。集落挙げての大事業である。よって、その機能は展望台だけで無く、神の宿る社へと発展していく。同時に集落間の争いが激化してくると、当然見晴台が必要となってくる。機能分化が行われてくる。

また、稲作が一般生活の中心になると、共同で耕し生産された米や獲物は一定の貯蔵庫で保管された。こうした貴重なものを保管する形で高床式の建造物が造られていった。高床式建造物はその上に建つと見下ろすことが出来，視野が広がり、支配層が住む住居へと更に発展していく。まさに、支配階級の者は殿上人（てんじょうびと）と呼ばれ、農耕に従事している一般人は地下人（じげにん）と呼ばれるようになった始めの現象ではなかろうか。

しかし高床式建造物も，竪穴式住居についても日常の住まいとしては不便であり、共に歩み寄って新しい建造物が造られるようになる。即ち、従来の竪穴式住居から発展していった住居と、高床式の建物から発展していった住居が一体的となって、貴族達の住む住宅が造られるようになっていった。

高床式住宅は従来より高さを低くし、地面からの出入りがスムースに出来るよう工夫され床は板敷きで、人が座る時には、わらで編んだ座布団が敷かれるようになった。また寝床は畳一畳分が用意され、その床に座る者が支配者の証となった。彼らは組織的に行動し、多くの集落を配下に置き、農作物等を支配者が属する一族の神に奉納することを義務づけた。農民も力あるものは徐々に竪穴から平地と同じレベルの土地に家を構えるようになり、大型化していく。そして穴の上に柱を立てていたのを、穴を掘らずに、平地に柱を立てて上部に梁を廻し、屋根を独立させた。柱は縦・横に数本立てて、貫を回し、竹や藁で壁とした。入り口から入ったところは土間で従来のように粘土と藁を刻んだ物を敷き詰めた。一部に木で造ったスノコを置き、そこにゴザを敷き、座ったりベッドのように寝た。そのスノコも徐々に一部を除い全てに置き、高くして、板の間が造られていった。このように住宅は高床式から発展していった物と竪穴式から発展していった二系統あったと考えらる。

（九）庭園の曙

天皇の一族が住む建物は祭事場であり、住宅であった。世にいう寝殿造りの屋敷である。ここにゆとりのある貴族達が、新しく造られた都の中心地に巨大な屋敷を構えた。そして、屋敷の前に遊びの空間を作って、日々を楽しむ習慣が出来てきた。庭が造られ出したのである。寝殿造り式庭園である。ついに日本で初めての庭が出現したのである。その後の日本庭園を考えるとき、日本独自の原始信仰（アニミズム・自然崇拝）の形である常世思想等に基づくものと、大陸から持ち出されてきた神仙思想等の文化による二つの影響を受けて複雑に絡み合い融合して色々な庭園が誕生していくこととなるのである。

【神仙思想】

道教思想を構成する重要な思想の一つ。古代中国では東方の海上に蓬莱、方丈、瀛州（えいしゅう）の三神山（島）、西方に崑崙山があり、これらに、不死の仙人が住むとされ、これが理想的超人とし仙薬の服用などにより人類なり得るものとされた。蓬莱庭園や鶴亀の庭の基盤の思想でもある。

【道教思想】

現世的な幸福や不老長生を求める中国古来土着の宗教。中国古来の民間信仰と老荘思想、陰陽五行説、神仙思想、儒教などが混合して出来たもの。

【常世思想】

古代日本において伝承に語られた海のかなたの異郷。『古事記』では、国造りを終えた少彦名（スクナビコナ）が常世国に渡り、また、田道間守（たじまもり）が常世国に派遣されたとある。不老不死の理想郷と見られている。

【浦島伝説】

浦島伝説は沖に釣りに出た浦の島子が、亀の化身の女性に誘われて蓬莱山に遊ぶという丹後国の異郷訪問譚であり常世思想を反映した伝説となっている。

二、日本庭園の変遷・歴史

日本庭園の歴史を幾つかの参考図書を元に簡潔に見ていく。大きく古代、中世、近世、近代と四つに区分する。

（一）古代

【浄土式庭園】

奈良時代に仏教の伝来と共に浄土思想が広まり、仏がいる場である極楽を具現化した庭である。死後の世界であるが、人々のあこがれの空間でもある。宇治の平等院鳳凰堂庭園がその例である。建物と庭一帯が対象である。

【寝殿造り式庭園】

平安時代に入ると皇族や貴族の住まいは寝殿造りとなり、広大な敷地の中に、地泉を作り船遊びをし、また、池泉の周りを巡り歩く形式の回遊式の庭が造られた。平泉の毛越寺等の庭の形式としては、神殿の南面に遊園や行幸のための池のある広い庭が造られ、東北より鑓水によって水を引き込み、池には一つないし二つ三つの中島を配するというものであった。これらは陰陽五行説の「四神相応」の教えによるものである。寝殿造りの特徴の一つに池に廊下を長く延ばし、「釣殿」を設けていることである。ここは納涼や雅宴のための吹き抜けの施設である。この庭園は、祈りの空間ではなく貴族達の空間といった方がよい。

（二）中世

【書院造系庭園】

室町時代に入って、貴族に変わって武士が実権を担うと、その住まいである書院造に対応した庭が造り出された。同時に武士に影響を与えた禅宗寺の庭園では、書院や座敷のなかから、縁側の向こうにある囲われた庭を眺めた。座観式、定視式、鑑賞式庭園といえる。座敷のなかの一点から座ったままで注視するので、凝視に耐える画面構成が求められ、山水などを手本とした絵画的構成の庭園形式が工夫された。この庭園形式が日本の美、神秘的な美しい庭園と評価され、海外に紹介されたのである。京都の大徳寺大仙院、妙心寺退蔵院・海庵、竜安寺石庭などがこの例である。

【枯山水式庭園】

これまでの庭園は、総じて「自然風景式庭園」といわれるものであるが、同じ中世に禅宗寺に開花した庭園形式が枯山水といわれる庭である。「自然風景式庭園」は山水をそのまま模倣したのに対して、「枯山水」は石組を主として、抽象的な表現をしたものである。武家の屋敷は平坦な土地に建てられるが、禅宗寺は概して山地に建てられ、水を引くことが困難であり、且つ平坦な土地が少ないこともあって、独自の庭造りが行われた。

従って、枯山水の作庭には僧侶が園門技術者として活躍し、「石立僧」と呼ばれていた。有名な僧は「夢窓国師」であり、彼の造った西芳寺石庭は代表作といわれている。枯山水にも前期方式と後期方式がある。前期は山の斜面に作られるものであり、後期は寺院の平庭に造られるものである。夢窓国師は前期の代表格である。後期の代表格は「賢庭」という庭師で、当時の作事奉行として幕府の多くを担当した小堀遠州の配下として南禅寺金地院石庭を始め数々の名園を残している。枯山水を作庭するには石そのものの持つ形や石組の仕方、その配置箇所、作庭者の意図に応じて様々な名称がつけられている。これらの組み合わせによって自然を再現すると同時に、禅を中心に仏教世界を表現しているのである。

【露地式庭園】

茶室へのアプローチ空間を効果的に演出した庭の形式。「茶室」は「茶の湯」をたしなむ空間である。「茶の湯」は十五世紀頃禅僧の村田珠光によって考案されたと言われ、その弟子の武野紹鴎は、それを茶道という芸術の一分野までに発展させ、更にその弟子の千利休が「わび」「さび」の言葉で代表される草庵茶を完成させた。その茶室は一般に屋敷内の庭園の一部に置かれた。客は、その茶室に向かう路に沿って茶室に入るのだが、その道を露地という。昔は「路地」とも書いたそうである。視点は茶室に向かって一方向に進んでいく。そのために山里や道すがらを演出する飛石、延段など園路構成が重要で、植栽などは常緑樹中心の地味なまとめ方で構成される。今日「庵」、「不審庵露地」などがある。

（三）近世

【池泉回遊式庭園】

江戸時代の平和な時代に入って、大名達が広大な土地に造った、従来の日本庭園といわれてきた様々な庭の形式を全てとり入れた総合庭園であり、日本庭園の集大成ともいえる移動式鑑賞庭園である。「本格的な回遊式は広大な敷地を幾つかの境域に区分（ゾーニング）し、それぞれを近江八幡景や東海道五十三次の景などをテーマとして景観構成し、これを訪ねて利用者が園内を移動して景観の変化を楽しむ形式である。そのため構成は八方正面で、築山、池、樹林、芝生、建物、園地などに、さらに園路のレベルのアップダウンや、明暗、曲析、などに、景観の変化や移り変わり（シークエンス景観という）を演出している。この様式は、大面積で多機能。同時に多数の利用者を収容でき、なおかつ美しい空間をつくるもので、現代の公園に採用できる近代性も内包している。」（進士五十八『日本の庭園』抜粋）

（四）近代

【自然風景式庭園】

明治時代に入って武士の時代は終わり、欧米等の西洋文明がどっと流れん込んできたとき、庭という概念とは異なる「公園」即ち「パーク」が入ってきた。この「パーク」をモデルとし作庭されたものを「近代の日本庭園」の代表格との位置付けも可能であろう。ゆったりとカーブした園路のある芝生地に自然樹形の大木を配した形式。新宿御苑や明治神宮内苑などがその例と言えよう。

明治神宮は、戦後私達が遊んだなじみ深い公園である。全てをアメリカの空爆によって失った私達の世代は、焼け跡の中で唯一緑ある明治神宮の内苑は絶好の遊び場であった。芝生の上を走り回ったものである。木登りも自由であった。当初は、大昔からの森林地帯であったものを庭として手入れしたものとばかり思っていたが、これは日本の造園学会が総力を挙げて、荒涼とした平原に緑を植えて、まるで大昔からあるような森林風景を作り出したことを知ったときの驚きを今でも覚えている。


以上、駆け足で日本庭園を歴史的に見てきたが、その時代時代に応じてまた、庭を造ってきた施主によってその主題は異なっているものの、その庭に託された普遍の想いというか一つの筋が見られる。その理由の最大のものは、「自然の尊重」であり「自然そのものに美を感じてきた」日本人の心の不変さではなかろうか。

西欧での庭園は基本的には、教会の前の「広場」が主役で、人々が集う場であった。せめて人工的な池と噴水それに彫像が中心に置かれたものであり、且つ、石造りの教会なり宮殿を引き立たせるものであった。直線の模様と平地が主である。建物を引き立たせるためには直線による前庭がよく調和する。即ち、自然への対比の仕方が日本と全く異なる。

彼らは、自然をいかに克服するかであり、でこぼこした大地をきれいに石を敷き詰め平坦地とし、自然には見られない直線や幾何学模様を施し、天まで届くような高層の建造物を建てて、自然に対して人の力の素晴らしさを誇らしく見せつけるといったものである。日本と西欧の風土上の違いによるものであろうか。ちなみにイギリス、フランス、ドイツの緑比率と日本の緑比率を比較して見ると次のようである。日本の国土面積は三十七万平方キロメートルに対して森林率は六十八％、イギリスは二十四万平方キロメートルに対して八％、フランスは五十五万平方キロメートルに対して二十七％、ドイツは三十五万平方キロメートルに対して三十一％である。(平成十四年三月『生物多様性国家戦略』参考資料)

第六章　もてなしの空間・大名庭園

一、大名屋敷の機能、広さ・構造、上・中・下屋敷

江戸での大名屋敷は、徳川家康が江戸に幕府を開いて、天下普請によって江戸城と共に家臣の住まう屋敷づくりに精を出したところに始まる。当初は大名屋敷については余り積極的ではなかったが、関ヶ原以後外様大名は幕府に恭順の意を表すために親族を人質として江戸に常駐させることが一般的になり、大名屋敷の数は急速に増加した。これを江戸城の中核から右渦巻き状に外苑した堀の南側一帯に配した。

大名屋敷の規模は六十間四方が標準で、自然の地形等の関係によって規模の大小があった。ある程度禄高による規模の大小はあったが、そうした家格による建築制限がつけられたのは一六九三年（元禄六年）からである。明暦の大火後の大名屋敷は、可能な限り、郊外に転出、更に上・中・下の三屋敷の区別がなされた。上屋敷は別名「居屋敷」といい、従来通り主人の住むところで、登城の便利な西丸下の「大名小路」に置いた。中屋敷は外堀の内側に沿って配され、隠居ないしは夫人・嗣子の居処とした。また、下屋敷は「蔵屋敷」とも呼ばれ、その名が示す通り江戸湊の河岸地にある各大名専用の荷揚場とした。それが出来ないときは四谷・駒込・下谷・本所などの郊外に新地を与え、市内の大火で上屋敷が焼けても当面の生活に困らないように配した。旗本屋敷は番町・駿河台・小川町一帯に配されたが、その規模は大名の官位に準じたものであった。大名と異なり、規制が強く一六二五年（寛永二年）規模の制定があった。

一般に大名屋敷は東側、西側は長屋となっており、番方の武士の居室で囲まれていた。表門（格式により当初は独立門で両滑り唐破風造、石垣畳、出両番所付きだったり、長屋門、出格子型番所付きの門だったり、細かくきめられていた）があり、その門をくぐると屋敷の玄関まで石畳が敷かれていた。玄関を入るとすぐ広間があり、従者之間、休憩所、中之口、中之口使者之間、上之間、奥書院、書院二之間、等の表と、中そして奥に別れている。表は接客の居室であり、公式の会談や謁見の場である。中は主人の居間である。小書院は内向きの対面所であり、武芸場などもある。台所や湯殿もある。また居間や祝之間がある。奥には寝所、化粧間、仏間、文庫蔵などがある。このほか家老職の居間や重臣達の居間等が長廊下で結ばれていたり、別棟に用意されていた。当然武器倉庫や弓場、馬場なども造られた。表の奥書院の前には庭園が造られるのが一般的である。茶室も造られていたであろう。家臣が多ければ多いだけ屋敷は大規模になる。

二、江戸での大名の生活、幕府での役割

大名達の江戸での生活は、基本的には江戸城に月に三回ほど登城して、将軍に挨拶することを繰り返すことであり、登城以外の生活は自由であった。勿論、有事の際は出動し将軍を守ることが義務付けられていたが、基本的には暇であった。妻子は江戸屋敷に人質として置かれているので一年ぶりの再会となる。江戸での生活は幕府から絶えず監視されていた。しかし、藩邸内には幕府の役人といえども藩の許可無く自由に立ち入ることは禁じられていた。

自由な時間を大名達は、幕府から奨励された庭造りに励んだり、菊づくりや盆栽づくりに精を出した。或いは、絵画骨董の収集や陶器づくりに、また、囲碁大会や茶会、酒宴会、能会、武芸会等を開催したり、鴨釣りに招かれたりと、大いに楽しんでいたのである。戦闘時代が終わり、こうした暇な時間が持てるようになった各大名達は、こぞって文化を肌で感じる生活を送れるようになったといえよう。そうした意味から、江戸時代は各大名達によって日本文化が集大成された時代と位置づけられよう。家臣も、いざという時の戦闘軍団であるから、尾張や紀州では数千人の家臣がいたとのことである。しかし彼らも、定期的な訓練以外は意外と自由であったという。ゆっくりと江戸見物を楽しんだ者も多かったという。

但し、藩主である大名は国元の行政を怠ることは出来ず、絶えず指図を行っていた。当然国元では家老が留守を預かり、それなりに藩を纏めていた。

それに、幕府では年間を通して幾つかの祭事があり、各大名にそれぞれの役割を命じていたので、それら祭事を滞りなく行うのも重要な務めであった。忠臣蔵でも分かるように、浅野内匠頭は吉良上野介に幕府での祭事に対してある役割を命じられ、それを滞りなく行なう必要から教えを乞いに出かけるわけであるが、土産が少ないとのことで断られたことから事件が始まる。滞りなく祭事を行なうのはまさに重要な務めであった。

三、水戸屋敷（何回もの火災による焼失）

水戸藩は御三家の中でも特別扱いであった。というのは、石高が尾張六十二万石や紀州五十五万石と比べて当初二十五万石（後に二十八万石そして最終的には三十七万石となる）と非常に低いこともあり、定府を認められたのである。どうして水戸家だけがこのように禄高が低かったのかは、謎と言われている。家康の思惑があったのであろうか。私が思うに、頼房が十一男であるが故に、継子扱いしたのではなく、どうしても水戸では勢力的にそれ以上の領地を確保することが困難であったのであろう。後になって光圀が改めて検地を行い、従来の京間の一間を六・五尺から六尺に改めて、検地し直し、石高を二十八万石から約三十七万石にしたいきさつを見ても、この地で四十万石以上を与えることは不可能であったのであろう。

さて江戸での小石川藩邸の屋敷地は、尾張や紀伊と比べて当然敷地も狭いが、それでも一般の大名と比べると大きい。定府だけに江戸で常駐する家臣も多く、従って、経費も多く掛かり、財政は絶えず逼迫していたのである。

一六二九年（寛永六年）、小石川邸は中屋敷として建設に着手し、同年九月二十八日に完成したと推定されているが、その新築の屋敷も翌一六三〇年（寛永七年九月十一日）に火災が発生して焼失してしまったという。そして再建したのが一六三三年(寛永十年)八月二十日と記されている。そして、一六三四年(寛永十一年三月二十八日)頃に庭園が一応の完成をみたと推定されている。一六五七年(明暦三年）の明暦の大火によってまたまた全てを焼失してしまう。幕府の命で小石川邸を拡張してここを上屋敷とした。その後、いくらかの変更があったが、一六八八年～一七〇三年の元禄期までには小石川邸は約七万六千坪、後に九万九千坪、駒込邸（中屋敷）現在の東京大学農学部校内に約五万四千坪、本所小梅邸（下屋敷）現在の隅田公園に約一万八千坪などが定まった。その後も一七〇三年（元禄十六年）十一月二十二日関東大震災が発生し、七日後の十一月二十九日大火が襲い全焼した。新邸の落成は一七〇四年（宝永元年）十二月であった。一七二二年（享保七年）河原書院が焼失してしまい、再建はなかった。以後大小の建て替えや移築、改築があったであろうが、江戸の末期の一八五五年（安政二年）の十月二日の大地震により大破した。明治になって本邸は官有地となり、邸宅は全て取り壊され同四年砲兵工廠が建設された。庭園は残されたが、一八八〇年（明治十三年）六月二十九日に涵徳亭が焼失した。翌年再建されたが、一九二三年（大正十二年）関東大震災によって多くの建造物を失った。

四、江戸時代の大名庭園の特色

大名庭園は、江戸時代になって各大名が国元や江戸の藩邸内に作り出した庭の総称である。日本の風土の中で時代時代に対応した庭が造り出されてきたが、戦乱で明け暮れた時代もようやく終焉して、新しい平和な時代を迎えて、長い庭の歴史を踏まえながらも特色ある庭が誕生した。それは「回遊式庭園」というもので、広大な敷地の中に大きな池（大泉水）を中心に島を作り、橋を架け、その周囲に築山を作り石組や植栽を施して、いくつもの景観を作り、また、休憩所や、見晴台、あるいは茶屋や酒屋を配して、それらを巡って楽しむというものである。ただ楽しむだけでなく大名間の駆け引きの場であり、社交の場でもあった。勿論もてなしの場でもあったのである。

もてなしとしては一般に茶事が催された。その前には懐石料理を振る舞うのが常であった。また、ある時は能の舞踏会が開催された。従って庭園の中に、そうした茶室や、能舞台が作られた。

こうした庭園を可能にしたのは一つには、各大名に広大な敷地をあたえたこと。第二に平和な時代となって武芸に励む時間より、園芸・庭造りに時間が割けるようになったこと。第三に将軍の命で庭造りを奨励したこと。第四に江戸住まいの間、大名はこれといってすることがなく、庭造りか、その庭で各大名同士の交流を深めたことなどがある。恐らく幕府の許可無く大名同士が集会することは禁じられていたであろうから、茶事とか能鑑賞会・遊園会などを開催して招きあったのであろう。

幕府のねらいは大名達に庭造りをさせ、戦力を弱めさせるための方策として、財力を弱めさせることであった。もう一つには、江戸の火事対策として、その緩衝地として各大名に多くの樹木を植えさせ、水を蓄えさせたのも庭を奨励したこともその理由でもあろう。

五、庭園と茶の湯文化

（一）庭園と建造物

後楽園に限ったことではないが、大名庭園（書院の間から鑑賞する内庭とは別の回遊式庭園）には一般的に幾つかの建造物が建てられる。泉水周りに配置することが多い。一つは景観構成要素として建造物を建てる場合、もう一つは目的用に必要とする建物を建てる場合がある。即ち、デザインが優先する場合は先に外観が形作られ、その上でどのような機能の建物にするかを考える場合と、もう一つは、是非お堂を建てたいが、どこに配置したらよく映えるかを検討して、位置を決める場合である。

後楽園の場合は当初から泉水周りには建造物を一切配置していないのが特色の一つといわれている。作庭当時、唯一長橋があった程度である。何故だろうと当然考えたくなるが、ここではさておくことにする。

目的用に建てる建造物は第一に休憩所、次いで茶屋とか酒屋、そして展望台等が一般的である。そして忘れてはならないのが接待用の空間と、もう一つ大事な建造物がある。祈りの空間である。まず、接待用の空間についてみてみよう。次いで祈りの空間については別の項で考察してみる。

当時、人をもてなす方法として、一つは酒宴であり他は茶会、もう一つは能の鑑賞会である。その他、歌会も頻繁に行われた。当然そうした催しが出来る空間が必要になる。休憩所の一つとしての茶屋やちょっと一杯の酒屋とは質を異にしたメインイベント用の宴会場が作られたのである。酒宴会は酒の他に料理を振る舞い、歌や踊りを披露する。茶会では、茶事の前に懐石料理でもてなすのが一般的である。いずれにしても庭園内には茶室と能を披露する能舞台それに宴会場が建てられた。当然料理場も併設したであろう。こうしたもてなしの空間こそ小石川後楽園にあっては河原書院であったのである。では庭園と茶室、庭園と能舞台とはどういう関係にあるのかを考えてみたい。まず、庭園と茶の湯について見てみたい。

(一) 茶の湯文化

庭園と茶の湯文化を論じる前に、茶の湯とは何かをまず見ていくことにする。

茶の湯とはどういうものかを一言でいえと言ってもそう簡単にいえるものでもない。かといってそんなに難しいものでもあるまい。さて、茶の湯について参考図書を紐解いてみよう。茶の湯とは一定の作法により、茶などをもって客を供応すること。茶道の古称、または別称である。掛け軸や花を飾った茶室で茶釜・茶入・茶筅等の道具を使って行う。喫茶は平安初期から文献に見られる。中国文化の一つとして流行した。

その後、特殊な仏教行事を除き、喫茶の習慣は衰えたが、鎌倉前期に宋の抹茶法が伝えられ、武士・僧侶の間で行われた。南北朝時代には遊技化に伴い闘茶なども行われ、茶寄合がしきりに行われた。また、能阿弥らにより茶令や茶の心得も決められていった。東山時代には将軍家を中心に静粛な茶の湯が始まり、室町末期には闘茶は衰えた。その後村田珠光が禅の影響を受けつつ詫びの茶の作法を創始し、武野紹鷗、千利休により茶の湯は大成された。江戸時代には町人層などの茶道人口の増加に伴い、家元制度が確立して今日に及んでいる。

【闘茶】

鎌倉末期頃から盛んに行われた茶会。種々の産地の茶を飲みわけ、本茶（栂尾〈とがのお〉後ち、宇治）・非茶（その他）を識別し、賭け物を争う茶寄合をいう。武家・公家・僧侶間に流行、室町中期頃には衰え始めたが、江戸時代にもかぶき茶として受け継がれた。

【千利休】

一五二二年〜一五九一年織田・豊臣時代の茶人。千家流茶の湯の開祖。本姓は田中、初命は与四郎、号宗易、利休は居士号。堺の商家に生まれ北向道陳、武野紹鷗に学んだ。織田信長・豊臣秀吉に仕え、茶頭（さとう）として活躍。一五八五年（天正十三年）禁中茶会を、一五八七年（天正十五年）北野大茶湯を秀吉と共に催す。秀吉の側近として発言力を持つようになったが石田三成らにうとまれ、豊臣秀長の死によって、その庇護を失うと秀吉に対して不敬不遜の行為有りと攻められ自刃した。詫び茶の大成者といわれ、日常性のうちに悟道を追求する精神は妙喜庵にある待庵などの草庵風茶屋や利休椀などに示されている。茶の湯の弟子に、利休七哲と呼ばれる古田織部・細田忠興らがいる。

村田珠光─武野紹鴎─千利休
千利休─千道安─桑山宗銭─片桐貞昌（石州流）
千利休─千少庵─千宗旦
千宗旦─千宗守（武者小路千家）
千宗旦─千宗左（表千家）─川上不白（江戸千家）
千宗旦─千宗室（裏千家）
千宗旦─山田宗徧（宗徧流）
千利休─山上宗二
千利休─古田織部（織部流）─小堀遠州（遠州流）
古田織部─佐竹義宣

利休の教えとして「四規七則」（しきしちそく）がある。「四規」とは和敬清寂（わけいせいじゃく）の精神をいう。

和……お互いに仲良くすること
敬……お互い敬いあうこと
清……見た目だけでなく心の清らかさのこと
寂……どんなときにも動じないこと

「七則」とは、他人に接するときの以下の七つの心構えをいう。

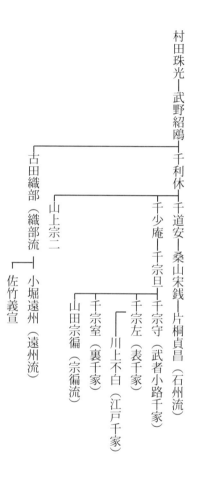

「茶は服のよきように点て、炭は湯の沸くように置き、冬は暖かく夏は涼しく、花は野にあるように入れ、刻限は早めに、降らずとも雨具の用意、相客に心せよ」というもので在る。

【わび・さび】

茶道は禅宗とも深い関係があり、「わび・さび」という精神文化を生んだ。即ち「わび・さび」とは、わびしい、さびしい、という満たされない状態を認め、慎み深く行動することをいう。茶道に於いてはこの「わび・さび」の精神を大切にし、「茶室」という小さく静かな空間で茶を点てることに集中することで心を落ち着かせ、そのことによって、自分自身を見直し、精神を高めていくことである。

「わび」はもともと、「モノ」の欠如した状態、あるいは、それによって引き起こされる好ましくない感情のことで、「わび」は「わびし」の語幹であり、「わぶ」の連用形から出来た語である。初めは寂しい、心細い等の消極的な価値を示すものであったが中世になって、その境地に心理的な美としての積極的な価値を見いだすようになり、「幽玄」、「閑寂」、「さび」と共に共通のものとして重視されるようになった。

「幽玄」は中世文学・芸能における美的理念の一つ。余情を伴う感動。奥深い味わいのあること。深い余情のあること。また、そのさま。奥深くはかりしることのできないこと。優雅なこと。上品でやさしこと。また、そのさま。

「さび」は美的興趣をさす言葉で中世の歌論、連歌論に用いられているが、特に俳諧用語として一般化された。蕉風俳諧に対しては「しおり」、「ほそみ」、「わび」の美意識を芭蕉が自らの俳諧にそのまま生かそうとした。芭蕉俳諧の根本精神の一つ。

「しおり」も芭蕉俳諧の根本精神の一つ。作者の心にある哀感が、句または、句の余情に自然にあらわれること。蕉風では「しほり」と表記。

「ほそみ」も同じく芭蕉俳諧の根本精神の一つ。句に詠む対象に対する作者の深く細やかな心の働き。また、その心のはたらきにより表現された俳諧性を伴った繊細な情趣である。


【一期一会】

一期一会（いちごいちえ）とは、人との出会いを一生に一度のものと思い、相手に対して最善を尽くすという意味である。


【小堀遠州】

一五七九年〜一六四七年。江戸初期の大名・茶人。通常作助、名は政一、号は宗甫・弧篷庵（こほうあん）。近江小堀村の生まれ。父は正次。徳川家康に仕える。一六〇四年（慶長九年）遺領備中松山一万二千石余を継ぎ、松山城を守る。一六〇八年（慶長十三年）遠江守。御所、駿府・二条城などの普請を奉行する。備中・河内・近江などの国奉行を務め、一六二三年（元和九年）伏見奉行。古田織部に茶を学び、将軍、大名に茶道を指南。遠州流の祖となった。


【茶会】

客を招いてお客にお茶（抹茶・煎茶）を点ててもてなす会の総称。各種の茶事や寄席などがある。


【茶事】

茶事とは少人数の予め招待された客を対象にして亭主が行う密接な茶会であり、ひとつの椀で同じ濃い茶を回して飲んでゆく。昼食として懐石を供してから茶を振る舞う正午の茶事が最も基本的な形とされているが、趣向によって、夏場の涼しい時間に行う「朝の茶事」、秋冬の長い夜をゆっくりと過ごす「夜咄し」などの茶事も行われることもある。趣向によっては、屋外を茶室に見立てる野点やテーブル・椅子を用いる立礼（りゅうれい）の茶事も行う。

【大寄せ】

大寄せの茶会とは、多数の客を対象にして行う茶会である。炭手前・懐石は省略されることもあり、道具の拝見も省略することも多い。催事の添え釜として行われることもあり、複数の茶席をもうけて並行してもてなすこともある。客としては最も気楽な催しの一つであるし、亭主としても晴れがましい披露の場でもある。

【献上茶事】

献茶とも呼ぶ。神社仏閣寺院の御前で行う茶事。貴人茶碗で神仏へ茶を奉じる。参加は一般を含む場合がほとんどであるが茶席は別に用意されており、お守りやお札を渡す場合もある。

【切り茶事】

十月末～十一月初旬にかけて行う年始めの茶事。五月に摘んだ茶葉を茶壺にいれ、保管した壺の封を切り、臼を廻して抹茶にする。ふるいにかけて濃茶、薄茶の味をみる茶事で、流派の一年を占う重要な茶事である。

【お茶】

私たちにとって身近にあるものでありながら、どれだけのことを知っているのであろうか。味は渋みのある飲み物で、食後や午前十時、あるいは午後三時に一息入れる時に飲むのがお茶である。しかし最近では珈琲であったり紅茶である。ただ、小さいときからの習慣だからそうしているだけというのであればそれだけのことであるが、そのルーツをたどってみよう。

茶はツバキ科の常緑低木で、中国原産と言われている。若葉を摘んで緑茶や紅茶として飲用する。広くアジア一帯で栽培している。

日本には八〇五年に最澄が種を持ち帰り比叡山に植えたのが最初という。この、葉や芽を用いて製した飲み物の原料である。また、それに湯を注いだ飲料水。カフェイン、タンニン、アミノ酸、精油、ビタミンCを含む。古くから中国で、薬用・飲料とされていた。摘んだ葉を発酵させるもの（紅茶など）、発酵させないもの（緑茶の類）、半発酵させたもの（ウーロン茶）など各種ある。日本では種子を榮西が持ち帰って筑前背振山に植え、それを高山寺明恵上人に送ったものが栂尾（とがのお）で栽培され、のち、宇治・駿河などに分けられて喫茶の風習が広まったという。この茶を臼でひいて湯を加え、茶筅でかきまぜて飲用するものを抹茶という。

（三）私の抱く茶の湯の文化

私も日本人として誇りある人生を歩んできたつもりでいながら、今日まで大きな茶会に招かれたことがない。見よう見まねで小さな会には何回か参加したことがある。近年では後楽園の涵徳亭で行う茶会で何回かお茶をいただき、また、水戸の偕楽園での「はぎ祭」に行われる野点の茶会に何回お茶をいただいことはあるが、名のある茶室に招かれお茶をいただいたことは一度もない。

ただ、中学校時代お袋から、お茶の点て方の作法を友達と一緒に一通り習った経験がある。江戸千家と言っていたような気がする。勿論うろ覚え程度である。従ってそれ以外、茶人という人と親しく接したこともないし、茶の極意も聞いたこともない。しかし、どういう訳か、かなり若い頃より、茶の湯文化を私なりに想像を巡らし一つの考え方が出来上がっていた。これが本当の茶の湯の心境なのかどうかは正直な所分からないが、一つの見方ではなかろうかと思い、まとめてみた。また、茶の湯の歴史というか流れも自分流を含め文献から得た知識を参考にして織り込んでみた。

「茶の湯」とは要するに緑茶（抹茶）を飲み楽しむ会である。人間はそもそも水を飲まなければ生きてゆけない動物である。人類が発生したときから、人は、川の畔か淡水のたまっている湖や泉の近くに居を構え、水を頼りに生きてきた。そして、火を使うことを覚え、お湯を沸かして飲むことが美味しいことを知った。こうして日本では長い間、白湯（さゆ）が水より遙かに美味しく、贅沢な飲み物となったが、その後中国に行ったお坊さんが、お茶を土産に持ってきた。茶葉を乾燥させ、お湯で煎じて飲むというものである。確かにお湯だけしか知らなかった時代、お茶は高価な飲み物として僧侶から貴族へそして武士へ、はたまた庶民の飲み物として広まっていった。初めは薬として飲まれたという。

しかし、その後、茶を飲む習慣は一時途絶えたが、新たに抹茶法が中国から伝わると、同じように日本人に受け入れられ、僧侶、貴族・武士そして民衆へと広まっていったのである。茶の栽培も日本でなされ、多くの土地で栽培されるようになると、産地を当てるお茶会（闘茶）が開かれるようになり、産地を当てた者には景品が出されるような茶会が一般化した。そうなるとお茶の味を味わい幸せな気持ちになるといったことより、景品目当ての博打と変わらないことになってしまい風紀が乱れてきた。

そこで、お茶を最もうまく味わう作法を考え出した者がいる。当然美味しいお茶を点てる技術や作法が作られ、お茶を点てる者が、お茶を味わう者を招いて、お茶を楽しんでもらう会が催されるようになる。これが現在の茶会の初めである。先にふれたように能阿弥らにより茶令や茶の心得が決められ、村田珠光が禅の影響を受けつつ侘びの茶の法を創始し、武野紹鴎、千利休により茶の湯は大成された。江戸時代には町人層などの茶道人口の増加に伴い、家元制度が確立して今日に及んでいる。

茶会に招かれた人は、亭主・施主（茶を点て、客をもてなす人）によって手入れされた露地を案内人の誘導によって茶室の有る草庵（こじんまりした小さな建物・部屋）に案内される。正客は相伴者に挨拶し、茶室のにじり口より先に、かがんだまま屋内に入る。亭主のすすめで座る位置が決められる。茶室の広さによるが一人から五人ほどの客が一室に入る。まず、亭主は客人一同に挨拶し、参会してくれたことの礼を述べる。正客は相伴客を代表して招待された礼を述べ、こうして挨拶が一通りすむと、正客を初め、相伴客に菓子が配られる。亭主は棗（なつめ）から抹茶（玉露）を茶杓によって手際よく茶碗に入れ、茶釜から熱いお湯を杓によって注ぎ、茶筅で無駄のない動きの中でお茶を点てる。見ている人にとっても実に無駄のない美しいポーズでお茶を点てていく。こうして、渋味のあるお茶の前に美味しいお菓子を戴き、そしてお茶を飲む。口の中でお菓子の甘みと、お茶のなんとも言えない自然そのものの香り（多少渋みがありながらも旨みもある。渋くて美味い）がうまく調和して、口の中から体全体に、自分の力になる物を取り入れた満足感が広がっていく。満ち足りて幸せな気分となるのである。これは、食事としての料理を味わい、食べて得られる満腹感とは違う別の満足感である。熱い風呂上がりのようにいつまでも口の中にうまさのほてりが続く。

一般に茶事が催される前には、懐石料理が出されるが、あくまで料理とは別の至福の一服なのだ。西洋で言えば、食事の後のデザートと紅茶あるいはジュースのようなものであろうか。

しかし、お茶は、ジュースという果実から搾られた色鮮やかな甘ったるい飲み物とは違い、自然を感じさせる香りと色合を持つ独特の飲み物である。そうした飲み物とよく調和する和菓子を事前に戴くことによって微妙な旨みが得られるのである。この旨み・香りこそ日本人としての誇りの原点なのだ。即ち、ケーキとジュースからはただ甘ったるいだけで奥行きもなく何も教訓が得られないが、茶の湯では、自然を取り入れた見た目にも美しいデザインの、素朴で多少甘みを押さえた美味しい菓子と、多少の渋みのあるお茶がほどよく調和して、渋みの中にもうまさがある奥行き深い味わいを醸しだし、そうした奥行き深い香りと味に多少渋みの効いた人間像を連想させ、甘ったるい人生を排し、渋みのある奥行き深い人生の教訓をもたらすのである。

嗜好品の中にはお酒という飲み物が世界中で自然発生的に作られ飲まれているが、同じハイな気分になるにしてもアルコールによって、脳の機能を麻痺させて、よい気分になるのと違い、お茶はどちらかといえば薬用として持ち込まれたものであり、眠気を覚まし、頭をすっきりとさせる飲み物である。それでいて、一連の作法の中で、共に茶を飲むことにより心豊かに落ち着いた気分になれるのだから不思議である。

多少緊張した中にも、親しい人と素朴で小さな空間に入ると、まるで母の胎内のような、それでいて大宇宙にいるような錯覚に陥り、神に抱かれた兄弟という気になり、仲間同士になれたと思わせる工夫が仕込まれているのだ。このように世界に例を見ない文化が育まれてきたのである。お茶を戴く器は、施主が自慢する陶器製の茶碗で、日頃飲む煎茶の茶碗と違い大きく、その飲み口は平ではなく、大きくうねっており、色彩も大自然の大地を思わせ、顔を近づけると大山脈を思い起こすようなうねりであり、その下（もと）には泡だった大海原が広がっている。これを両手に抱えて飲み干す。なんとも豪快で痛快なことであろう。あるいは、同じ茶碗をみんなが一口ずつ回して飲む回し飲みの茶事では、当然客同士の和が生じる。

日本人が、桜を楽しむのと似て、一杯のお茶を戴く時間はほんの短い時間であるが、こうしたはかなくも短い時間と、素朴で狭い空間でのわび・さびを感じつつも、安らぎと充実感を見いだし、独特の満足感が得られるのだ。

人生は短い、儚い生きものである。まして、武士はいつでも死を覚悟している。短い命と、短時間の行為を重ね合わせ、瞬時の喜びに一生を託し、生きることの喜びが倍加して、はかなさ・哀れさそして孤独から開放されるのである。茶の湯はこうして世界にまれな日本文化を形作ってきたのだ。

日本文化と言えば、総じてある形を定め、その形を身をもって身につけ、一体化したときに頂点の心境に達するというものである。そうなるよう修行という過程を踏むのだ。そして、特徴的なことは、師匠は、その教えようとすることを自ら全てを語り、手に手を取って教え込むのでなく、形を覚えさせ、弟子がその形を追い求め、自然体でその形状が形作られたとき、自然と教わるべきことが何であったかを悟るというものである。これは武道にしても、華道にしても、書道にしても皆同じようなことがいえる。

茶の湯文化は、正に茶道である。こうした茶の点て方や茶の飲み方、それらの道具、その会場である茶室、その茶室を演出する掛け軸や一輪挿し用の花器、茶室に至るまでの露地空間のあり方など、そしてある境地（人をもてなすことの喜びの心、招待してくれた亭主に対する感謝の心、一緒に招かれた客〈同伴者〉との親密感等）に達していくという全てが文化を形作る要素となり、お茶を通じて、人々が一体感を持つというすばらしい文化を創り上げていったのである。一期一会（いちごいちえ）を心から楽しんだのである。

同じ作法で、同じものを、同じ器で、飲み、同じような心境になることは、身分を超えて一個人として皆同じ立場になれるのだ。無礼講で、酒に酔いしれて一体感を持つのも一興であるが、茶の湯は遙かに文化的な行いではないか。

お茶を点てる側は、心から客人に喜んでもらえるように準備万端な支度をして招き入れる。露地の樹木の日々の手入れ、当日の掃除と打ち水。掛け軸を招く客に合わせ、季節により代えて風情を出す。生け花もどのような花を、どの器に盛ってどこに置くか、壁に掛けるか柱にするか全て考え出されているのである。茶を点てる一連の作法を一糸乱れぬ平常心でこなし、粗相がないよう万全を尽くすも、絶えずにこやかな心境で対応出来るよう修行を積み、茶人として、多くの客人から尊敬される人を目指すのである。そのためには、茶道具全般の知識（誰が、いつ頃、どこの土地で作られたのか、何の意図でどのような方法で作ったのか、そして代々どう評価され、どう受け継がれてきた物か等）を学び会得する。飾り物も全てそうである。作法と同時にあらゆる知識を必要とされるのである。そして、そうした知識をひけらかすのではなく、客人の質問にさらりと答え、相手に不快感を与えないで、喜んで聞いてもらえるような態度で終始務められるような人こそ真の茶人であろう。

話は変わるが、日本文化のもう一つの面を考えてみよう。例えば恍惚（我を忘れてうっとりする様・心境）になるのに二通りあると私は思っており、時々友達に語ることがある。当然、恍惚の人（ぼけ老人）になるわけでない。一つは、自然の真っ只中のある岩に座り、雑念を排して、鳥のさえずり、虫の音、滝の音、川のせせらぎの音、木木の葉のすりあう風の音が聞こえ、そうした中で無心になるといつの間にか魂が抜け出し、周囲をゆっくり回り始める。澄み切った青空、山々の深い緑、清い水の流れの上を自由自在に彷徨する。すると、心が大きく開き、何の曇りもない澄んだ清い心にさせられる。恍惚とした心境を迎えることが出来る。正に禅の世界である。

もう一つの方法は、一時流行したディスコで、踊り狂って、無我の心境に到達する方法である。リズムに体を委ね、肉体全体で体を揺り動かすことによって、個性は失われ魂が飛び交い、激しく騒々しい音響の中を飛び跳ねるのだ。一つの個体として、同じ仲間と乱れ一体感を得ようとする心境である。このように、体を揺り動かしリズムに合わせ動き回ることによって得られた恍惚感は、同じ箇所にじっと座り無心になって魂を自然の中にとばすという全く異なった方法と同じような心境をもたらすのだ。とは言っても、前者は自然の中で、自然との一体感の中で得られ、片や後者は、音響鳴り響く室内の中で、多くの人に混じっての一体感で、根本的には大いに異なるが、恍惚とした状態への二通りのアプローチと言えるであろう。

茶室の空間は一般に小さく静かで質素であり、上述した自然の中での禅と同じように、体はほとんど動かさず、ひたすら手だけが、自然に無駄なく動くだけなのに対して、ディスコは、音楽が鳴り響く大きな空間で、アルコールによって、ハイな気分になった上で、身体をくねらせながら踊りまわり、そして茶の湯とは似て非なる状況をもたらすのだ。当然茶の湯を存分楽しめるようになるには、それなりの経験と教養を必要とするが、ディスコの踊りは、すぐ即興で踊れるのだ。日本の文化は精神文化と言われ、西洋文化は、正に肉体文化・物質文化なのである。

さて、同じことを目指しても当然人が行なうことであるから、人それぞれ感じ方や、考え方が違う。どうしても自分の考えとそれを教えるものとのずれが生じてくる。美しく見える形は決して一つではない。日本の場合、文化の一つとして、そうした個性を尊重するところがある。そして新しい形が作られる。その形作られたものを守りながら発展させていく。即ち流派が誕生するのである。一つは、従来の形を破り、新しい形を求める。一方では伝統を守るということで一つの形を守り抜こうとする。こうしてお茶の文化も色々な流派に別れていく。しかし、基本的には上述したように茶の湯を楽しむことに変わりないのである。

（四）庭園と茶の湯

江戸時代の大名庭園は、大名が一人で楽しむものでなく、大名同士の交流の場であり、情報交換の場でもあったが、なんといっても、もてなしの空間であった。まずは屋外空間である園路を巡りながら、自然景観を鑑賞しつつ、自然とのふれ合いから心を爽快にした後、最終的には、室内空間に招き入れて、茶の湯あるいは能の観賞会を催して楽しんでもらうことが目的となっていた。勿論回遊式の庭園を主人が案内し、一周してもらうだけでも、十分、もてなしの意は客に伝わったであろう。しかし原則的には、泉水の周りに多くの景観を配して、移りゆく景色の楽しさと適度の疲労感を与え、最終的には、メインイベントの室内空間に招き入れ、座して疲労感を癒し、同時に最高のもてなしをする。これが江戸時代の特に初期の大名庭園の目的であった。

大名同士がいがみ合っていた戦国時代が終わって、大名及び家臣達が心から人と人の親睦を深めるための日本独自の総合文化の殿堂なのだと私は思う。庭の歴史的考察を行なえば、当初は貴族の証としてのシンボル的存在であったり、貴族同士の遊びの空間であったり、あるいは信仰の場・祈りの空間であったりしたであろうが、江戸初期の大名庭園の目的は、例え祈りの為の建造物を造っても、それは景観要素として必要な建造物であって、目的的なものとしてはさほどの意味は無くなっていたのではなかろうか。

勿論、作庭者の意図する祈りの空間はそれなりにちりばめられていたであろう。後楽園に限って見ると、光圀にとって見れば文昌堂（八卦堂）であったり得仁堂がそれである。あるいは西行堂などもそうであろう。頼房としては中島の弁財天の祠や大黒堂、福録堂がそうである。しかし、メインの目的的空間は茶会や酒宴会、演舞会、歌会などが催された河原書院であったのであろう。もう一つ大名庭園の機能として付け加えれば、武士としての自覚を絶えず促す教育の場でもあったのであろう。武士道の基本は、死を絶えず意識していることである。いくら平和な時代になったとはいえ、封建時代にあって、武士は、藩主に絶対服従であり、大名も将軍には絶対服従の世界である。責任をとることは正に切腹を意味していた時代である。こうした中、わび、さびの茶の湯と能は、武士に自然の摂理としての諸行無常を教え、命ある限り精一杯生きる道を教え、且つ、自然と接する中で自然と自然の摂理を学び取っていったのであろう。

茶の湯の本義は端的に言えば、お茶を振る舞い、人をもてなすことである。茶は味も香りも自然そのものであり、自然の景観を散策し、適度の疲労感の後の草庵という室内空間に於いてのお茶のもてなしは、人をもてなす最高の道筋となっている。このように庭園と茶の湯は深い関係があり、一体となって、もてなしを演出しているのである。

蛇足的に異なった見方から庭園と茶の湯について言及してみよう。

日常生活に於いては茶を飲むのは三度の食事の後か、午前中の十時か午後の三時に飲むのが一般生活において定着している。特に十時と三時の休憩時に飲むお茶の一杯は、庭を眺めながら飲むのが最も心を落ち着かせ疲労感を和らげる。これは茶の成分であるカフェインの効用によるものではあるがとにかく、庭を眺めながらの一杯は非常に心和らぐ。勿論、新聞を見ながらお茶を飲む人もいよう。人と語らいながら飲む人もいよう。ここでのお茶は抹茶ではなく煎茶である。茶の湯とは全く関わりがないが、やはり庭を眺めながらお茶を飲む時が最高の心境に達するのではなかろうか。ただ現実的に誰でもが庭のある家に住んでいるわけでもなく、職場にいれば当然庭もないため、仕方なしに異なった飲み方をしているのであって、人の心を静め、和らげるのはなんといっても自然の中であろう。即ち庭をを眺めながらの一杯なのだ。大都会に多くの人が集中し社会生活をしているが、やはり、落ち着くところは自然の中である。旅に出て、温泉につかり、ゆったりすることを最上の喜びとしてきた日本人として、身近な庭は都会の中で自然を感じさせる場であり、自然そのものを感じさせるお茶とは相性がよい。

もう一つの切り口として、庭園と茶の湯の関係について見てみる。

一般に茶の湯において茶を振る舞う場は茶室であり、当初は書院造りというか数寄屋造りの建物の一室が使用されたが、千利休等によってわびた草庵による茶会が開催されるようになると、それは部屋ではなく小屋であり、独立した一つの建物そのものとなる。当然それが建てられる場が必要になる。

一般的には同じ屋敷内の庭の中に建てるであろう。

屋敷内の庭園（内庭）とは別に草庵を作ろうとすれば、当然周囲を庭園化する。単に、空閑地にぽつんと建てるというものではない。そして門から入って草庵にたどり着くまでを露地と称して自然美を凝縮させ、お茶を頂く招かれた人に、自然美を堪能してもらい、和らいだ心境をもたらすのである。これもてなしの大きな要素となっている。逆に、もてなしの空間である庭を内庭とは別に作る場合、草庵ないし、数寄屋造りの建物と茶室を作ることはセット的な一対のものであり、庭に植栽と石、水は欠かせない構成要因であるが、そうした意味で、もてなしの室内空間としての茶室は庭と不可分の関係にあるといえよう。草庵には露地が、庭には草庵が必要不可欠の関係にある。そして庭は草庵にとって露地であり、草庵は庭にとって最終イベントのもてなしの室内空間なのであろう。

（五）水戸藩での茶の湯

水戸藩の茶の湯については久信田喜一「水戸藩の石州流茶人たち」（『耕人』六号～九号及び十一号耕人社）に詳しく述べられており、これを参考にした（この写しを「偕楽園を愛する市民の会」の会長であり、水戸石州流の茶人である湊氏から頂いた）。

水戸初代藩主徳川頼房は、三代将軍徳川家光とほぼ同年代で、叔父と甥の関係であったが、頼房は、将軍と家臣との関係をわきまえて家光に尽くしたこともあって、親交は深かったという。二十七歳でこの小石川邸を拝領するまでは江戸城内の一角に邸宅があり、家光とは当時から親しかったという。

頼房は幼児の頃は駿府におり、家康が一六一六年（元和二年）に亡くなると江戸城内の邸宅に入ったというから、十三歳頃から、家光とは親しくつきあっていたのであろう。中屋敷として小石川の土地を拝領したのは、山水を経営したいという頼房の希望を叶えるため家光がそれを許したといわれているが、私は思うに、二人で相談して、どちらかというと家光が主で頼房に庭園づくりをもちかけ、頼房がそれに乗ったとの考えも浮かんでくるのである。

そして、明暦の大火が一六五七年（明暦三年）に起こり、そのとき家光から明確にこの地を水戸家の上屋敷にせよとのことで頼房が拝領することになったともいえよう。こう解釈すればその後光圀が本庭園づくりに一生懸命力を注いだ理由がよく説明できる。例によって私の類推である。いずれにしても家光は、庭造りが好きであり、他の大名の庭造りにも足繁く通っている。

同時に茶の湯もこよなく愛していたようである。家光は「数寄屋御成」といって大名が数寄屋風茶室で行なう茶事を御三家（制度的には未だ確立されていない）を含めたいくつかの大名と、年に二、三回もちまわり制のような形で行っており、ある時は江戸城内西の丸の茶室で、ある時は尾張、紀伊、水戸というようにそれぞれの邸宅で開催している。記録によると一六二四年（寛永元年）家光が将軍職を授かった頃からで、いまだ上屋敷とか、中屋敷、下屋敷を設置するという制度以前のことで、御三家は江戸城内の吹き上げ御苑内にあった時代である。将軍を囲んでの茶事が頻繁に行われていたことが分かる。いずれにせよ家光と頼房は、茶の湯を通じて親密な関係にあった。

どの流派が主となってその茶事をを主催したかは不明である。ただ、『徳川実紀』によると一六二九年（寛永六年）六月江戸城西の丸の山里郭に新たに茶室を造った時、秀忠以来の茶道指南役としての小堀遠州にその設計を命じており、以来、小堀遠州が将軍家の茶事や作庭に関与していることは事実のようだ。そして、一六四五年（正保二年）遠州が老後を京都に帰って過ごすことになった時、家光は、珍蔵していた茶壺を餞別として与えたほど彼を寵用したとの記録があるそうである。一六二四年（寛永元年）から一六二九年（寛永六年）頃までは引退した秀忠が小堀遠州を使用しての亭主役であったのであろう。

一六三六年（寛永十三年）水戸中屋敷としての庭園が完成し、恐らく河原書院で家光を正客とする茶事が開催されている。相伴客として、尾張大納言義直、毛利甲斐守秀元、立花飛騨守宗重が頼房によって招かれている。「数寄屋御成」の延長と考えられる。こうして藩主が招かれたり、あるいは、招いて茶事を催す場合の一切を受け持つのが茶道頭である。茶道具を管理し、茶室を維持管理し、いつでも使用できるようにしておく者達の頭である。藩主と共に客に応じてどの掛け軸にするとか、茶道具をどれにするとかの相談にのると当時に即、それらを用意させることを職とする。

頼房には、山本道繁と野田道意がいた。山本道繁は祖父が古田織部の門人で、父は幕府に仕え、秀忠の茶道の指南役であったという。山本道繁は寛永年間に頼房に仕え、二〇〇石の茶道頭であり、以後何代にもわたって水戸藩藩主に仕えたが、一八一一年（文化八年）暇を賜り、後嗣は途絶える。一方、野田道意は同じく寛永年間に頼房に仕え、一五〇石の茶道頭になっている。代々子孫が道意の名を襲名して廃藩まで続いたといわれている。彼らは、歴代の藩主にお茶の作法を教えたり、接待の心を指南してきた者達である。

そして一六四八年（慶安元年）片桐石州（石州流の開祖）は家光より柳営御物の茶器の鑑定の依頼を受ける。以後、家光の茶道相談役として大きな役割を果たすことになる。そして家光は一六五一年（慶安四年）四十八歳の若さで他界する。石州が再び江戸で活躍しだすのは一六六六年（寛文六年）十一月八日に、四代将軍徳川家綱の所望により、江戸城御数寄屋において点茶を将軍に献じ、あわせて将軍家の茶器を鑑定した。以後一六六八年（寛文八年）七月十八日に職を辞すまで将軍家の茶道宗匠を務め「茶は石州、剣は柳生、絵は狩野」とうたわれたのである。水戸家においては一六六一年（寛文元年）頼房が亡くなり、二代藩主光圀の時代となっていた。光圀も父親譲りでお茶を好んでいた。一六七二年（寛文十二年）引退した片桐石州の江戸屋敷での茶会に正客として招かれている。また一六九一年（元禄四年）には山田宗徧（宗徧流の祖）の「茶道要録」に「青山樵夫」の名で序文を書いており、既に茶人として名声を馳せていたことが分かる。

光圀は河原書院で何回もの茶事を催して、多くの大名や学者を招いている。一六九〇年（元禄三年）十月十四日光圀は隠居し、翌年五月には西山荘に隠棲。そして、「数寄という者は、器物を欲しがるものだ」と茶をやめてしまったという。但し、表向きのことで、西山荘にも多賀谷荘伝という茶道頭がいた。

多賀谷宗伝の祖父は武藤宗佐重信といい、幕府の数寄屋方で、寛永年間に頼房に仕え、茶道組も経験した。父は閑悦重高といい、奥小僧、奥坊主を経て、一六八八年（元禄元年）瑞竜山御墓番となった人である。多賀谷宗伝は小僧、坊主を経て、西山荘で茶道に携わる。一七〇二年（元禄十五年）同朋となり、閑阿弥と改名する。一七〇八年（宝永五年）賄方、束髪して勘兵衛重一と名乗る。一七一三年（正徳三年）一〇〇石を与えられる。一七二四年（享保九年）六十七歳で没。但し、光圀は一七〇〇年（元禄十三年）七十三歳で逝去。

多賀谷藩では、多賀谷宗伝の死以後は茶道で新たに仕えた者はない。三代藩主綱条、四代藩主宗堯、五代藩主宗翰の時代は茶事は衰えた。宇治からの新茶購入の壷数が減少し、ついに一七二六年（享保十一年）停止となった。水戸藩では毎年三月、先手者頭一人とその配下五人を宇治に派遣して新茶七壷を購入したが、三代藩主は五壷に減らし、四代は三壷その後二壷に減らし、五代藩主の時代になって停止となった。財政事情が最も悪かった時代である。

六代藩主治保の時代になると石州流の野村派の野村休盛（勝成）に茶を学び奥義を極めたという。同門の宮田文硯を茶道頭とする。自ら香合・茶碗・水差・茶入を作ったそうである。一七九七年（寛政九年）『茶事の本意』を著す。一八〇三年（享和三年）後楽園内の琴画亭に江戸千家の祖、川上不白を招く。不白は真の台子の手前を披露したという。

七代藩主治紀の時代は藩主自身が茶の湯を楽しんでいるゆとりのなかった時代といえよう。ただ水戸藩内において家臣や引退した家臣が石州流を受け継ぎ、茶事を多く催していた。中でも吉田瑞雪斎（よしだずいせつさい）が有名である。

八代藩主斉脩は学問好きの風流人として知られ、水戸藩の歴代の藩主の中でもお茶をこよなく愛した人の一人である。石州流の茶を大伯父松平頼救に学んだ。松平頼救は一七五六年（宝暦六年）水戸藩五代藩主宗翰の六男として生まれる。一七八六年（明和三年）宍戸藩四代藩主松平頼多（よりな）の養子、同年宍戸藩五代藩主となる。茶道は清水美智箇門の松平大学頭（守山藩主松平頼亮）に学び、のち、田中素白に学んで皆伝する。片桐石州の茶風を慕って、一八二七年（文政十年）石州自筆の茶道伝書を板倉家から買い求め珍重したといわれている。一八二八年（文政十一年）小石川邸再建になり、新殿の茶室開きの茶事を催す（前年火災で焼失する）。

九代藩主斉昭の時代にあらゆる面において水戸はいっきに活気づく。水戸に弘道館・偕楽園を開設するのである。斉昭の指示のもと小山田軍平、原魯斎、大古敬恵が設計に携わる。斉昭は偕楽園内に茶室何陋庵（かろうあん）を建てた。素朴な四畳半の草庵風の茶室である。「何陋」は『論語』子罕篇の「君子之に居るに、何の陋か之有らん」から命名されたという。露地にある腰掛け待合いの中に「茶説」、「茶対」、「巧詐如拙誠」（こうさはっせいにしかず）の板額がある。「茶説」とは一八四二年（天保十三年）茶における礼の大切さを説いたものである。「茶対」は茶の理想を説いたもの。「巧詐如拙誠」（こうさはっせいにしかず）は前漢の劉向の『説苑』貴徳篇の中のことばで「点前の功拙よりも茶を点てる者のこころが大事である」という意である。

一八三三年（天保四年）湊御殿（夤賓閣・いひんかく）において、質素で武張った（戦国時代を想いおこすような）茶会を開催している。正客は瑛想院で奥女中が相伴という珍しい会である。大奥の女中達に質素倹約・武備の充実を身をもって教えようとした。風爐・水こぼしが台町焼、ふた置は青竹の引切、水差しは手図名焼、待合いは異国番所、席入りの合図は鉄砲というものであった。

一八三七年（天保八年）九月二十六日真田幸貫が水戸藩邸を訪れ茶事を開催する。吉原殿中を菓子に薄茶を喫す。相伴は鵜殿平七（石州派の茶人）、小山田軍平、遠山龍介等宗徧流の結社千引会のメンバーである。

水戸にはこの頃話題となった茶室がある。一つは常照寺の不言亭、他は、大高織衛門守善の延年楼である。常照寺は一七〇〇年（元禄十三年）二代藩主徳川光圀の発願によって創建された寺で、大徳寺住持仰堂宗高を勧請開山として、その弟子敬峯宗恭を招いて建立したものである。その庫裏に接続して素朴な四畳半の茶席がある。本堂は一七八六年（天明六年）の建築であるが、庫裡・茶室は創建時のものである。一八三三年（天保四年）六月五日、斉昭が来訪して住持の春峯宗元がこの茶席で茶を供した。斉昭が「この茶席の名は何か」と尋ねた。住職の答えは「まだ無い」とのことであったので、斉昭は自らの菓子盆に隷書で「不言亭」と書いて与えている。以後この茶席を不言亭という。

もう一つの延年楼は大高織衛門守善が一八三五年（天保六年）邸内に建てた茶室である。大高織衛門守善は大高家六代目であり、原魯斎、有田常斎らとともに藤村休斎から隻手雨竜の茶を学んでいる。この「延年楼」を命名したの八代水戸藩主に石州流を教えた松平頼救と記録にあるが、実際には、頼救は一八三〇年（天保元年）に他界しているので、七代の松平頼筠（よりかた）である。「延年」とは菊の異名である。現存する茶室で水戸では一番古いとされている。

十代藩主となると江戸の終末期で、水戸では、桜田門外の変や坂下門外の変、そして、天狗党の決起等大きな事件がやつぎばやに起きた頃である。幕府軍持筒頭・和田傳左右衛門が大高家に本陣を構えていたが天狗勢追討が成り、引き上げることとなって、一八六四年（元治元年）十一月二十三日好文亭で名残の茶会を大高織衛門がとりしきったという。こうして水戸家の茶会・茶事は終わった。

【片桐貞昌（石州流）】

片桐貞昌（石州）は一六〇五年（慶長十年）に摂津国で生まれる。父は大和小泉藩主片桐貞隆、母は天野氏で、賤ヶ岳（しずがたけ）の七本槍のひとりで豊臣秀頼の家老を務め、のち大和竜田藩主となった片桐且元は伯父（父貞隆の兄）にあたる。幼名を長三郎といい、のち貞俊、更に貞昌と改めた。一六二四年（寛永元年）に従五位下石見守に叙任されたので石州と名乗った。同四年父の遺領を継いで、大和小泉一万六千石の藩主となる。同十年幕命により、京都知恩院の普請奉行となって諸堂の再建に努めた。同十九年には関東の郡奉行となり、一六五〇年（慶安三年）には東山道の水害地を視察し、東海道の富士・天竜二河沿岸の堤防検視に従事した。

石州は茶を千利休の長男千道安の高弟桑山宗仙に学び、知恩院の普請奉行としての公務の傍ら、京都綾小路柳馬場の自邸に二条台目の茶室を建て、金森宗和、小堀遠州、松花堂昭乗らと交わり、また、大徳寺に参禅して、玉室宗珀、玉舟宗璠に学び、玉舟を開山として大徳寺内に高林庵を建立した。

一六六一年（寛文元年）には「侘びの文」を書いて、茶の湯の本義が「侘び」の境地にあることを力説し、同三年に古泉に大徳寺の末寺慈光院を建て、玉舟和尚を招いて開山とし、父祖の菩提所と定めた。

石州の茶趣は、本来は利休の「侘び」を重んじたものであったが、将軍家や大名家の支配的な流儀となった関係で、武門の茶法らしく、規矩（きく）と節度を重視し、封建的な身分秩序を肯定し、知足安分（足るを知って、自らその分限に満足すること）を説く傾向をもっていた。石州によって大名茶が確立したといって良いだろう。石州が制定した「石州三百箇条」は、石州流の聖典である。寛文五年の将軍献茶のさいに石州が上進したものといわれている。貞昌以後石州流は武家の茶道として諸大名の間に広まり、石州流か宗源派、清水派、鎮信派、怡怡渓派、伊佐派、不味派などに分派していく。

片桐石州—清水道閑—清水動閑—清水道竿—清水道簡—仙石淡路守—田中素白—吉田瑞雪斎—藤村朴斎
- 岡野洗斎
- 藤村休斎—原魯斎—原尖庵—大内適斎—軍事素斎
  - 富田素雪
  - 富田素拙
- 大高織衛門守善
- 大高織衛門育斎—有田常斎

石州流は諸大名やその家臣達の武家社会に流行したため、武芸諸般と同じく、印可証明を与えられた者は、伝授権をも与えられ、千家流のような伝授権を独占した家元制度は生まれなかった。石州は一六六八年（寛文八年）六十四歳の時、遺言状二通をしたためて後事を託し、一六七三年（延宝元年）十一月二十日に小泉で没し高林院に葬られた。

【賤ヶ岳の戦い・七本槍】

一五八三年（天正十一年）近江賤ヶ岳を中心に、織田信長の後継者の地位をめぐって戦われた豊臣秀吉と柴田勝家の合戦をいう。本能寺の変後、明智光秀を倒した秀吉、信長の次男信雄と織田家の老臣柴田勝家・滝川一益・信長の三男信孝らとの対立が深まり、一五八三年（天正十一年）四月賤ヶ岳で戦い、勝家は敗れて二十四日越前北庄城で自刃した。やがて信孝も自殺して秀吉の全国制覇の基礎が築かれた。

その賤ヶ岳の戦いにおいて秀吉軍として果敢に奮闘した七人の武将を「賤ヶ岳の戦いの七本槍」という。その武将は、加藤清正、福島正則、加藤嘉明、平野長泰、脇坂安治、加須屋真雄そして、片桐且元をいう。

【吉田瑞雪斎】

吉田瑞雪斎は一七四三年（寛保三年）に吉田計寛の長男として生まれた。父は水戸藩の小細工奉行、土蔵番、普請奉行、新番組頭等を歴任した人物である。一七七五年（安永四年）七月四日に父が隠居したので、米十五石三人扶持の家督を継いで子普請組に入り、以後小十人組、材木奉行、吟味役、進物番、進物番組頭、、江戸大吟味役を歴任し一七九七年（寛政九年）に足高をうけて一〇〇石となり、一八〇二年（享和二年）通事に進み一〇〇石を与えられ、合わせて二〇〇石となった。一八〇七年（文化四年）留守居物頭に移り一八一四年（文化十一年）十一月十四日に致仕して瑞雪斎と号した。瑞雪斎は、石州流清水派の田中素白（沢玄、一松庵。松平内匠頭の茶道）に茶を学び、伝授を受けた。この頃、瑞雪斎を中心に、西郷信賢、大宮正寿、藤村朴斎、軍司太郎兵衛らがさかんに茶事を催したという。この他、江戸詰の水戸藩士や水戸の町人の間にも石州流鎮信派の茶が広まったが、のち、瑞雪斎の茶系と一緒になり、現在の水戸石州流の茶系は瑞雪斎の系譜を引くものとなっている。つまり、石州流清水派の系統である。

石州流清水派は仙台伊達家の茶道頭清水道閑の流れを汲む。初代道閑は始め古田織部、ついで小堀遠州に茶を学び、二代目動閑は石州の直門として修行を積んだ。その嗣子快閑は父から伝授を受けていたが、医師となり、門人の馬場道斎が動閑の後を継いで三代目道竿となった。道竿は松浦鎮信、ついで藤林宗源から伝授を受けた。快閑の子で道竿の養子となったのが、四代目道簡（道玄）で、水戸石州流の茶系は、この道簡から始まる。道簡から伝授を受けた徳玄（仙石政人寅。浦賀・境奉行を勤める）が、同門の田中素白に伝授を与え、素白から瑞雪斎が伝授を受けて、瑞雪斎から藤村朴斎、原魯斎へと水戸石州流の茶系が受け継がれてゆくのである。瑞雪斎は一八一九年（文化十三年）九月十八日に七十四歳で没した。

【原魯斎】

原魯斎は一七九五年（寛政七年）水戸藩侍医原南陽の三男として生まれた。名は主一郎、号は魯斎と称した。父、南陽は、水戸の医学に古医方派の実証的学風を導入し、水戸の医学発展の基礎を築いた人物で、また、臨床の面でも、名医として人々の信頼は厚く二二〇人にも及ぶ多くの門弟を養成した。原家は甲斐武田氏の名将原昌胤を祖とする家であったので、子供達には武を仕込んだが、長男、次男とも早世したため三男の魯斎が一八〇三年（享和三年）嫡子となった。一八一八年（文政元年）父南陽は隠居し、魯斎は士分として取り立てられて、父の功績により三〇〇石を与えられた。魯斎は翌年馬廻組となり、その後、進物番、軍用懸り手副、小納戸役、軍用掛り、軍用掛り兼目付、そして、一八四〇年（天保十一年）十二月十一日学校造営掛りとなった。この時、同じ年の十月に学校造営掛りとなっていた小山田軍平らとともに、弘道館の造営を担当した。同時に弘道館の付属施設である偕楽園の造営も担当した。そして好文亭とその茶室何陋庵の設計に携わったのである。一八四一年（天保十二年）八月一日に弘道館の仮開館式が行なわれた。翌十三年格式持弓頭上座に昇進した。その後も順調に各役職を経て一八六二年（文久二年）には寄合指引格と進んだ。また、魯斎は石州流清水派の茶を藤村朴斎に伝授した。好文亭とその茶室何陋庵は、藩主斉昭の指示を受けて、水戸石州流の正当を受け継ぐ魯斎が石州流の茶人としてつくりあげたものなのである。一八六四年（元治元年）九月二十九日に七十歳で亡くなった。跡継ぎは原弘の嫡子蔵之介をを養子とした。これが原尖庵である。

茶室

露地

茶碗

茶杓・茶筅

茶入

六、庭園と能・能舞台

（一）能に関する私見

能とは何か。私としては、お茶の方がより親近感があるが、能となると悲しいかな理念というか観念の世界でのすばらしさを感じているが、日常の生活の中で、能を肌で感じ心から楽しんだ思いはない。一、二度能楽堂に行き鑑賞した程度で、後はテレビで見たくらいである。

しかし、西洋の踊りは、バレエで代表されるように脚を高く上げ飛び跳ねたり、回転したり、男女入り交えての恋愛ものが多く、正に動の世界、肉体の世界に対して、能は、すり足で代表されるように舞台を移動するにもしっかりと大地に足がついている。当然飛び跳ねる場面もあるが、それなりの意味を持たせている。正に静の世界・精神文化なのである。主題も死者の霊が主人公となり幽玄の世界を演じるものなので、西洋のバレエとは異なることの面白さを感じていた。そうした意味で能とは何か、当時の人々はどのように能と向き合ってきたのかを考えてみたい。

能に関して私などの素人というか、その世界に身を置いたことのない人間に何が語れるのか私自身もわからないが、少なくとも、その気になれば観客にはいつでもなれる人間として、当時の大名なり、武士なり、あるいは町民を含めた人々が何を能から感じ取ろうとしていたのか、能を観てどう感じ取っていたのかを考えることは十分出来ると思う。そうした意味で私なりの考え方をまとめてみた。

先にも述べたが「自然」を見、「演劇」を見てどういう心境に達したときに満ち足りた感動を得られるのであろうか。そのとき黄金分割で説明できる美的なものを視覚的に眺められたときに、視覚の対象が自然であろうと、人間が演じる演劇であろうと、自分の肉体から霊が抜け出し、その場面に一体となって解け合う心境になる快感が得られたとき、そこに美を感じるのではなかろうか。舞を観て肉躍り、血騒ぐ心境とは逆の、独りぼっちで孤独な寂しさとも違う、自己の存在を再認識させるという充実感として、自然に無意識に得られる喜びこそ、日本人が求めている美の本質ではないのかと最近つくづく思うようになった。

そうして見ていくと、能の世界は、バレエなどにはない正に芸術の世界であり、人間の魂に訴えかける儚くも美しい幽玄の世界に浸ることなのである。前に、恍惚となる歓びを得る二つのアプローチがあることを述べたが、観劇においても全く同じことがいえるのではなかろうか。即ち、日本人は緑豊かな山並みと森林に囲まれ、自然との一体感の中で絶えず永遠の美を求め続けてきた。そして自然と比べて人間の生命は儚いものとの認識の中に身を置くことによって、生の喜びを堪能してきたのであろう。こうした自然環境が日本人を代表する武士を生みだし、主人のためならいつでもこの身を投げ出す心の準備を備えさせたのである。人生の儚さと極楽往生の教えから、死を恐れず、絶えず死と向き合っていたのであろう。能はそうした中で武士階級に受け入れられていったのであろう。

また日本人は自然が怖かった。自然は普段は美しさそのものであったがいったん荒れ狂うと始末が悪い。特に自然災害の多い日本にあって、地震、火山爆発、山火事、津波、台風と頻繁に訪れ、それらから身を守ることが最大の課題であった。従って、それを制するには人の手ではどうにもならないことを悟るよりしかたがなかった。そうした中で、神を崇め、少しでも自然の脅威が及ばないように祈ると同時に、仏教の伝来によって、死を恐れず、受け入れていく民族となっていったのであろう。

一方西洋では、岩石に覆われた台地を人間の手で真っ平らにし、広場と石積みの建物を建設し、幾何学模様を人工的に創り出し、その中で美を感じ取ってきた。岩石を切り出し、積み重ねて行く作業は肉体的労力を必要とし、人の力の素晴らしさを誇ってきた。自然を人の力で征服していく歓びの中に美を見いだし、生きている証としたのであろう。

また、西洋では、自然の脅威というより、他国人による侵略が怖かった。人そのものが脅威の対象であった。そして、戦いに勝たない限り、敗者は勝者の奴隷になり、勝者のいいなりに生きていく道しかなかった。敗者は勝者の前に何の手立てもなく、ひたすら耐え、生き続けるよりしかたなかったのである。そうした敗者の味方となったのがキリストである。教祖の教えを信じることによって救われたのである。このように日本の文化は西洋と異なった独自の道を歩んできたのであろう。

(二) 能の由来

能は、鎌倉時代後期から室町時代初期に完成されたという、日本の舞台芸術の一種。重要無形文化財として指定されている。ユネスコの無形文化遺産である「能楽」の一分野である。江戸時代以前には「猿楽の能」と呼ばれていたものである。「能」とは元来能芸・芸能の意を持つ語であって、猿楽以外にも用いられていたが、猿楽が盛んになるにつれてほとんど猿楽の能の略称となり、明治に入って、他の多くの芸能は絶え、猿楽を能楽と呼ぶことが一般的となった。その起源は諸説あり、正確なことは分かっていない。現在の能は、中国伝来の舞、日本の古来の田楽、延年などといった様々な芸能や行事の影響を受けて成立したものであると考えられている。

能はシテ（仕手）の歌舞を中心に、ツレやワキ、間狂言を配役として、伴奏である地謡（じうたい）や囃子などを伴って構成された音楽劇・仮面劇である。舞と謡を担当し、実際に演技を行うのがシテ方、ワキ方及び狂言方、伴奏音楽を担当するのが囃子方（笛方、小鼓方、大鼓方、太鼓方）である。

【現在能と夢幻能】

能をシテの役柄で分類する方法と構成方法によって分類する方法がある。ここでは構成方法によって分類してみる。「現在能」と「夢幻能」に二分することができる。

「現在能」は、現在進行しているように演じられるドラマのような能である。時間の経過と共にストーリが展開されていく。これに対して、「夢幻能」は「死者」が中心となった能である。八世観世銕之丞は「夢幻能」の大きな特徴として、「死者の世界からものを見る」という根本的な構造を指摘している。即ち、多くの場合、亡霊や神仙、鬼と言った超自然的な存在が主役であり、常に生身の人間である脇役（ワキ）が彼らの話を聞き出すという構造を持っている。これについて銕之丞は観阿弥・世阿弥・金春禅竹らによって猿楽が集大成された室町期は戦乱の時代であり、死が人々にとって極めて身近なものであったことを、こうした構造の理由にあげている。梅若猶彦もこのような死者による語りの構造を重視し、能はこのような構造を持つことで、独自の美の世界の構築を可能にしていると指摘している。

【即興芸術としての能】

また、玄人による能は、入念なリハーサルを行わない上に一度きりの公演であるという点も独特である。通常の演劇では事前にリハーサルを重ね、場合によってはゲネプロという形で全て本番と同じ舞台・衣装を用いるが、能では事前に出演者が、勢揃いする「もうしあわせ」は原則一回であり、しかも面や装束は使用しない。これについて八世観世銕之丞は能は本来即興で演じられるものであり、出演者同士がお互いを分かりすぎていることは能においてはデメリットになると論じている。

【幽玄と妙】

能が表現する美的性質として広く知られた概念に「幽玄」がある。「ただ美しく柔和なる体」「女性的な美しさ」をいう。「あはれ」と「艶」との調和した静寂の美と優雅美が合致して寂びて見える優美が能楽の「幽玄」といえるという。もう一つの概念として能の持つ「妙」に着目している者もいる。梅若猶彦は「幽玄」が能の美的側面における支配原理というわけではないという。「幽玄」を辞書で調べると一般的には「①奥深い味わいのあること。深い余情のあること。また、そのさま。②奥深くはかりしれないこと。③優雅なこと。上品で優しいこと、また、そのさま。そして中世の文学芸能における美的理念の一つで余情の伴う感動をいう。①静寂で奥深く神秘的な感動・感趣。②優雅・妖艶な情趣。③枯淡にして心の深い境地。ひえさびた美」とある。

一方「妙」を辞書で調べると「普通と違って、不思議なこと（変なこと）」とある。これは神秘的なことと解釈もでき、「幽玄」の中にも含まれている概念とも言えよう。しかし「妙」と「幽玄」を比較してみると「妙」はそれが現れたときには演技者と観客のいずれにも作用するものであるのに対して、「幽玄」はあくまでも演技者が観客に対して意図的に表現しようとする美的性質に留まるとしている。

【猿楽】

申楽とも書く。平安時代から鎌倉期の芸能の一つ。語源は唐から伝えられた散楽にあるとも言われている。元来は滑稽な物まねの芸の総称で、神社の祭礼で興業されていた。鎌倉時代に入ると歌舞寸劇的要素が付加されて猿楽の能と呼ばれた。南北朝から室町期に大和結城座の観阿弥、世阿弥の父子は曲舞（くせまい）や田楽、延年の能を取り入れて猿楽の能を大成し、以後大和猿楽は室町時代の式楽として繁栄し、江戸時代にはもっぱら能と呼ばれた。

【田楽】

平安時代から南北朝期にかけて盛行した芸能。編木（びんざさら）や田楽鼓を持った田楽法師が、華美な衣装をまとい、にぎやかな音楽に合わせて、縦横に参集し、幾何学的な舞踏を演じた。民間の田植えや神事の芸能が京都に流入して成立したといわれているが起源は明確でない。洛中の大社、諸国の一宮など神事業列に加えられて普及し、鎌倉後期以後、戯曲への傾斜を強めた田楽能が流行した。

【延年】

平安後期から寺院で行われた遊宴歌舞。法会（ほうえ）などの後の余興として、僧や芸能者あるいは稚児〈ちご〉神社の祭礼等に美装して出る男女の児童・公家、寺院、武家等で召し使われる少年）・大衆が舞楽、田楽、今様、朗詠、小唄などを行い、次第に形式固定した。平泉毛越寺・日光輪王寺、厳島神社などに今日も伝わる。

【今様】

平安後期に流行した歌謡。「当世風」の新興歌謡の意である。後白河法王とその近親達が特に愛好し、法王は「梁塵秘抄」（りょうじんひしょう）「梁塵秘抄伝集」を編述した。今様は神楽歌、催午楽（さいばら）、風俗歌と並んで、宮廷貴族の間で盛行し、遊女・傀儡子（くぐつ）の専門芸能としても普及した。庶民の感情を伝えるものであり、その具体的な歌詞は「梁塵秘抄」寂然の「唯心房集」などに集成され、「十訓抄」（じっきんしょう）「平家物語」などにも見られる。

㈢　庭園と能・接待用の空間

能にみられる幽玄の世界は、本来、庭そのものの中にあったし、後楽園の中にもふんだんに取り入れられているが、江戸時代に作られた大名庭園では、ひたすら自然美を技法によって追求し、そうした世界を作り出していった。一方向からの眺めでなく。作られた景観を周遊することによって、変わりゆく自然美を演出していったのである。そしてお茶を嗜む草庵を設け、能舞台を設置することにより自然との一体感が立体的に味わえるもてなしの空間を作り上げたのである。

大名庭園は、能舞台を設置し、また茶の湯を味わう草庵を創り出すことによって、従来庭に全てを託していた機能を一旦分離させて、その上で新たに庭において統合し、トータルとしての「幽玄」の世界で人々が一体感を得られるという風に進化した姿なのであろう。庭はこの時代になって自然美を素直に表現するゆとりが生まれたのではなかろうか。そしてある目的空間に到達し、一旦腰をおろすことによって、一層庭そのものの存在感が増したのではなかろうか。正に草庵ないし能舞台はもてなしの空間といえるのであろう。

　現在後楽園では、茶の湯を楽しむ茶室も能を観劇する能舞台もない。当然私がその当時たとえ生きていたとしても、そうした施設を利用できる立場でもなければ、招かれる立場でもない。ただ遠くで指をしゃぶってしょんぼりしているしかないのだ。幸いなるかな、私達は現在に生きており、昔の人は一部しか利用できなかった施設を自分たちのものとして堂々と使用できる立場にあるのだ。従って、これからは私達が主人公である。失われたものを、また、一部の人しか利用できなかったものを、今私達が新しく作り出していくことが、今を生きる私達の義務ではなかろうか。河原書院や能舞台を復元するというのではなく、新たに平成文化として作り出していくことが大事であると確信する。庭園という文化財は他の文化財と違った面があることを強調したい。そして文化庁も管理者もこうした主人公の国民の声に応えるべきであろうと思うものである。

（四）能舞台

能楽を演じるための専用舞台。現在、最古の能舞台は西本願寺能舞台・北舞台・能舞台。

る。

主な特色。

◆京間三間（約6ｍ）四方の板張り。

◆江戸時代には江戸城本丸の表舞台を基準とし、他の舞台は大名の格式などによって様式が定められる。

◆舞台とは別棟で鑑賞した。

◆四隅に柱が立っていて、屋根を支えている。

◆前・右・左の三方は開放。奥には松を描いた鏡板を備える。

◆正面前方に階段（キザハシ）がある。

◆能舞台の周りには白い小石が敷かれており、白州という。

◆右奥に切土口という出入り口がある。

◆右側面の柱の外側に地謡座がある。

◆左手から舞台に通じる橋掛かりがある。

◆橋掛かりの突き当たり、揚幕のおくにシテが準備するための鏡の間がある。

◆床下には足拍子の音を響かせるための瓶が置いてある。

能舞台と楽屋、見所（けんしょ）（見物席）を屋内に納めた能楽堂は、一八八一年（明治十四年）の東京都の芝紅葉山の芝能楽堂以来の形式である。ここ百年あまりの形式である。

（五）能面

能に用いる木彫の面をいう。その他、日本の演劇において仮面を付けるものに伎楽と舞楽がある。伎楽は、上代日本に渡来した仮面音楽劇である。三種類ばかりの楽器の伴奏により、無言で滑稽な仕草を演じた。その後、主に大寺院の保護のもと伝承されたが今日では伝わらず、伎楽面、装束、楽譜、楽器などが遺存するのみである。また、舞楽は日本の雅楽の一種で、唐楽または高麗楽にて舞う舞をいう。

能面は一般に伎楽面や　舞楽面と比べて小さい。鬼神・老人・男・女・霊に大別されるが、その他にも多くの面がある。室町から江戸初期に完成され数百種に及ぶが、常用は七〇～八〇種ほどである。女面、少年面、青年面は一部を除いていずれも白塗りの厚化粧、引き眉で、お歯黒を付けており、これらはいずれも能が成立した時代の習慣を残したものである。特に鬼面の一つである般若の面は有名である。「翁」の面は特徴的で他の面と異なり、目が全てくりぬいてある。、ぼうぼう眉で、綿や毛が植えてある。また面が口の部分で上下に切り離してあり、後ろのところで結んでいる。

現在能と言われている亡霊でなく現在進行形として演じられる形式の能の青年男性役は、能面を付けないで演じられる。しかし、役者が顔の表情を作って表現することは禁じられている。この能楽者の素顔を「直面（ひためん）」と呼ぶ

能面は檜を使って彫り、彩色して制作するが、この工程を「面を打つ」という。また、顔に付けるのを「面を掛ける」というこの場合「面」を「おもて」と呼ぶ。

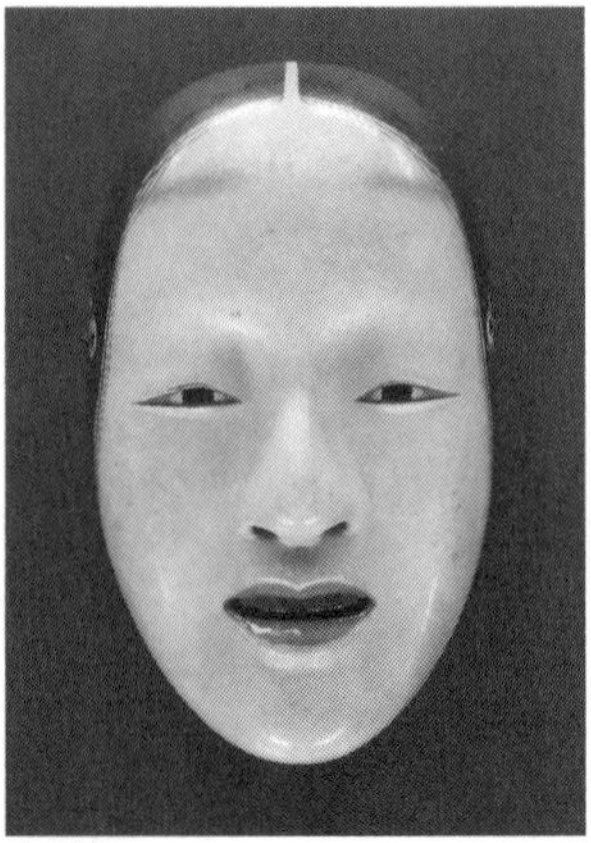
女面

翁

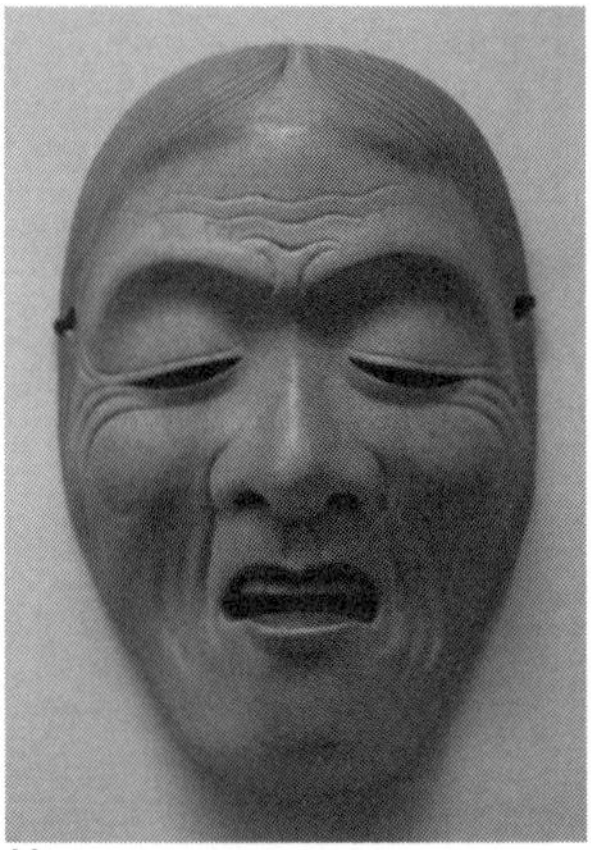
姥

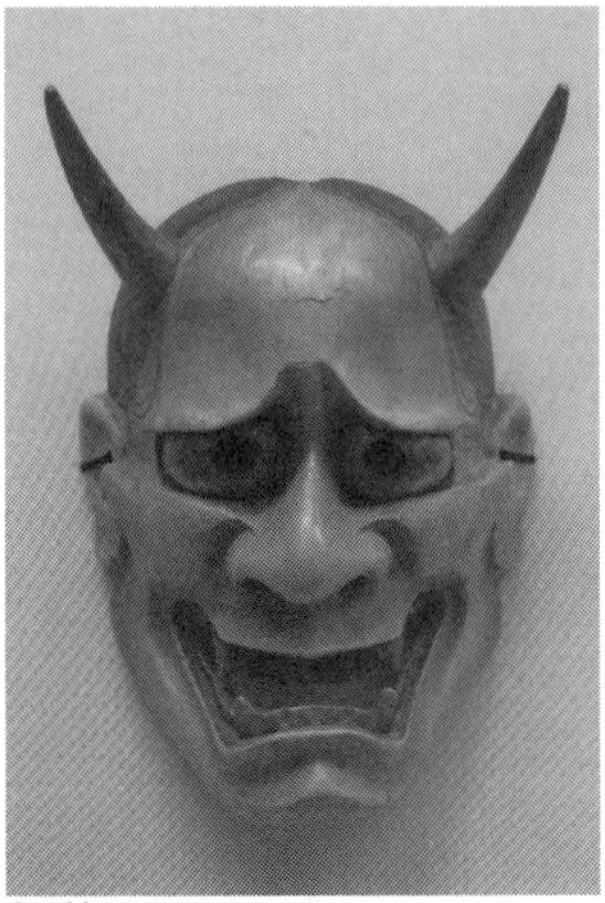
般若

第七章　小石川後楽園鑑賞

一、小石川後楽園の構成（日本庭園の構成要素）

小石川後楽園を通して日本庭園のうち、江戸初期に作られた大名庭園の庭を構成している植物（樹木・草花）、水、石、土、建造物（橋、建物）、囲いについて見ていくこととする。

（一）植物（梅・松・桜・楓・藤・菖蒲・ツツジ等）

日本庭園で、特に大名庭園で重きをなしているのが樹木を中心とした植栽である。植物は自然の代表であり、庭園にとって不可欠のものである。大名庭園の最大の特徴は人間が手を加えつついかに自然を再現するかである。従って自然を構成する植物無くしての庭園はあり得ない。

植栽に当たっては、まず、敷地の形状や遠景を考慮して、景観上中心となる池の位置や築山の位置を決め、水源からの流水路、排水路等基本的な地割りを行い、用をなす施設や護岸を要する箇所を明確にし、園路を想定する。その上で景をなす箇所を定める。まず、池泉まわりの植栽を決める。そのうち一本から三本ほどメインとなる樹木を決め、水面に映える景観を作る。景の対象を樹木だけでなく石組みとするか、はたまた建造物かを検討する。その上で庭園全体の植栽計画をたてていく。植栽の基本は調和ある配植である。調和よく配植するということは、異なる素材をバランスよく、且つ見栄え良く配植することである。植物には樹木と草花とがあり、また、樹木でも高木・中木・低木がある。更に、常緑、落葉、針葉、広葉樹といった樹木の生態上の区分、あるいは季節に応じて咲く木花や、花の彩り等それぞれに異なる樹木がある。それらをうまく組み合わせて、年間を通してそれぞれの季節感を出しつつも、全体として統一ある景観を維持するような意味での調和である。そして個々の樹木の形態も自然らしさが求められる。

一本の樹木で景をなす場合においては、その一本が盆栽的な姿に手入れされたものが好まれる。単に手を加えるというのではなく、手を加えて自然に近づいた姿にするという意味である。唐崎の松は光圀がこよなく愛していたといわれる。当然、当初のものではないが、絶えず手を加えつつ当時を忍ばす松となっている。冬には雪吊りによってひと味違った景観を見せる。

一方、私達庭園の鑑賞者は樹木等に対して、ただ、樹木の形態上の造形美だけを求めているだけでなく、樹木が持つ内在的生命力を、四季折々の変化と、年々成長していくその変化と成長の姿に生き物である人間として共感し、その姿に美を感じる日本的感性を持ち合わせている。そして永遠の生命と限りある人間の生命とに想いをはせ、一時を過ごす楽しみ方がある。

植栽はその植栽対象地区が庭園内においてどのような位置にあり、その空間をどのような景観にするかのイメージを造り、イメージにあった植栽を施していくことが庭造りの基本となる。

例えば、高木や古木には神が宿り、あるいは降臨するといわれ昔から崇められてきたものである。そうした崇める空間としたい場所・空間には高木を植えるといった植栽上の考慮が必要なのだ。また、風水上の決まりからどのような樹木を配植したら良いかといったことも庭園にとって重要な意味を持つ。

そのほか、茶室の前の植栽、滝の石組みの前にある「飛泉障りの木」、あるいは、灯籠の手前の「灯障りの木」、橋際の左右に植える「橋本の木」、さらに垣根の最後のところにアクセントとして植えられる「垣留めの木」、門構えの一つとしての「門冠り」など「役木」というものがある。これらは庭園空間に占める景観作りにそれなりに機能する重要な植栽技術なのである。

後楽園内の植栽の種類は他の庭園と比べその種類が非常に少ないのが特徴の一つといわれている。草本類が百本以下。木本類は八十種類を超えていないという。七ヘクタールの広さがありながら少なすぎるということである。花らしい草花はリンドウ、キキョウ、フッキソウ、等を加えても十種類ぐらい、花の咲く木も梅や桜の種類はあるが、それにしてもボタン、ムクゲ、ザクロ、キブシなどを含めても十種類ほどしかないという。

理由としていわれていることは、後楽園は中国の景色を再現し、儒教思想を色濃く反映させた庭園ということで、花物の導入を故意に避けたのではないかというものであるが、私としてはこの説には賛同しかねる。というのは、この庭園は元々低湿地帯であり、限られた植物しかなかったであろうし、その自然を生かしながら作った庭でなのである。平坦地に池を掘り、築山を築き、後から色々な植物を植えていった庭園とは基本的に異なる。また、この地を選んだのは初代の頼房であって、茶趣味を優先させてこの庭を造り出したのであって、茶道の考え方が優先して園芸草花を多くしなかったという方が妥当な気がする。頼房は当初から儒学思想を取り込んだ庭園を光圀に託したわけでなく、頼房は日本庭園を忠実に且つ勇壮に、新しいこれからの時代に相応しい庭園をそれなりに完成させたと私は考えている。光圀は、頼房亡き後、四、五年はそのまま保全に努めていたが、徐々に自分の気持ちや儒学思想が強くなるにつれて、そして、朱舜水との出会いによって庭づくりに目覚め、基本的には頼房の作った庭の地割りや草木を一本も動かすことなく空いている土地に幾つかの中国風の景観を調和よく配置することによって、独特の後楽園となったもので、儒学思想によって植栽をより少なくしたという説には納得できない。

ただ、後楽園の樹種は少ないが樹木の密度が高いのは特徴の一つに加えられる。また、四季折々の花が連続して植えられていることも特に記しておく必要があるようだ。東京都公園協会のしおり、「小石後楽園」で小石川後楽園花ごよみが一覧表にまとめられているのでそれを掲載させていただく。

後楽園での植栽の見所

①棕櫚　②楓・いろは紅葉　③枝垂れ桜　④梅林　⑤唐崎の松　⑥松原の赤松　⑦サルスベリ

⑧オカメザサ、ツツジ　⑨藤棚の藤　⑩杜若田の杜若　⑪蓮池のハス　⑫ハナショウブ、スイセン

⑬稲田の稲

四月	五月	六月	七月	八月
ソメイヨシノ	カキツバタ	ハナショウブ	オニユリ	ハス
八重桜（ウコン）	シャガ	テッポウユリ	サクユリ	田んぼのイネ
ヤマブキ	スイレン	コクチナシ	ヤブミョウガ	タカサゴユリ
フジ	ツツジ	ガクアジサイ	ムクゲ	ナツスイセン
イカリソウ	シャクナゲ	キンシバイ	キキョウ	サルスベリ

十月	十一月	十二月	一月	二月
ヒイラギモクセイ	フユザクラ	モミジ（紅葉）	ロウバイ	ウメ
ホトトギス	ハゼノキ（紅葉）	サザンカ	シンロウバイ	フクジュソウ
シュウメイギク	ツワブキ	クチナシ（実）	冬ボタン	ボケ
キンモクセイ	ムラサキシキブ（実）	カンツバキ	ホンスイセン	ジンチョウゲ
カントウヨメナ	ヤブコウジ	マンリョウ（実）	ヤブツバキ	マンサク

（二）水（源水・流路・池泉）・瀑布（滝）・島

日本庭園で、且つ、大名庭園になくてはならないものは水をたたえた池である。泉水回遊式庭園の主役である。水は人間の生活に不可欠のもので、水を飲まなければ一日たりとも生きてゆけないのである。昔から水神として崇めてきた。先にもふれたように弥生時代には、居住区内に貯水池をつくっていた。掘った土を築山としていくのも当然の成り行きといえよう。そして山が崩れ出さないよう岩や石を配したであろう。こうした建物以外の人工の工作物を眺めている内に、自然の風景を再現したくなる欲求が芽生えたとしても不思議ではあるまい。ゆとりを持つことが出来るようになった平安貴族達が、広大な敷地の中に近くの河川や涌き水から水を引いてきて居住場所の前の土地に大きな池を掘り、築山を作り、独占して庭にして楽しむ。これは特権であり、権威の象徴でもあったであろう。昔は一族の象徴的役割を持った貯水池を、自己の楽しみのために独占するのだからこれほど痛快なことはない。水は飲料水であるとともに煮炊きに必要であり、また体を清めるにも必要なものであった。あるいは鏡としても利用されたし、舟を浮かべて楽しむことも出来る。あるいは魚を飼い、それを釣って楽しむことも出来る優れものである。植物の生育にも水は必要とされる。水は清く透きとおっており、池底まできれいに眺められる。水は高いところより低いところに流れる。水は器によって自由に変わる。こうした水を眺めていると心が静まり何故か落ち着く。水の不思議な力と便利な性格は庭園づくりにとって不可欠な素材となった。

後楽園も例外なく大泉水を中央に置き、中島を浮かべた。水源は神田上水である。正に飲料水である。これはなんとすばらしいことであろう。前述したように一族の象徴的な貯水池を正に独占したようなものである。江戸庶民の貯水池を自分のための池としたのだ。特筆すべきことである。神田上水を引き込んだと書けばそれまでであるが、少し見方を変えれば正に副将軍家に相応しい庭であるといえよう

水は、透きとおっており清らかな流れである。神田上水はこの庭を通って屋敷内に入る。そしてここを通過して、神田川を筧で渡し、南側の日本橋や神田方面に流し、上水として利用された。庭では北側の西から東に流れていった。その北西部から大泉水に水を引き、U字型に北東部に流れを戻した。現在の大泉水は東側の四分の一ほどが失われ、神田上水じたいが廃止されているため地下水をくみ上げて使用している。また北西部では、この水を水車小屋で小廬山の上にあげ、音羽の滝で落とし大堰川に流していた。これも現在では失われている。

大泉水の中に中島を置く。これは私は思うに「画竜点睛」なのだ。池に中島を置くことで景観としてしまりが出来る。確かに歴史的には不老長寿を願い蓬莱島を置くことが一般化している。そのような知識がなくとも島を配置することによって見るものに安定感をもたらせ、心を静めることが出来るのだ。ただ水たまりのだだ広いだけではそれこそ単なる貯水池でしかないのだ。しまりが悪い。そこで島を配置し、その上で名称をつける。そして名称に相応しい施設をその島の上に配する。この方が自然であろう。蓬莱島と名付ければ泉水は当然海を想定したことになるし、竹生島を想定したならばこれは琵琶湖ということになる。海であろうと、琵琶湖であろうと神の依代（よりしろ）に代わりが

ないのだ。

従って後楽園の大泉水は、ある時は大海原としての海を表現しているし、また、竹生島を配したり、唐崎の松を池端に植えて、琵琶湖と見立てたりしているのである。

中島についても蓬莱等島と同時に亀島とも呼んでもいる。現在徳大寺石と呼ばれている巨石のある小島は、後ろの大きな島の前に独立しているが、全体が亀の形としており、前方の小さな徳大寺石のある島は亀頭島とも呼ばれ、後部の大島は亀の胴体部分である。両島を大きな石の橋で一体化している。

このように各景観の名称については観賞者が、どこの風景に似ているから何々と名付けた方がピンと来るというのであれば自由に名付ければよい。管理上共通の名称があればさらにわかりやすいであろう。いずれにせよ、この大泉水は、唐門をくぐって延段があり、これを木曽路というなら、この大泉水は当然位置的に見ても琵琶湖を意識的に取り入れたのであろう。中島も従って竹生島と見立てるのが作庭者の意図するところであったかも知れない。

紅葉林からの眺めは、大パノラマとしての横に広がる大海原の景観であると当初思っていたが、そうであるとすると紅葉林あたりは白砂を引き詰めた浜辺を演出すべきであったが、ここは確かに湖を思い起こす景になっている。

神田上水からの大泉水までの引き水としては、現在の白糸の滝当たりがそれに当たるのであろうか。それとも、もうすこし東側で大黒山を廻り込んで引き入れていたのであろう。いずれにせよ、作庭当時はこの白糸の滝は無く、神田上水を直接この方面から引き入れたのであろう。しかし、現在では、神田上水は無く井戸水が頼りである。

流路としては先の西から東に流れる神田上水跡がある。北西側にある円月橋の下を東側にくねりながら流れる。途中、杜若田と稲田の間を流れていく。季節に応じてこの両田に水を導入する。

園の南側には、唐門をくぐってすぐ左側には木曽川が流れており、内庭からの水が寝覚めの滝となってこの木曽川に流れ落ちる。またこの木曽谷には大泉水の排水溝として、棕櫚山の下を暗渠にして流しているとのことである。紅葉林の西側に竜田川に流れる幣橋（ぬさばし）の架かっている水路がある。大泉水の西側には蓮池がある。大泉水と一体である。蓮の葉で覆われている。大泉水と蓮池の間に橋が架かっている。

一方この大泉水とは別に西側に西湖という池がある。渡月橋の北側は大堰川で南側が西湖である。景観的には大泉水とは全く別のものである。また、作庭当時にはあったといわれる北東部分には河原書院があって、その周りにも清い水を満々にたたえた池があったそうであるが、今はない。

後楽園での水景の見所

原水　①神田上水跡　②地下水汲み上げ（現在）

流路　①神田上水跡　②木曽川　③竜田川　④駐歩泉　⑤大堰川

泉水　①大泉水　②蓮池　③西湖

瀑布（滝）①寝覚の滝　②音羽の滝（跡）③白糸の滝

中島　　①蓬萊島（亀島・亀頭島）、竹生島

（三）石（巨石・枯山水・石組み・屏風岩・亀石・鶴石・舟石・敷石・飛び石・石垣・石灯籠・手水鉢・陰石・陽石・白砂・砂利石等）

石は水とは全く対照的な特性を持つ物質である。堅くて不動である。永遠性を感じさせる。大きな岩（巨石）や、形の良い自然石は、太古より神が宿るものとして崇められてきた。一般に岩と石とはさほど意識的に区別していないが、念のため辞書でみてみた。「石」は「岩石・鉱石・石材などの総称、鉱物質の塊、岩より小さく砂・礫より大きいもの」とある。「岩」は「巖、磐とも書く。地殻を構成する堅い物質。石の大きいもの。」となっている。従って石と岩の違いは同じ堅い物質であるが一つの目安は大きいものを岩といい小さいものは石という。もう一つの区別は自然界で一つの塊（個体）として存在しているもの、あるいは、運び出されたものを岩と言い、運び出されて何かに利用される小さな物は石材としての石、あるいは鉱（石）山から切り出されてきた鉱物質を石という。しかし石はそれら全ての総称であるので、それほどのこだわりは必要なさそうである。「用」と「景」との関係で見ると、水や植栽はほとんどが「景」（当然「用」も含まれるが）であるが石は「用」と「景」が半々に活用されている。即ち、石の持つ形のおもしろさと、石の特性である堅くて重い性格が「景」

と「用」をもたらせるのだ。

ただ、西洋庭園と日本庭園で石の使い方の違いをみると日本の場合、自然石をそのまま利用していることがほとんどであるが、西洋では、石に人工的加工を施しているものが多い。これは日本の長い歴史の中で、遠景の山々と近景の苔むした岩とが非常に見応えある景観を作り出していることに気がついていたからであろうと思う。正に岩は山を連想させる。動かざること山のごとしである。日本庭園の特色は自然の再現である。広い敷地とはいえ、限りある空間の中に自然の美をいかによく再現できるかが庭造りの楽しみなのだ。それと日本人の感性のすばらしさは、ある形があると、そこからあらゆることを連想できるという能力を持っていることだ。あるいは例えることが出来るのだ。阿弥陀如来をきちんと像として、彫像しなくても、石を三つ組み合わせて中の高い石を阿弥陀如来と例えられるのである。これは、古来から岩や石に神が宿るとの信仰があったことにもよるが、そうした心が自然石を多用してきた理由であろう。

「景」では石組みである。「三尊石組み」が代表的である。その基本形を元に、「枯山水」の主役となっている。これは岩や石、玉石・礫・砂利などをフルに活用している。日本独自の自然再現の技法と言えよう。あるいは荒磯に見立て、松などを手前に配置する。その他、滝を作るときの滝組として使用したり、白砂を敷いて浜辺を演出する。陰・陽石も自然石を置いた。加工物としては石灯籠、手水鉢などがある。

「用」としては、石垣であり、護岸、石橋、飛び石そして敷石・延段・石碑などに利用した。当然これらも「景」としての機能を持たせている。
後楽園の作庭にあたっては、この地にあった石や岩も当然活用したであろうが、多くは将軍家光の協力の下、伊豆の「御石山」から奇石・大石を取り寄せ、ふんだんに配置したという。唐門をくぐり、現在延段となっている木曽路は奇岩巨石が多く、琉球山にも大きな岩や石が配置されていたという。また、泉水まわりも護岸石組みが施され、荒磯風の岩組の出島もあったようであるが、享保の変革時に取り払われたり石積みに改められたという。この辺の事情については後ほど詳しくふれる。結果的に災害や人工的出来事により、不動の石や岩が倒壊したり取り壊されたりして、作庭当初からはかなり変貌していることは事実のようである。

後楽園での石の見所

「景」石組み　①大泉水の中島である亀頭石（徳大寺石）②中島の東側の石浜　③竹生島
④陰・陽石　⑤枯山水　⑥屏風岩　⑥大堰川の浮き石
⑦清水舞台の崖の部分の石組み　⑧西湖堤
滝組石　①寝覚めの滝　②音羽の滝　③白糸の滝
石灯籠　①涵徳亭東庭の桃山型石灯籠　②異形灯籠　③円周好みの石灯籠
④桜門方の石灯籠
水鉢　①水掘れ石　②涵徳亭東庭の水鉢石　③立て水鉢

石段　①愛宕坂　②船着

「用」石碑　①駐歩泉・歌碑　②瘞鶴碑（へいようひ）　③藤田東湖の記念碑　④陸軍造兵東京工廠記念碑

大泉水護岸①間知石・石積み（当初は石組み）

石垣　①庭園囲いの一部

敷石　①木曽路延段　②得人堂前敷石

沢渡り石　①大堰川の沢渡り石　②白糸の滝の前の沢渡り石

飛び石　①白糸の滝の前の沢渡り石を渡ってから松原に向かう池の端に巡らされている石

（四）土（築山・築地塀・土橋・広場・植栽場・園路等）

日本列島は全体的に岩盤の上に厚い土の層があり、その上に植物が群生している地域が多い。中には全山石灰石で表面のみ土質で植物で覆われている山々もある。関東地方は富士山の大爆発による関東ローム層の赤土が多い。下町は日本列島誕生以来低湿地地帯で沖積層によってなっている。

いずれにせよ、関東地区内の江戸地は、武蔵野台地が低地に食い込んで大きなうねりとなっていた。神田山があり、西側は茗荷谷、四谷、市ヶ谷等、谷が多く見られる。小石川という川も流れており、後楽園の辺りは小石川沼となっていた。既に高低差のあった土地を活かしての庭園づくりであった。

それでも土を掘ったり埋めたりの土木作業はかなりあったであろう。土を掘って池とし、掘った土で築山にするのが一般の造園である。後楽園の場合自然地形を活かしているとのことであるから、どの程度の土木作業があったかは不明であるが、全てが現在のような形であったはずはないので、かなりの大工事であったはずである。

土が主役の造形物はなんと言っても築山である。後楽園での築山の代表格はなんといっても現在小廬山といわれているものであろう。オカメザサで覆われている山を現在はそう呼んでいるが、富士山と見立てた方がわかりやすい。事実、小廬山と命名したのは林羅山であり、その場所は音羽の滝周辺の山を指していたので、その辺も含めて後楽園にとっては大事な山である。

築地塀なども土が主役である。但し、作庭当時この庭を築地塀で囲っていたとは思われないし、そして現在の囲いはコンクリートであるから、ここでは築地塀は関係なさそうである。

植栽地は全て土である。また園路や広場も土であるが、延段のように石で敷いている箇所もある。一般的には砂利を引いており、斜面は、丸太を横材にして踏み台は土を固めて使用している。広場も砂利敷が多い。

後楽園での土（築山）の見所

①内庭南側の築山　②棕櫚山　③白雲峰　④櫻の馬場堤　⑤小廬山（富士山）　⑦琉球山

⑧愛宕山　⑨大黒山

（五）橋（石橋・木橋・板橋・竹橋・土橋・反り橋・太鼓橋・平橋等）

日本庭園にとって池や水路は不可欠のものであり、その付属物である橋も欠かすことの出来ないものである。橋は、「用」と「景」の両者を備えた典型といえよう。

水路や谷を越えるものであり、池を横断するものである。同時に橋は景観を構成する。一般に泉水に中島を作り、橋を渡し、一つの「景」を作るわけであるが、中島は蓬萊島であり、神島であったりして神の宿る島である。その神のいる島とを結ぶ橋は神の地上への通路でもある。これは結界の表現でもある。神の居場所と人間界との橋渡しである。あっちとこっちを結びつけるものであり、一体化を図るものでもある。

橋は色々な種類がある。材料や構造、位置、形によってそれぞれ名称がある。材料はまず、木（板）であり次いで石である。後楽園にはないが、竹であったりすることもある。土橋は、構造体は石であったり木造であったりで、その上に土を固めて敷いているもので、表面仕上げ上のことである。

石橋についても自然石をそのまま橋に利用しているものや、切石を加工して何枚かをつないでいる橋から、定型の四角錐の石にし、アーチ状に組み立てた橋などがある。木橋も反り橋や太鼓橋、そして一般的な平橋があり、欄干の付いている橋、無い橋、屋根付きの橋、あるいは朱塗りの橋等色々ある。また最も簡単な構造でいて、今にも崩れそうなはかなささえ感ずる橋で、絵になる八ツ橋がある。その「景」にとってどのような橋が最もよく調和するかであろう。橋は、景観として見られる物であると同時にその上から周りの「景」を眺める見晴台の役目もある。しかし、現在通行禁止の橋もある。

入園者が多くなると構造的に耐えられない場合があり、管理上やむを得ないことであろう。後楽園が作庭されたときには、大泉水の中央部に紅葉林から松原に、木造の大きな橋が架けられていたが、四代水戸藩主の時代の享保の変革時に廃されたまま今日まで再建されていない。

後楽園には結構多くの種類の橋が架けられているが、吊り橋だけはない。特筆すべき物ものとして西湖堤がある。中国の浙江省杭州市の西部にある西湖堤を表したものである。この堤は橋とは違い池を分断するものである。池の中央に池の底から幅六十センチぐらいの土手を築き、両側を石積みにしたものである。一部に水門のようなものが作られており、池全体の水の表面を同一に保っている。これも新しい橋の一つとして受け入れられたのであろうが、曲線で出来ている泉水に、直線で区切る姿は私にはあまり受け入れられないものであった。池が広い場合、自然の湖でそこに人工的な一直線の工作物は一つの「景」をもたらすであろうが、小さな池を直線で区切る「景」はどうしても受け付けないのである。これが橋であれば全く違う「景」になると思われるのに何故この「景」が多くの作庭者に受け入れられたか不思議でならない。新しい物にすぐ飛びつく日本人の一面をここに感じるのは私だけであろうか。大名庭園で後楽園が始めて取り入れたもので、以後大名庭園でしばしこの堤が手本となったようである。

後楽園での橋の見所

①内庭の中島に架かる橋（東橋・西橋）　②内庭の泉水から寝覚めの滝に落ちるまでの水路に架か

る自然石の石橋　③竜田川に架かる幣橋　大泉水と蓮池の境に架かる木橋　⑤渡月橋　⑥大泉水の中の亀島と胴体島とを結ぶ自然石の橋　⑦通天橋　⑧円月橋　⑨八ツ橋　⑩神田上水に架かる自然石の橋

(六)建物(茶屋・酒屋・茶室・舞台・堂・能舞台・四阿・展望台等)

日本に庭園が築かれ出した当初は、庭は神の居場所であるとか、不老不死を願っての祈りの空間であることをモチーフとして自然再現を目指した人工的工作物であった。あるいは祈りの前の心を静める場でもあったであろう。庭を造る時代や施主によって、あるいは敷地の広さに応じて、庭に託する想いは変わっていった。そしてそれらの庭で編み出された手法が園芸技法として受け継がれてきた。そして江戸時代に入って平和な時代になると、庭園の作庭の主人公は大名となり、従来の貴族や、僧侶が作り出してきた庭とは違った意味合いとなり、新しい庭を造り出していったのである。そして技法は、従来から積み上げてきた作庭技術の集大成であり、総合芸術として花開いたのである。これが大名庭園である。大きく変わっている所は、従来の庭園は全て建物との関係で一体的に作られてきたが、大名庭園は、書院の間から眺める物でなく、歩いて移動しながら楽しむもので、建物の付属物ではなく独立した造形物となり、その庭園の中で景観として必要な建物を配置していったのである。

江戸に生活する大名は、一年交替で江戸で暮らさなければならず、国元の行政を司ると同時に、大名同士の親睦の場、交流の場、情報交換の場、あるいは将軍を招いての感謝・歓迎の会を営む空間が必要となった。その空間を屋敷内だけでなく、屋外にその場を委ねた。広大な敷地を幕府より下賜された大名達は、屋敷以外の広大な土地に、屋敷とは別に広大な庭を築くことを思いたった。京都とは異なり、広い敷地が与えられたのである。勿論石高によって下賜される敷地の面積は異なるが、敷地は旗本でも結構広い敷地が与えられた。特に明暦の大火後には、空閑地を多くするために、屋敷だけでなく空閑地を拡張して庭造りが奨励されたのであろう。

いずれにせよ、もてなしの空間を生み出したのである。これが回遊式の庭園であったのだ。部屋の中からの定点で一方向から鑑賞する書院造りの庭ではさほどの空間は必要としないが、何万坪の庭を造るとなると、どうしてもいくつもの自然景観を配置する必要があり、これらの景観は歩いて鑑賞するという移動式鑑賞方を考え出した。当然歩き放しというわけにもいかず休憩所とか茶屋、展望台などの小屋を設けると共に、景観としての建造物が一層自然を浮き立たせることが分かり、見栄えの良い建物を配置するようになっていった。そして一定の形態がデザインされるとなると、何の目的の建物にするかが考えられ、そこで従来からの信仰の対象であった色々な神や仏あるいは七福神、賢人を祀る堂などが景観とよく解け合うことが分かってきた。そして最後に目的であるもてなしの室内空間を作り出したのである。それが茶室であったり、能舞台であった。そのほか歌会や、舞踏会、酒宴会も開催される空間である。

後楽園では河原書院が正にそれである。茶事では、懐石料理も振るまった。料理場も必要であり、ある時は酒宴も催されたであろう。こうして建物は「景」であり「用」であったわけである。勿論先に述べたのとは逆に、これこれの目的を持った建物をどこに配したら最も効果的かを考えて配置していくことも多い。後楽園では八卦堂とか徳仁堂などがそれであろう。後楽園には建造物は当初二十九点あったが、現存しているのは五点のみとなっている（涵徳亭、徳仁堂、丸屋、九八屋、弁才天祠）。もう一つ後楽園の特色は、大泉水周りの視界に飛び込んでくる建造物は一つも無いのがそれである。作庭当時は長橋ただ一つであった。これは特質すべきことである。紅葉林からのパノラマ展望が圧巻なのもあるいはこうした演出が功をそうしているのかも知れない。

後楽園での建物の見所（現存する物と失われていて現在わかっている建造物）

①内庭の東小亭（東祠堂）②唐門（跡）③西行堂（跡）④ビードロ茶屋（現・涵徳亭）⑤清水舞台跡（観音堂）⑥八卦堂跡（文祥堂）⑥徳仁堂 ⑦丸屋 ⑧大黒堂 ⑨福禄寿堂 ⑩稲荷社 ⑪河原書院（後建て替えられて琴画亭）⑫御能舞台 ⑬弁天祠 ⑭九八屋 ⑮偕楽亭

（七）囲い・仕切り、塀（築地塀・木塀・竹塀等）・柵・垣（生け垣・石垣）

現在、後楽園の庭園周辺は築地塀で囲われている。これについては別にふれる。後楽園にはそのほかの囲い（仕切り）にあたる物は意外と少ない。現在の西門の入ってすぐ左の（北側）には竹垣の一つである建仁寺垣があるが、恐らく作庭当時はなかったであろう。また受付を通って庭園内に入る境に小さな板扉の両袖に四つ目垣が見られる。これも西門が出入り口となってからのもので、庭園の景観の要素にはなっていない。園内に入ってすぐ広場になっており、芝生がある。その周りを囲っているのが竹を細く割いて使用した「ななこ垣」がある。立ち入り禁止のサインのようなものである。これは芝生とよくマッチして「景」をなしている。

そのほかには、唐門から入ってすぐの木曽谷に沿って木杭の柵がある。これも作庭当時あったかどうかは疑問である。景を生み出しているとは思えない。こうしてみてくると、後楽園では意外と庭園の「景」を演出する垣根のたぐいが少ないことに気づく。桂離宮ではこの垣根等が多く使われ、後楽園庭園とは全く趣を異にした庭園になっている。確かに、視界を一時遮断して、次の景観を導き、一気に新しい景観が目に飛び込んでくる演出も面白いが、そうした仕掛けもなしにいつの間にか次の景観に移っているという後楽園の特色の一つかもしれない。これは後楽園が高低差があり、樹木の密度が高いことにより、自然地形なり樹木が垣根の役割を担っているからであろう。

しかし、忘れてはならない物がある。それは今は焼失してしまい無いが、唐門と両側の仕切り塀である。これが後楽園の唯一の仕切りであり、その演出効果が最高の物である。この再建を一日も早く行うことを心から願うものである。

二、後楽園巡り（鑑賞）・景観雑感

後楽園を巡るとき、単にその景観の作庭の意図や感想だけでなく、その景観に名付けられている原風景についても触れてみたいと考えている。そして出来るだけこの庭がつくられた当時の状況や、何故そうした景観をこの庭に取り入れようとしたのかに疑問を持ち、そして自分なりに答えていきたいと考えている。もう一つ大事なのは、後楽園を語る時、どうしても欠かせない図書がある。古文書で最も大事な参考図書は、『後楽紀事』であることを認識し、その解説を一つの大きな拠り所とした。

以降、庭巡りをしてみよう。自分の知り得た範囲での知識をまとめ、かつ、自分勝手に感じたことを述べさせていただく。まさに後楽園を楽しませていただくのだ。私は学者ではないので、古文書を全て目を通したわけでなく、学者等が、それら古文書を読み下し、私たちに広めてくれたそうした知識をよりどころに、自分は自分なりにどう解釈し、どう感動したかを書き留めてみた。また、後楽園は時代と共に変遷してきたので、手に入った範囲の図面を予め掲載しておく。

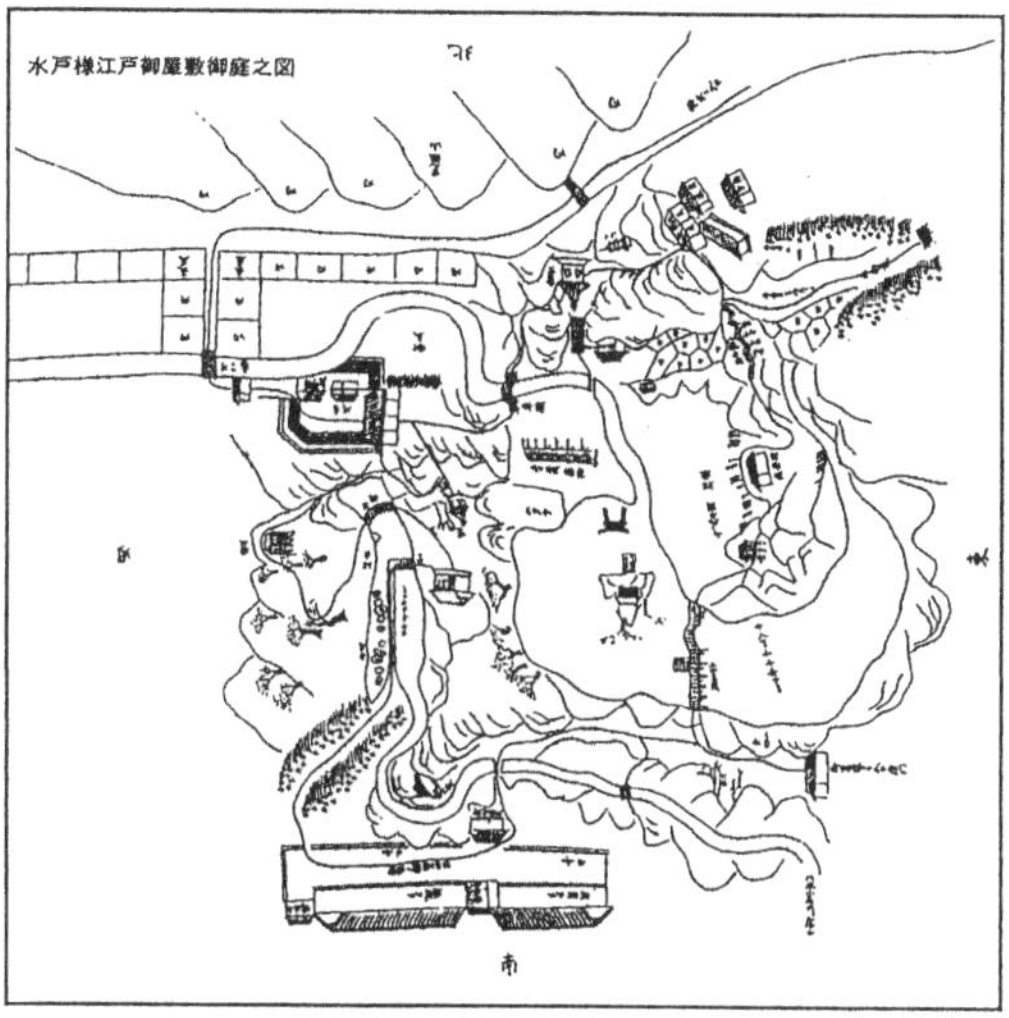

三代藩主・綱條の時代（1690-1718）

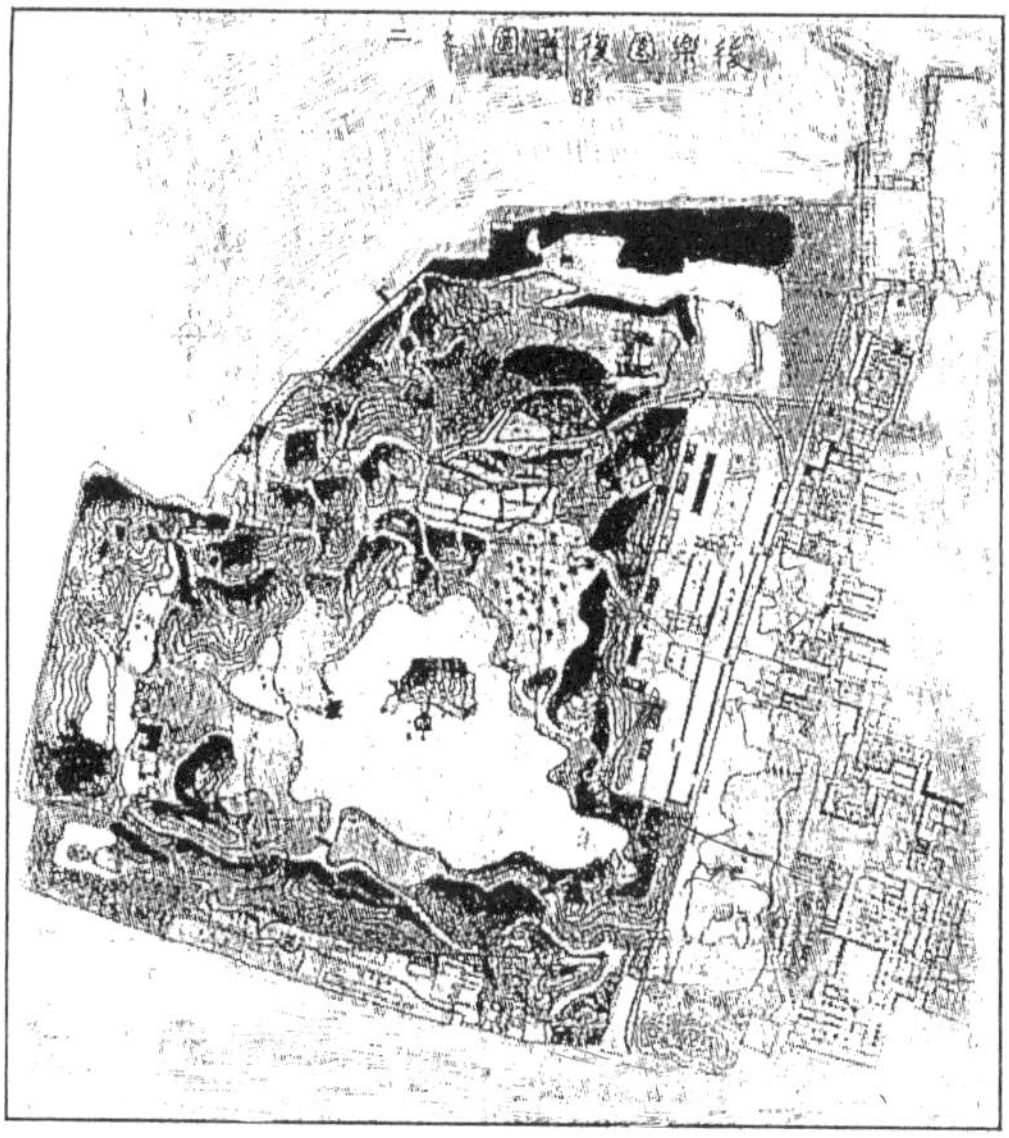

宝永年間

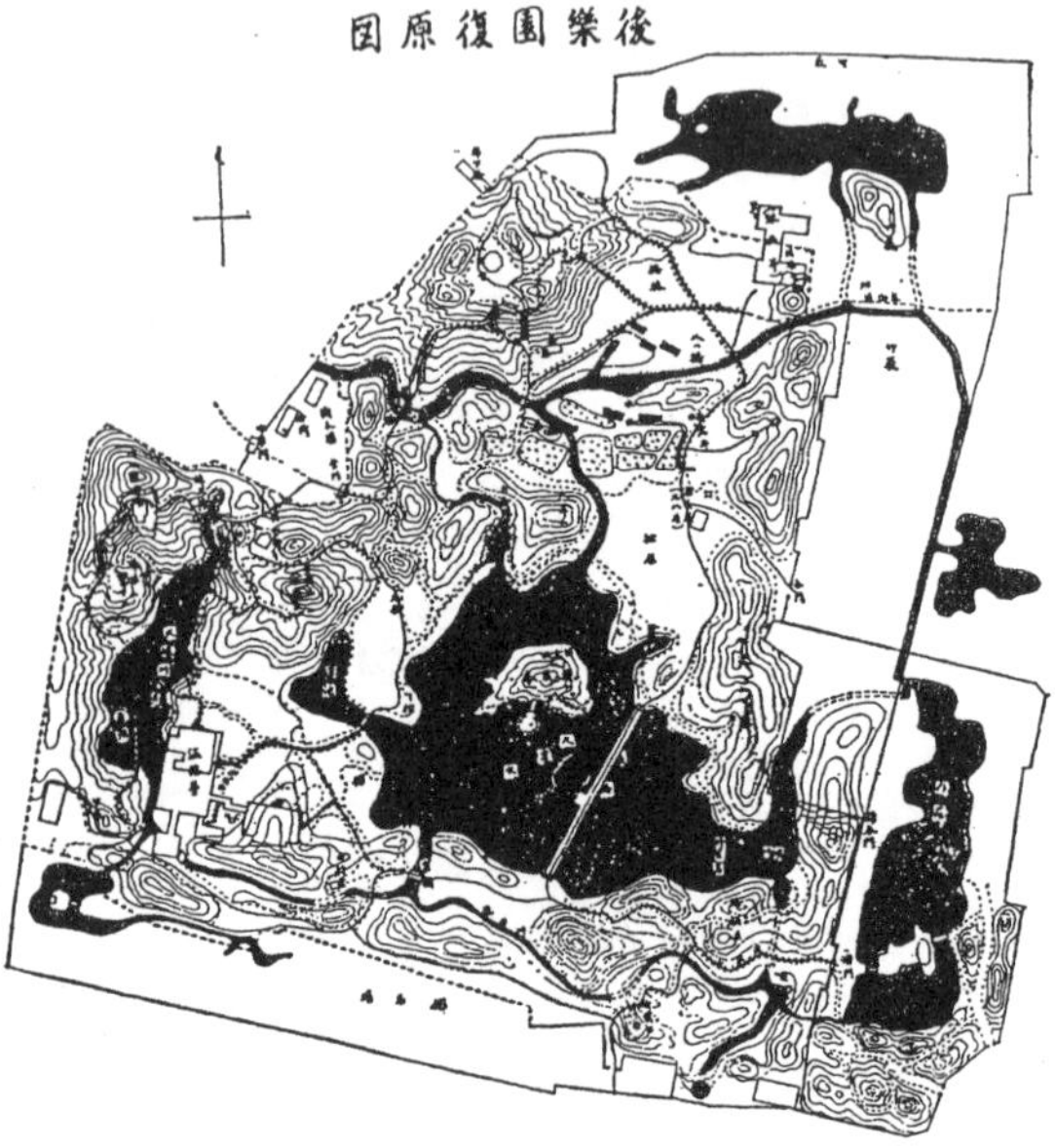

後楽園復元図

九代藩主・斉昭時代

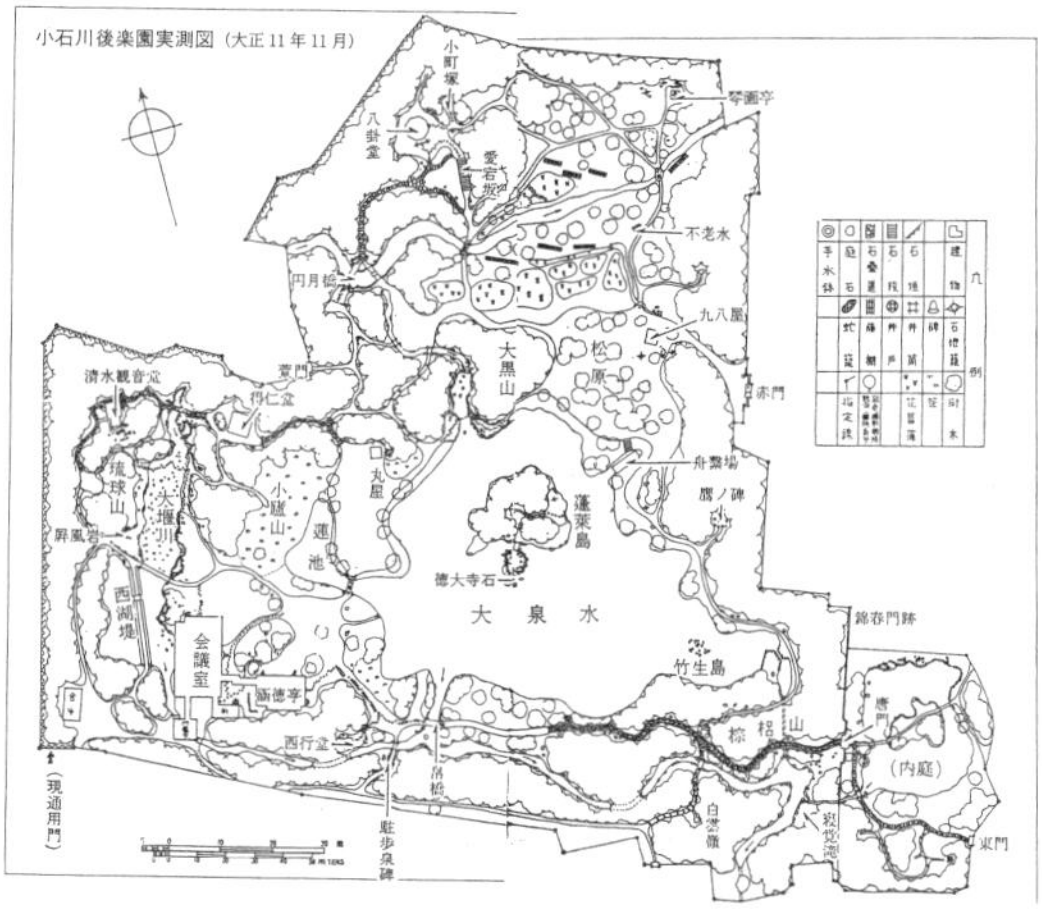

小石川後楽園実測図　大正 11 年 11 月

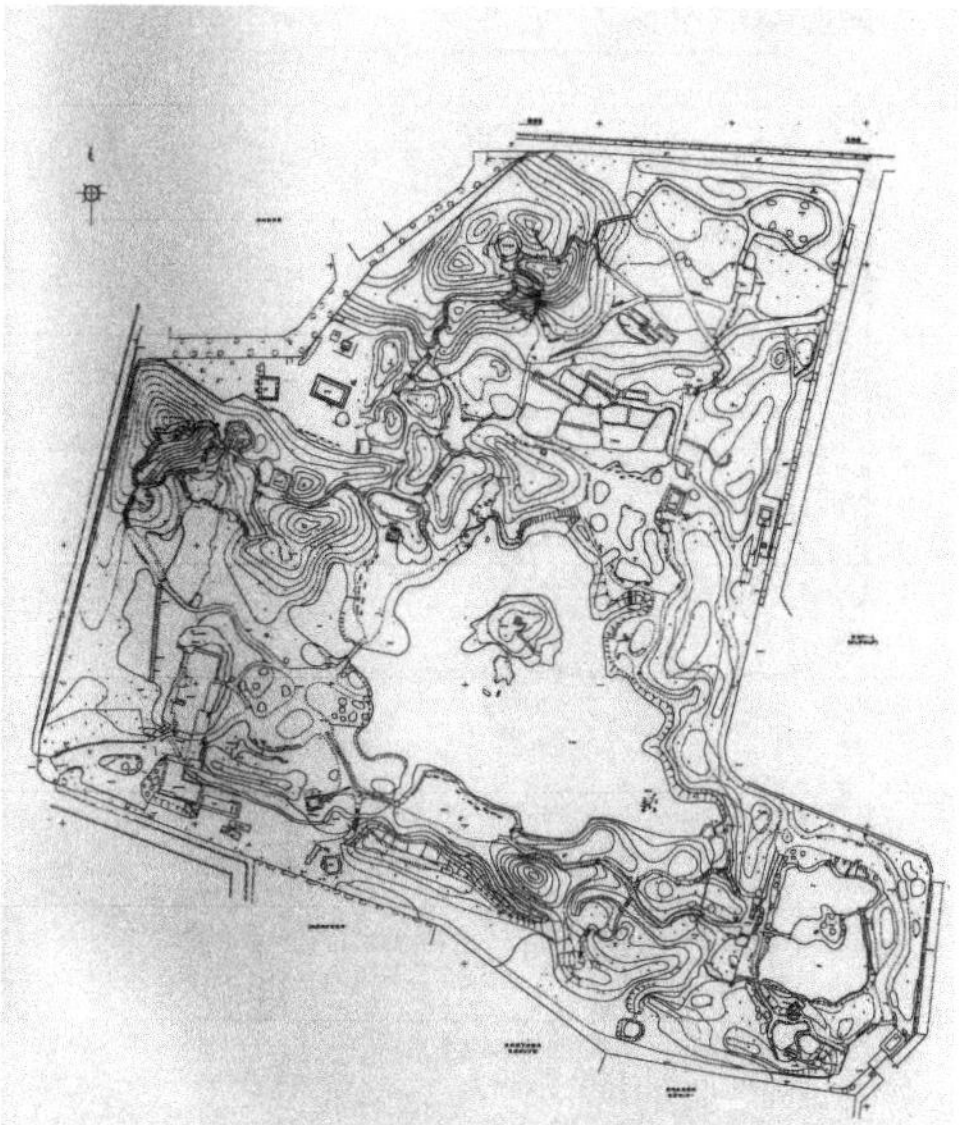

現在の後楽園　東京都公園協会

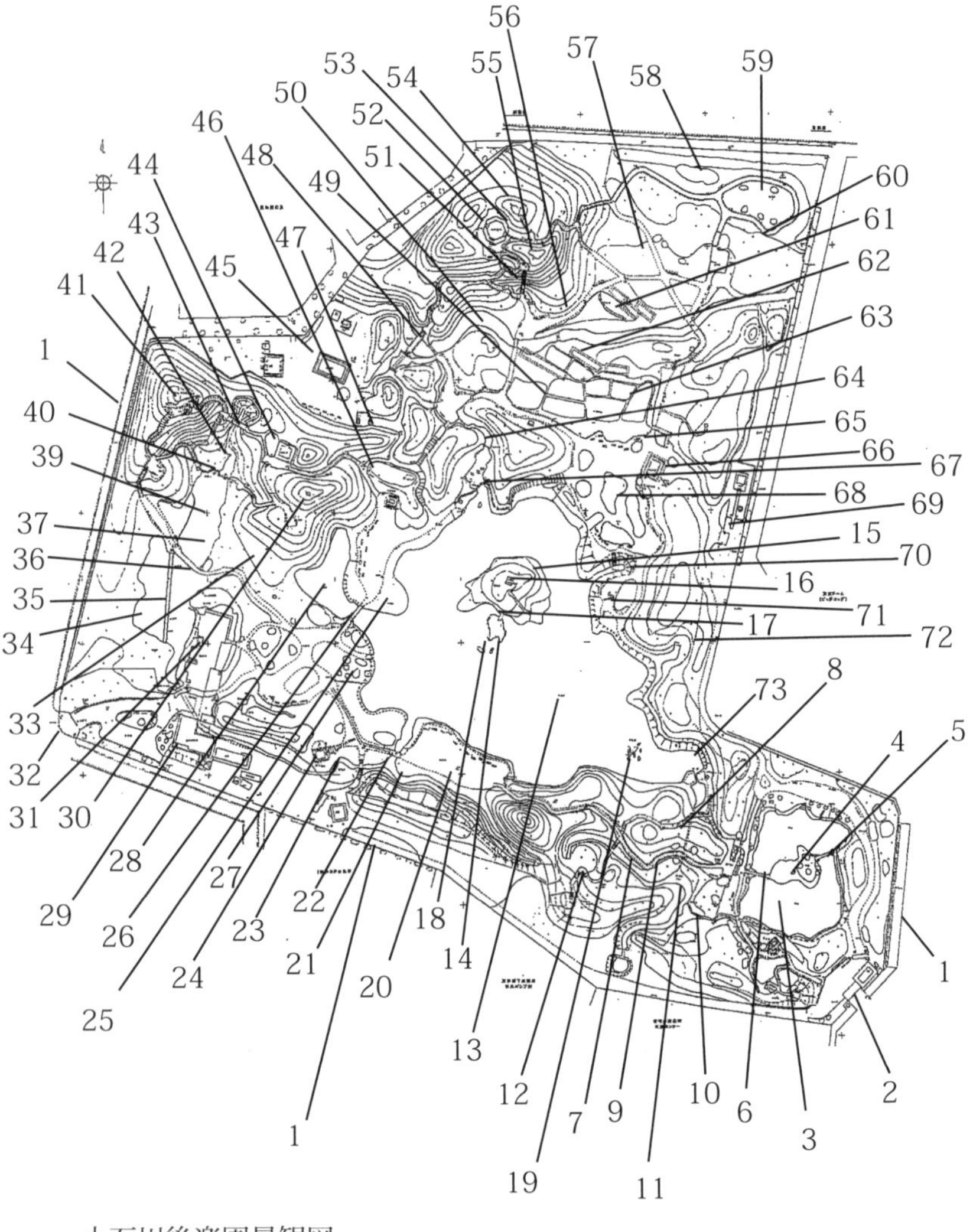
56
57
53
54
55
59
58
50
52
46
48
51
49
60
44
61
43
47
42
45
62
41
63
1
64
40
65
66
39
67
68
69
37
15
36
70
16
35
71
17
34
72
8
73
5
4
33
32
31
30
28
29
27
22
18
14
26
23
21
1
24
20
25
13
12
7
9
10
6
2
3
1
19
11
1

小石川後楽園景観図

1	築地塀	21	竜田川	41	清水観音堂跡	61	八つ橋
2	正門(東門)	22	幣橋	42	音羽の滝	62	藤棚
3	内庭池	23	駐歩川	43	通天橋	63	稲田
4	中島	24	西行堂跡	44	得仁堂	64	白糸の滝
5	東石橋	25	唐崎の松	45	休憩所	65	不老水
6	西石橋	26	石橋(戻り橋)	46	丸屋	66	丸八屋
7	唐門跡	27	枝垂れ桜	47	萱門跡	67	沢渡り石
8	木曽山(棕櫚門)	28	蓮池	48	園月橋	68	松原
9	延段	29	西門管理棟	49	花菖蒲園	69	赤門
10	寝覚滝	30	小廬山	50	神田上水跡	70	舟着場
11	木曽川	31	涵徳亭	51	愛宕坂	71	異形灯籠
12	白雲台	32	西門	52	八卦道	72	瘞鶴碑
13	大泉水	33	水掘れ石	53	立て手水鉢	73	鳴門の渦
14	亀頭島	34	西湖	54	小町塚		
15	蓬莱島	35	西湖堤	55	愛宕山		
16	弁財天祠	36	渡月橋	56	杜若園		
17	緑石橋	37	蛇籠	57	梅林		
18	徳大寺石	38	屏風岩	58	藤田東湖の墓		
19	竹生島	39	大堰川	59	河原書院跡		
20	紅葉林	40	沢渡り川	60	琴画亭跡		

（二）囲い・築地塀

現在、庭園の周辺は塀（築地塀）で囲われている。全て築地塀であるが、仕上げ方がそれぞれ異なっている。

築地塀は石垣の基礎に柱を立て、貫を通した骨組みを木枠で挟み、そこに塗り土を入れて棒で突き固める「版築」という方法で作られる塀のことで、塀の上に簡便な小屋組を設け、瓦や板などで屋根を葺いたものをいう。

この後楽園周りの塀は原則的に土壁の代わりにコンクリートで固めてある。仕上げは漆喰塗りである。屋根は本瓦とし、格式ある水戸家の庭を囲む築地塀なので、水戸家の家紋を復元することにしたそうである。大名の家紋は普通二通りの家紋があり、水戸藩の表家紋は「三葉葵」で有名であるが、裏家紋は「六葉葵」と呼ばれているものがあるそうである。そして、小石川後楽園屋敷の遺跡調査においてこの六葉葵を施した瓦の破片が出土したので、この築地塀瓦の家紋は六葉葵としたとのことである。

築地塀は石垣の基礎に柱を立て貫を通した骨組みを木枠で挟み、そこに塗り土を入れて棒で突き固める「版築」という方法で作られる塀のことで、塀の上に簡便な小屋組を設け、瓦や板などで屋根を葺いたものをいう。

西側は、石垣の積み方が異なる二段構になっている築地塀で、白壁仕上げ瓦屋根つきである。とい

うより、土留めの石垣の上に築地塀を立てたといった方が適切である。正確にいうと築地塀型・擁壁兼用型といっているそうである。この西側で使用されている石垣の擁壁部分は、鍛冶橋門北側外堀跡（千代田区丸の内一丁目）から出土した石垣の石材を一部再利用したものである。石材には当時石垣を築いた大名を表す刻印や石を割る際の「矢穴」が残っている。

北側の三分の一程は土留めの石垣の無い築地塀であり、同じく白壁の屋根付きである。他の五分の一程は庭園の中で最も高い築山の後背地で、土留めの石垣だけとなっている。残りの築地塀は大きな道路に面しており、黒塗りの羽目板仕上げの瓦屋根付きとなっている。正確には簓子下見板塀（ささらしたみいたべい）型というそうである。腰部は壁の保護のために押し縁下見板張り（よろい張り）とし、上部は柱を塗り回した漆喰大壁で、軒は木部を表してその上に本瓦を葺く形とし、下部は新小松石を張り、石積み風にしたものである。

東側の塀は東京ドームとの境界線上と思われるが、同様のコンクリート性の築地塀に木を取り付けて、表側からは木造（板塀）に見えるようにしている。東側の塀で南部に位置する東門（本来の正門）のあるところも同様である。

南側は全て築地塀型（簡略形）の塀で、間柱に貫を通してそれに土塀壁漆喰塗りとした簡素な壁塀の形態になっている。

これらの塀は、昭和六十二年から東京都公園緑地部において「庭園ルネッサンス」と称して、その修復、復元が計画され、その際外周部に江戸の武家屋敷に相応しい築地塀の基本設計がされて、平成五年度に東京ドーム側から開始され、平成十三年に完成したものである。

これらの塀が一六二九年（寛永六年）に水戸屋敷内に庭園が作られた当時にあったかどうか、私は以前から疑問であった。よくよく考えてみると作庭当所は囲いは無かったのではないかとの結論に至った。そしてある時期に囲わざるを得ない理由によって、何らかの囲いが出来たのであろうと想像するのである。ではそれはいつかということになる。

一九三六年（昭和十一年）文部省の所管となり、東京市長が管理者となったとき、あるいは、一九四八年（昭和十三年）一般公開となった時、そして、一九五二年（昭和二十七年）文化財保護法に基づく国の特別史跡、特別名勝となった時が考えられる。あるいは、一八六八年（明治元年）明治維新により、幕藩体制が崩壊し、一八六九年（明治二年）藩籍奉還により水戸藩主最後の徳川昭武が邸宅とともに邸地を上地し、屋敷や長屋、あるいは塀は全て取り壊され、兵部省の管轄となり一八七一年（明治四年）敷地の一部に造兵司が移された時、あるいは、一八七三年（明治六年）以降、明治天皇の行幸、皇族、海外の外賓客をこのお庭に招いた時に、警護の意味合いからも囲いは必要であったであろう。あるいは、一八七八年（明治十二年）屋敷跡の大半に砲兵工廠が建設された。その折、庭園はその価値を認められ、庭園の部分は残された。その折、囲いが作られたのであろうか。はたまた一九二三年（大正十二年）四月には砲兵工廠が改称され陸軍造兵廠となった。その年に庭園は小石川後楽園として国の史跡、名勝の指定を受ける。その時か、とあれこれ考えてみたのである。

結論的には砲兵工廠が建設された時であろうと考える。というのは維新以後、政府に上地され、一部に造兵司が築かれたり、或いは明治天皇の行幸、皇族、海外の外賓客をこのお庭に招いた時でも、水戸屋敷全体には当然何らかの囲いが出来ていたので、あえて庭園のみを囲わなければならない理由が見いだせない。しかし、砲兵工廠が建設されるに当たっては、後楽園は潰廃される危機があり、山縣有朋の尽力で残されたわけであるが、この時点で庭園はかなり縮小されたという。そして礫川庭園は砲兵工廠の付属施設となりこの時点で囲いが出来たと想像する。また、一九二三年（大正十二年）四月の国の史跡、名勝の指定を受けた時には厳密に境界線が測定されたであろうから、その時、明確な囲いが完成されたのであろう。

少なくとも内庭と後楽園の境には、頼房時代はさておき、光圀時代には築地塀が作られ唐門から出入りしたのは知られているところである。しかしこれは囲いの一部でなく、あくまで遮蔽物としての塀である。同様に、表門・玄関周りと内庭の境にも何らかの遮蔽物と出入り口はあったであろう。しかしこれはいきなり屋敷の一部である内庭に入り込まれては迷惑であるとの意味合いから作られた遮断物としての塀である。当然出入り口は造られたであろう。現在の正門と呼ばれている位置であろう。要するに内庭と書院の間のある屋敷とは一体であり、当然何も遮るものは無く、部屋から庭を観賞し、出入りしたであろうから、遮蔽物など考えられない。したがって、現在の内庭の東側の築地塀はありはしなかった。その書院の奥に続くであろう屋敷が北の方に展開していき、その屋敷と後楽園との境(現在の東側のドームとの境界線の部分)には塀があったのであろうか。

九代藩主である斉昭の代(一八二九年〜一八四四年)の頃書かれた後楽園図にはかなり明確に何らかの囲いが伺える。もちろん河原書院もなく、大泉水も東部は埋められており、現在とほぼ同じ状況になっているので、これは享保の変革によってこのような状況になったもので、恐らくその時点で屋敷との境の東部には、何らかの塀が出来、赤門もそのとき作られたのであろうか。従って作庭当初は特に後楽園だけを囲うということはなかった。特に北部の遠景としての富士見台などまでが庭園の範囲であったわけであるが、おそらく明確にこの範囲まで庭園であるとした囲いは無かったであろう。同様に西側も明確に庭園と田野や敷地と区分する囲いは無かったものと想像する。

この図で見ると、東部の北側は後楽園と屋敷との間に空閑地が五十メートルぐらいの幅で広がっている。これらの空閑地には動物園があったとの話も聞く。また、野外の武芸場もあったのではないかとも想像する。

いずれにせよ作庭当初、後楽園の周囲に囲いがあったかは別とすれば、結果的には現在のように屋敷のない時代において、まして、都民公園として、きちんと管理下に置かれている施設として、囲いは必要であり、特別史跡、特別名勝に相応しい囲いにしようとして、江戸の武家屋敷に相応しい築地塀にしようということで計画された塀が現在の築地塀なのであろう。

ちなみにこの築地塀を作る前の囲いは一九五五年（昭和三十年）から四十年代前半に施工されたものので鉄筋の腐食防止のためのコンクリートが崩壊し、木の根の成長や土圧によって傾きが顕著になり、部分的に補修をおこなっていた。また、塀の下部の石積みがふくらんだり、裏込めが流出したりして危険な状態にあったようである。全長一二五〇メートルで、コンクリート製の小柱を十センチ間隔に立てたコンクリート柵と萬年塀で囲まれていたとのことである。

庭園の門構えについても同じようなことがいえる。作庭当時あったかどうかも定かでない。恐らく出入り口としての山門のようなものはあったのであろう。しかし、西門は古い後楽園の図には無かった。西南端に通用門と記したものはある。そして、木造であったものを鉄製の角タイプに代えたのは一九六四年（昭和三十九年）と、『江戸・東京の下町と山の手台地の庭梅と盆梅』（相関芳郎著）に記されている。恐らく一五三八年(昭和十三年)に一般公開された時に木造の門構えは出来たのであろう。

（二）正門

現在、開かれているのは西門であり正門ではない。あえて言えば裏門である。正門は東京ドームの側にある東門で、現在は閉ざされている。先に述べた理由により閉ざされたままである。しかし現在は昔と違い、ここを閉鎖している理由はないのである。ただ、正門を開くとすれば、両方の門を開かなければならず（現在の西門を急に閉鎖するわけにも行かないので）、当然入園料を支払う事務所に何人かの人を配する必要があり、人件費や光熱費等がかさむので、簡単に開くわけにはいかないということである。

その問題はここではさておき、正門といっても、ここは、江戸時代には屋敷内の一部であり、庭に入るための仕切りはあったであろうが、現在のような大きな門扉はなかったであろう。これは、この庭園が公園として一般に開放されたときの門扉であり、本来の仕切りは表門・玄関周

正門内側より

正門外側より

りの空間から、ここから庭ですといったサインとしての山門のような出入り口としての門はあったのであろう。庭園に招かれた人は、一旦表門を通過した人で、玄関に向かい、主人と客間で挨拶した上で書院の間から直に内庭に入るか、玄関に戻ってそこから庭に入る出入り口としての門から中に入ったのであろう。いずれにしろ何らかの仕切りと庭に出入りする門があったのである。

（三）内庭

この庭は東側にあったであろう書院の間の客間から眺めた庭園であった。当然、後楽園の本園とは違い、屋敷と一体的に建造されたものである。

現在の内庭の広さは六千平方メートルである。庭の中央に池があり、その池の中央に中島がある。形の整った松が植えられているが、当初の状況からは何回もの災害に見舞われ、屋敷もたびたび変遷しており、特に植栽は相当異なっているといわれている。一七九八年（寛政十年）の松平定信の『後楽園陪遊の記』によれば青柳が植えられていたと記されている。これも作庭当時とはかなり年代が経っており、作庭当時がどのようであったかは定かでない。池も北側に現在の倍ほどの広さの時もあったようであ

る。ただ、中島に二つの石橋が架かっており、これは昔からのものであるようだ。東側の石橋の橋石は二本×二列の四本で構成されている。線形もきれいでその反り具合が優雅であり、橋脚のない橋としては技術的にみても非常にすばらしいもので他に例を見ないという評価高い橋である。西側の石橋の本体は三本×二列の六本の桁石で構成されている。現在は、この橋を渡ることは出来ないが、昔はこの二つの橋を渡って唐門のところまで行き、そこから本園である後楽園に入ったという。

二〇一一年(平成二十三年)三月十一日東日本大震災によって、石橋等がかなり被害を受けたこともあって、二〇一四年(平成二十六年)に全体の修復工事がなされた。

それ以前では二十二年前の一九九二年(平成四年)度に修復工事が行われた。東の石橋は関東大震災で落橋している。応急補修してあったのを修復した。西の石橋は解体して分かったことであるが、四個の留石の内一個の引っかけ部分の形が違っており、後になって修復していることが分かったそうである。この二橋はほぼ同時期に造られたと考えられるが、同じ形態で同じ規模の橋を全く違う構造で造っているのは珍しい。石橋の石材質は小松石(安山岩)である。この内庭もぐるりと一周できる。南側には、築山がある。その頂上には、四阿(小亭)が建てられている。この少亭は一九九二年(平成四年)度に解体し、一部を再利用して一九九六年(平成八年)度に復元した。

隣接して鋳鉄の小塔がある。「藤田東湖先生遺跡」と書かれているが、この築山との関係が何であるのか従来から話題になっているが、定かでないという。また、池の南側の橋に陸軍造兵東京工廠記念碑が建てられている。この内庭と後楽園はかろうじて難を逃れたが、大半の水戸屋敷は明治時代になって、すぐ大砲等を作る兵器工場になっていたので、その記念碑をここに建造したものである。
西側は本園である後楽園でその境として唐門の袖壁で仕切られていた。

（四）唐門

招待を受けた将軍や大名達はこの唐門をくぐって、本園である後楽園に入った。二代藩主光圀の時代に、朱舜水の指導によって唐門が作られたといわれている。従って初代藩主頼房の時代には唐門はなかったことになるが、垣根（袖壁）と山門のようなものはあったのではなかろうか。要するに、唐門という形での門構えではなかったのであろう。ただ、従来と根本的に異なるのは、唐門と築地塀で内庭と後楽園を明確に区分した理由があると考えられる。これは、光圀の代になってから、西北部から庶民を後楽園内に招いたためではないか。

後楽園側からみれば、唐門から先は水戸家のプライベートな空間であり、おいそれと、立ち入りは許されないはずである。しっかりした囲いと門が必要であったわけである。そうした区別があったことにより、庶民を北西部から招き入れることが出来たのかも知れない。そうした意味でも、この唐門の建設は風格ある重厚な門（屋敷

唐門

唐門跡

門のような煌びやかな門）としての構えだけに意味があるのではなく、重要な役割を演じたのであろう。

　しかし、それは新しい価値が付加されただけのことで、庭として未完成であったわけでない。頼房の時代にはそれなりに庭として完成されていた。一般にいわれているように、頼房の跡を継いで、作庭中途であった庭を光圀によって完成させたといったニュアンスで伝えられているが、そうではなく、それなりに完成された庭に、光圀の代になって、自分の考えをこの庭に調和良く組み込んでいき、全体として、均整の取れた光圀の儒学思想というか中国趣味的な庭が完成されたのであろう。頼房は茶趣味があり、この地を選定した訳であり、内庭とは別に本庭を作って、まず茶邸を優先的に造営したといわれている。将軍を一日も早く招きたかったという。即ち、唐門の箇所は、茶室に向かう前の入り口であり、内庭とは別に改まった空間への入り口部分である。ある境を過ぎると、うっそうとした深山幽谷の別世界が飛び込んでくるという演出は、頼房の発想であろう。内庭は水戸家にとってプライベートな空間（とはいっても上屋敷内の内庭は書院の間に招いたお客用の庭で、そうした意味では公的空間ともいえる）であるが、後楽園はもてなしの空間としての一種の公的な空間でもあるので、頼房の時代でも管理上それなりの区別を必要としていたのである。

この唐門（袖壁―築地塀を含めて）は関東大震災にも耐えてきたにもかかわらず、その後の太平洋戦争に巻き込まれ、一九四五年（昭和二十年）五月二十五日の空襲の際、焼失してしまった。実に残念なことである。いずれにせよ、一日も早くこの唐門の復元・復活が望まれる。

（五）木曽谷、寝覚めの滝、棕櫚山、延段

唐門をくぐり、別世界に入る。ここは鬱蒼と棕櫚の生い茂った深山である。昼なお暗く、まるで奥山に迷い込んだような気分を訪れた人々に抱かせる。喧噪の大都会から一瞬にして、奥山に迷い込ませるとはすごい演出である。延段をはさんで、木曽谷がある。断崖絶壁の深い谷である。振り返ってみると、内庭の池の水が落ちてくる水音がする。寝覚めの滝である。小さな滝であるが、よくみると、しっかりした石組みで、大きな滝がイメージされる。まさにこの空間は次に述べる白雲峰を含めてこれからの庭園ドラマの始まりの「起承転結」の「起」の部分である。

まず、延段であるが、現在のパンフレット等案内書によると、延段は中国風の石組みで、美しい敷石と説明されており、光圀が唐門と同時にこの中国風の延段を造ったかのような印象を与えているが、これが頼房が作庭したときからのものであるのか、あるいはその後に作られたものであるのか、い

木曽山と延段

つも気になっていた。恐らく、先にも触れているが、三代藩主綱条の時代になってからの一七〇二年（元禄十五年）に桂昌院が御成になったとき、庭の大改造をしたとの記録があり、特に園路を年寄りでも歩けるよう巨岩・巨石を多く取り除いたとしている。そうしたことを考えると、そのとき、現在のように改造されたのではないかと思う。作庭当初の演出では、深山幽谷の世界に迷い込んだような錯覚を与えることが大事で、このような歩きやすい延段など無く、それこそごつごつした岩が山側や谷側にあり、ひとり歩くのがやっとの状態ではなかったかと想像するのである。

もう一つの見方があって、この延段は中山道をイメージしているともいう。街道であれば確かにこうしたなだらかなイメージでも良さそうな気がするが、やはりここは、深山幽谷をイメージさせることが大事ではないかと思う。

もう一つの疑問は、どうして東海道をイメージしなかったのかである。もし東海道であれば、この両側の山と谷は箱根山と千尋の谷であろう。しかしながら次に控えている大泉水の景観は、当初から

木曽谷と寝覚めの滝

琵琶湖とのイメージというかそう見立てていたであろうから、その点、前にある山々は当然木曽の山々とした方が理にかなっているといえよう。従ってこの延段はもちろん中山道であるが木曽路という方が良い。

また木曽川には滝が多いといわれており、幾つかの滝が現実にあるわけであるが、寝覚めの滝は現実には無い。ただ、寝覚の床はあり、古くから浦島太郎の伝説で有名な渓谷である。そこにも滝はないが、恐らくこういう滝があっても良さそうな雰囲気もあって、あえてそういう名称にしたのであろう。それにしても寝覚の床をイメージさせる谷底があってしかるべきでなかったのか。あるいは作庭当時はそうした床（岩）があったのが、いつの頃からか取り除かれたのであろうか、気になっているところである。恐らく享保の変革時ではなかろうか。当然奇石が置かれていたと思われる。

一般に庭の景観は「写し」とか、「縮景」といって、本来の景観を模して作庭するわけであるが、後楽園のそれぞれの景観はどうもそうではない気がする。後ほどその点を詳しく触れていくが、この後楽園の庭の景観は、京都等の風景を多く取り入れているというが、実は、そのように個々の景観に名称をつけているだけで、「縮景」という手法によって造られている景観とはいえないような気がする。確かに京都を感じさせるイメージは多く造られているが、「写し」とは違って、作庭者が本来の自然地形を活かしながら独自の作庭イメージによって造り出した景観を後から命名しているのではないかと思うのである。棕櫚山も棕櫚が多いのでそう呼んでいるが、一方木曽山ともいう。木曽に棕櫚が多いのかというとそういうわけではない。谷側の谷を木曽谷と見立てたのは当初から意図したものと思われるが、それにちなんで左側の棕櫚山を木曽山といつしか呼ぶようになったのであろう。そして巨石等が取りのぞかれて延段が出来た段階でここを中山道とか木曽路と呼ぶようになったのではあるまいかと思う。

(六) 白雲峰、白雲台

延段が唐門から始まり緩やかな上り坂であるが一旦下り坂となり、更に進めば再び上り坂となるが、延段の中間当たりの左にいけば木曽川に掛かる橋を渡って、急な土の階段を進み、白雲峰、白雲台に出る。見晴台（白雲台）に登ると、唐門から入った時の第一印象とは違った、更に頂上に近い開けた山々に入り込んだ錯覚に陥る。山の頂上からの景観（山々がどこまでも連なっている景観）が演出

白雲峰台

されているのだ。私も滅多にここへ足を運んだことはなかったが、改めてみると庭園景観には見られない淡い緑と空だけに囲まれた静かな気分に浸れる不思議な雰囲気であった。訪れる人は意外と少ない。何故ここを白雲峰と名づけたのであろう。日本の地名で有名な峯で白雲峰はない。白雲台で調べて見ると新潟県の佐渡ヶ島の大佐渡スカイラインに交流センターがあり、この地を白雲台といっているが、江戸時代に観光地化していたかは不明である。また、愛宕山神社の前進の名称が白雲寺というので当時その当たりを白雲峰と呼んでいたのであろうか。これも確証がない。そこでインターネットで調べてみた。中国吉林省と北朝鮮との国境にある長白山の湖底湖の天池の周囲を囲む十六の峯の一つに白雲峰がある。みんな二千五百メートルを超える峯である。しかしこれらの名称は、一九〇〇年代になってから名付けられたという。昔は違った名称であったというので、作庭当時果たして白雲峰という名峰があったかは疑問である。実はもう一つ韓国に白雲峰（ケンボン）という峯がある。ソウルから一時間ほどのところで龍門山（ヨンムンサン）に連なっており、とても見晴らしのよい景観であるという。そこには展望台があり、ちょうどこの庭の白雲台と同じような木造の長方形の展望台がある。しかしこの後楽園に韓国の名称を取り入れたというはなしは聞いていないのでそれはあり得まい。

そこで、頭を切り換えて、白雲峰は特定の名称でなく、ここの景観を白雲（しらくも）たなびく峰とみて白雲峰と命名したのではなかろうと考えた。因みに「白雲」は、白雲が立つ、また絶えることから、「竜田の山」、「絶ゆ」にかかる枕言葉である。例えば「白雲の竜田の山の露霜に……」とか「白雲の絶えにし……」とかに使用されるという。即ち、竜田川の後背地の山である竜田山をイメージしてこの景を白雲峰、その見晴台を白雲台と名付けたのであろうと自分なりに納得した。確かにここからの景観は白雲たなびく空と樹木の頂上部分のみの景観である。

（七）中山道と東海道の合流地点

延段を上り詰める手前あたりから、樹木を通して右下に、水に映えるきらきらとした光が目に飛び込んでくる。薄暗がりの山路を結構苦労して上り詰めた終わりが予感される。そして数歩足を進めると、そのあたりに比較的大きな石が敷かれており、この地点が東海道と中山道の合流点といわれている。眼下に大泉水の全貌が広がっている。まるで山の頂から、大海原を見つけ出した喜びと同じ思いが沸いてくる。開けた空間に水の広がりを見ると、安堵の気分が沸いて、心が落ち着いてくるのだ。すぐ下り坂となる。少し降りた石段に足を止めると、前方の大泉水の左手に石橋が望める。目線としては真っ正面にこの石橋が見事な景観となっている。後ほど触れるが、この大泉水を対岸に渡る唯一の石橋である。この橋は近くに行くとそれを望める地点がないので、景観のための橋というより用のみを感じていたが、実際は、この地点で存分その存在価値を演出しているのだ。細やかな作庭者の意図を感じる。

（八）紅葉林

延段を降り立ったあたりは平坦地で、紅葉林となっている。秋になれば紅葉林がいっせいに紅葉して、そこから眺める大泉水は格別である。重苦しい緑ではなく、ほどよい高さの緑（紅葉）の下にいること自体安堵感が得られる。木々がじゃまにならず、大泉水を眺められる。

現在、岸辺には長いす（木製ベンチ）が置かれ、腰掛けて大泉水に浮かぶ蓬莱島を一望出来る。作庭当時もこの地点にベンチのような座れる施設があったのであろうか、とそんな疑問もわいてくるが、私としては当時から何らかの座して眺める椅子のようなものが置かれていた気がする。おそらくこの地点では、大泉水を海と見立てておらず、湖と見立てていたのであろう。大泉水を海と見立てるなら一帯を洲浜という手もあるが、そうしていない。ここでは湖を演出しているのである。ひとときを、ゆっくりと時の経つのを忘れて佇みたい所である。適度の日陰が、得られる植栽が欲しい。高木でなく低木でもない楓が最も相応しい。海辺でなく湖岸でよいのだ。

秋になればこの大泉水の対岸（北側）にある松原からの紅葉林の眺めは、池にその紅葉が見事に映えて、色鮮やかな美しい景観を作り出すのである。にくいほどの演出といえよう。後楽園の色彩は、草花の咲き誇る色鮮やかなものではなく、まさに秋になって落ち葉となる前に紅葉するそうした色彩を重んじている。

櫻は春を告げる時期にいっせいに咲き、そして一瞬にして散っていく。その一瞬を心待ちにしている。そして紅葉（もみじ）は枯れ落ちる前に一斉に紅葉（こうよう）して最後の美しさをもたらす。自然は私たちに人生を教えてくれる。こうした自然の恵みを美しいと感じる中に、日本人としての感性が備わっていくのであろう。

但し、ここを紅葉林としたのは、ここに初めから紅葉が生い茂っていたのでその紅葉を生かしたのか、あるいは、ここには紅葉が相応しいから、紅葉を植えたのか、私としては興味つきないところである。この件については、竜田川の項でもう少し突っ込んで触れたい。

（九）大泉水、徳大寺石、蓬莱島、長橋、竹生島等

【大泉水】

紅葉林から大泉水を望む。きらきら輝く水面は東西に長く広がり大パノラマを展開する。正面に中島が目に飛び込む。一般に庭園を作庭する場合、まず、池の配置を決める。庭園にとって池が主役であるからである。池を配するに当たって心字池がよく作られたという。この琵琶湖に見立てた大泉水も元は心字池であったのではないか。田村剛氏の復元図をよくよくみると、心の字の左側の点に当たる箇所は蓮池であり、大泉水は右から左に跳ね返っており、最初の点は中島で、その後の点は築山で正に心の字を表している。現在では左の跳ね上がった部分が埋め立てられており全くそう見えないが、

作庭当時は意識的にそう作られたのではなかろうか。

そもそもこの大泉水は自然の沼であった。その地形を生かしながらも池の姿をイメージし、手を加えて造園していったのであろう。三代将軍家光も本庭園の作庭にはことの外、関心を示し、作庭に当たって当時から細かく指示を出していたという。そして、池の形をメモして、頼房に渡したと伝えられている。

『後楽紀事』によると、次のように記されている。

「大泉水　園中第一の美観なり。大猷公みずから泉水のかたちを書かせられ、威公上へ進ぜられたるなり。もとよりの沼なれど、大猷公の思召にて小日向上水を流し入てはべりければ、御庭第一の勝景となれり。（あと略）」

大泉水といわれているように頼房が作った時代は現在より大きく、恐らく北東方面に広がっていたのではないかと思われる。設立当初の後楽園の絵図（『水戸様江戸御屋敷御庭之図─元砲兵工廠所蔵』）があるが、これを見ると一目瞭然である。

この図は、後楽園に関する絵図として最も古いもので、光圀時代の状況を示しているものといわれている。但し、測量学的には精度が低く、これほど大泉水が広かったかどうかは疑問である。近代になって田村剛氏が発掘調査等を踏まえて復元図を作成しているが、この「御庭之図」より大泉水の広がりは狭いが、いずれにしろ北東の方に広がっていたことは事実であろう。

現在の東側の境界線が、どうみても庭の一部分を強引に引き裂かれた感じがしていて、実はこの図面を見るまで疑問でならなかった。恐らく当初の池の四分の一ぐらいが埋めたてられてしまったのであろう。それがいつの時代であったのであろうか。単純に考えれば、明治になって、砲兵工廠が建てられたとき、東側方面に張り出た池が埋め立てられて工場になってしまったのではないかと私は想像していたが、実は、それより以前の享保の変革時代に、現状のように、既に埋め立てられてしまっていた。

　享保の変革は一七二九年（享保十四年）以降の四代藩主の宗堯の時なされた庭の大変革をい

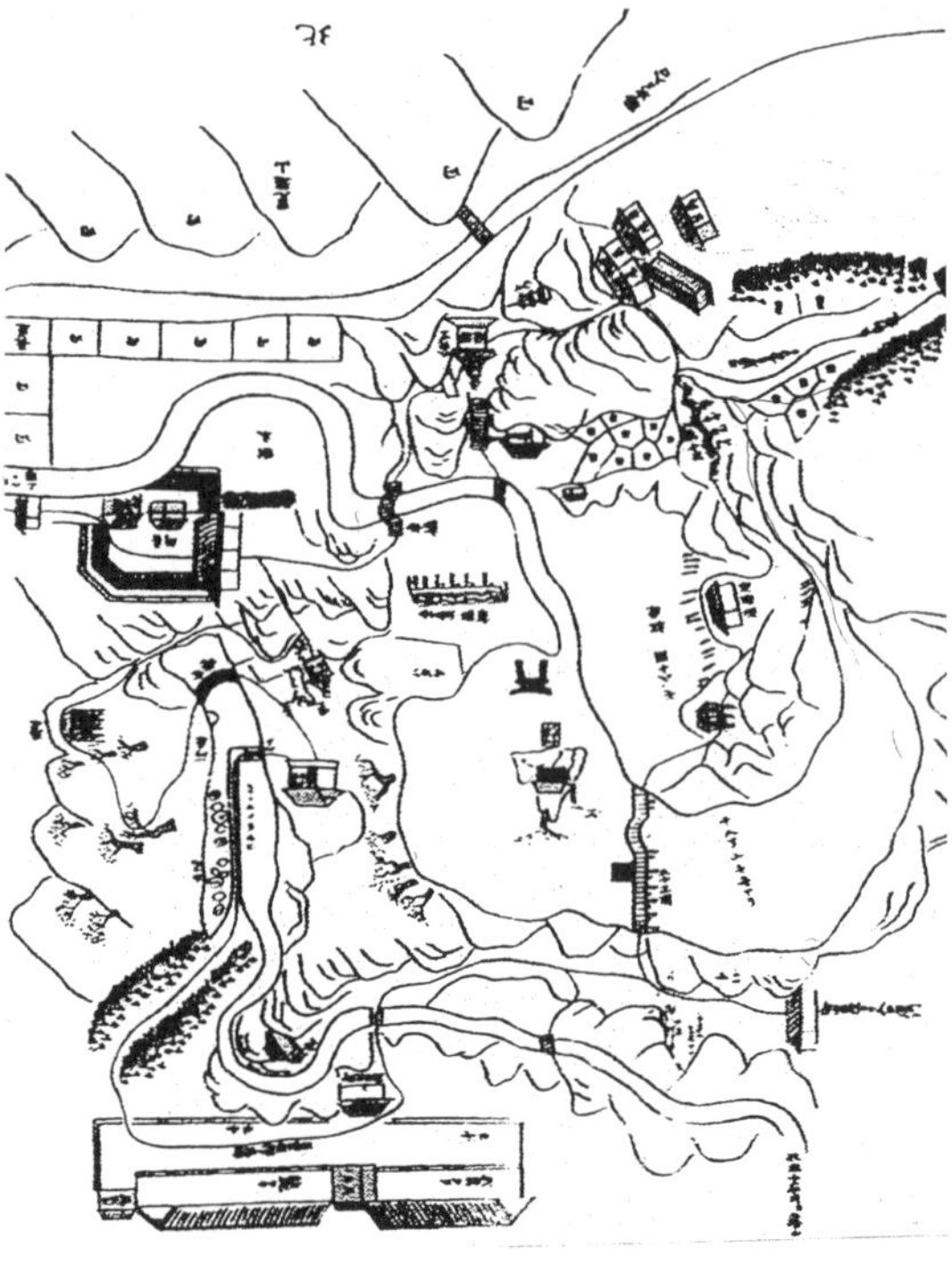

水戸様江戸御屋敷御庭之図—元砲兵工廠所蔵

後樂園復原図

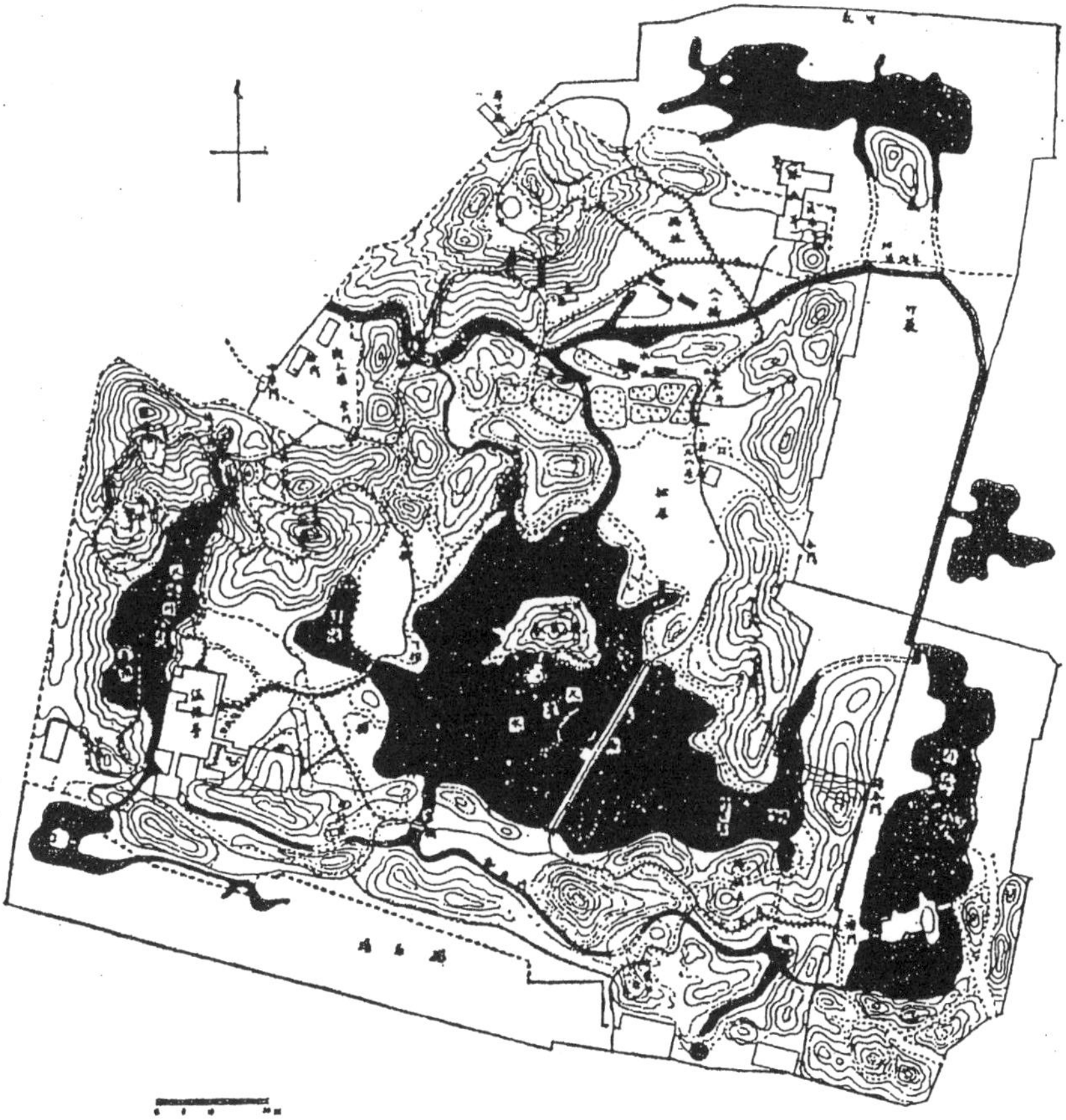

田村剛氏復元図

う。そのとき決定的な破壊があったという。喬木七百余本を見晴らしを良くするためという理由で伐り払い、松原の松の下枝がみな切られた。棕櫚山付近の木も切られたとのことである。そして、大泉水の石組みを取り払って石積としたとの記録があるが、その時代に東側の池の大部分が埋め立てられた。大泉水で船遊びをしたと言われていたが、私としては現在の広さでは物足りないと思っていた。しかし作庭当初の古図等によると、それなりに広かったのでうなずけるようになった。

【徳大寺石】

大泉水の正面に中島があり、その前面に徳大寺石という巨大な板石が垂直に立っている。紅葉林から見ると、さほど大きな石とは思わぬが、距離的に結構離れているのでそう感じないだけで、水面上の高さは三・五一メートル、最大幅二・五メートルという巨石である。

徳大寺石というのはこの庭を当初作った人にちなんで名付けた名称である。庭造りの手法では蓬莱石と言い、これは人を寄せ付けない神秘の島としての絶壁の表現でもある。同時に紅葉林からはよくわからないが、池の東側の近くから見るとこの蓬莱石のある箇所と、大きな中島とは離れており、小島になっている。石橋でこれらの島をつなぎ全体を一つの島のように表現している。これは頼房の時代に築いたものであるが、一九二三年（大正十二年）の関東大震災で徳大寺石は倒壊し、池中に倒れてしまい、一九二七年（昭和二年）に復元されたが、作庭当時の石組み手法はみられず、徳大寺石の左右に添えられた石組みは新しい手法による石組みで、その点は残念であると専門家はいっている。正直いって素人である私にはわからない。

また、この徳大寺石は蓬莱石というだけでなく、亀頭石としての表現を兼ねているという。この小島は全体として亀頭を表している。この亀頭の後方の島は亀の胴体である。この大島は蓬莱島、天女島、あるいは蓮華島とも呼ばれる。

しかし、徳大寺石は作庭当時、長橋の手前に置かれていたという。そして、家光もこの石を非常に気に入って、頼房に慎重に扱うよう指示したという。頼房自身その場所に据え置くのに苦心したあげく、徳大寺左右衛門に任せて、数日後やっと据えられたという曰く付きの巨石である。それが何故、亀頭石として使用されるようになったのかは不明という。

徳大寺石

【蓬莱島】

亀頭島の後方の大島の中央には弁財天の祠がある。更に島の東部には枯滝もあり、石浜の手法や船着石もみられる。よくよく観察すると面白い。但し、これらはかなり後に手が加えられたという。石組みの状況から分かるそうである。榎本其角の『後楽園拝見之記』や大田南畝の『後楽園の記』でもこの大島を琵琶湖に浮かぶ竹生島を写した島と記しているが、『後楽紀事』によれば、「人々此を蓬莱島という」と記されている。現在では竹生島は池の右側の小さな島を指しているが、これも作庭当時には無かったという。

また、先に少し触れたが、大島と亀頭島に石橋が架けられているといったが、実はこの石橋はすごく立派な石らしい。長さ四・一メートル、最大幅一・〇四メートルで豪華な青色の自然石で、形態的にも僅かな反りが見られ全国的に見ても非常に貴重なものだそうだ。

【長橋】

現在はこの長橋は架けられていない。光圀の代になって作られたという。橋があったとされる位置は現在の池でみると東に偏りすぎると感じていた。後から分かったことであるが、頼房、光圀の時代までは、池は東側に広がりを持った大きな池であった。それで納得したものである。但し、光圀が橋を作ったといわれているが、本来、頼房の時代に、この橋

蓬莱島

はあってしかるべきものと私は考える。よくよく当初の図面を見ると、東側の埋めたてられた部分は北側に伸びており、そのあたりに橋がないと唐門に戻れない。本庭園を一週出来ないことになる。要するに、どこかに橋があったのであろう。恐らく対岸が最も近い位置に。それを光圀の代に、中央部に長橋として造り替えたのではなかろうか。しかし、それでも疑問が残る。この長橋の中央には舞台風の張り出しがあり、光圀はよく、月見の宴を催したとのことであるが、この長橋からの周囲の眺め、特に中島の細やかで勇壮な景観がよく望めたわけで、当然、頼房もそれは意識していたのであろうから、初めから長橋の位置は、光圀の時代と同じ位置であったのではなかろうか。長橋は木造の反りのない平橋であった。船のくぐれる部分も設置してあったという。

一九八四年（昭和五十九年）この大泉水の浚渫工事がなされ、その折、長橋と思われる木杭が発見された。紅葉林側は、杭は二列で、杭間隔は五十〜九十センチメートル、途中からやや折れ曲がって異形灯籠に向かい、杭はまばらになりケヤキのある岸まで伸びていた。杭幅は紅葉林側が広く、松原側は狭くなっていたという。

今から十四〜十五年前、東京農業大学の服部勉（当時講師）が当時新しい資料を発見したそうである。その資料名は「水戸様小石川お屋敷御庭之図」（建て二四三センチメートル、ヨコ一九三センチメートル）である。この図には長さ「六十間程」と記され、高覧のついた平橋でその真ん中を太鼓橋状にして、その西側部分には「御水舞台」と称する舞台が書かれていたとのことである（『小石川後楽園』吉川需・高橋康夫著）。

九代藩主斉昭の時代の図面にはほぼ現在の様な池の形状になっていることが分かる。そして橋はなくなっている。四代藩主宗堯以降、斉昭までの時代に廃されている。

実は、六代藩主治保の時代に取り払われたようである。治保の時代には、再び庭の手入れと新たな景観が作られたとの記録があり、失われた木はその後植えられ、何回かの災害に見舞われ、多くは、倒壊したり、枯れたり、燃えたりしたであろうが、それからでも生き残った樹木は一五〇年以上経っているので、当時植えられた木は、現在では享保の改革で失った喬木ほどになっているのかもしれない。但し、失われた奇石や巨石は返っては来なかった。

その時、長橋が取り外されたと、水戸藩に仕えた名越克敏（一六九八年～一七七七年）の『後楽園志』に書かれている。恐らく木橋であり朽ちたであろうし、現在のような大泉水の形状になっていたであろうから、長橋が無くても機能的には庭を一周できるようになっていた。但し、中島の景観や橋からの眺めが失われたのは残念でならない。復元を望むものである。


【琵琶湖】

滋賀県の中央部に位置する日本最大の湖。名称は楽器の琵琶に由来する。標高八十四・六メートル、面積六七八・五平方キロメートル、最深一〇三・八メートル、断層盆地の近江盆地にある陥没湖で竹生島、沖島が浮かぶ。北西岸は比良山地などの断層崖が迫り、平地に乏しく、南東岸は流入する多くの河川により広い平野（湖南平野）が発達する。流出口は南端の瀬田川だけである。『万葉集』の淡海の海であり、近江の国名に関連すると言われるように湖辺の飲料・灌漑の他、漁業や湖上交通の場となり、京都の経済や政治に大きく関与した。瀬田川は南流して京都府に入って宇治川となり、大阪府で淀川となり大阪湾に注ぐ。

【竹生島】

琵琶湖北部に浮かぶ小島。面積〇・一四平方メートル、樹林に覆われている。竹生島の沈影は琵琶湖八景の一つ。古来より信仰のある島で、西国三十三カ所三十番札所宝厳（ほうごん）寺（筑西島観音）や都久夫須麻（つくふすま）神社（筑西島）があり、ともに桃山建築の遺構を持つ。宝厳寺に平安時代の竹生島経（装飾経）が伝わり、弁天堂は日本三弁天の一つとされている。

【弁天】

弁財天という。貧困を救い財物を与える天女で、七福神の一人。仏教では弁才天と書き、吉祥天の異名とされるが、この二者はしばしば同一視される。共に弁天と呼ばれる。共に琵琶を持ち、音楽、弁才・財福・知恵の徳があるとされ、安芸の宮島、琵琶湖の竹生島、江ノ島を三弁天とする。

【七福神】

福徳を授ける七神仙。恵比寿、大黒、毘沙門天、弁財天、福禄寿、寿老人、布袋（ほてい）をいう。寿老人は福禄寿と同体異名として、代わりに吉祥天か猩々（しょうじょう）を入れることもある。インド、中国、日本の雑多の信仰を聖数の七に合わせて取り合わせたもので、室町時代七福神に仮装した風流行列などが出現した。その後、江戸時代にはますます盛行し、瑞祥のしるしとして美術・芸能の題材とされ、七福神乗り合い舟を宝舟にしたり、正月に七福神を祀った神社に参る風習が起きた。

（十）竜田川

後楽園の南側を東西に流れる流水は三つの名称に区分されている。東から棕櫚山（木曽山）の南側の流水を木曽川と呼び、紅葉林の南側の流水を竜田川といい、そして一番西の西行堂の南側の流水を駐歩泉という。このように竜田川は紅葉林の南側の水路を指す。私は当初幣橋の架かる水路だけを竜田川と呼んでいると思っていたので、おかしく思っていた。この流水は大泉水の西南端から流れ出るもので、この水路に名称を付すなら瀬田川と称すればよいのにと思っていた。琵琶湖からの流出河川は瀬田川だけであるからである。しかし、後で分かったことであるが、紅葉林の南側の水路に合流するので、享保の変革時に新たに作られたこの水路をも竜田川と呼んだのであろうことを理解した。

竜田川は奈良県の生駒市の生駒山（標高六四二メートル）の東蓋を源として南流し、生駒郡斑鳩町で大和川に合流する。古くより、紅葉の名所として名高い。竜田揚げはこの川の紅葉の色に似ていることから名前の由来とされている（異説があるという）。竜田川やその近くにある三笠山は、百人一首にも登場している。特に下流は紅葉の美しさから、歌枕として古来より多くの和歌に読まれる。百人一首では二首選ばれている。特に在原業平の和歌は有名である

ちはやぶる神世も聞かず竜田川からくれなゐに水くくるとは（古今和歌集在原業平）
嵐吹く三室の山のもみじ葉は竜田の川の錦成りけり（後拾遺和歌集能因法師）

尚、この当時の竜田川は現在の竜田川でなく、大和川本流を指しているというのが定説である。後の時代になって紅葉の名所として観光地にするために地元が現在の平群川を竜田川と称したため、いつの間にか現在のようになったという。

さて、後楽園のこの竜田川についてであるが、どういう意図で竜田川と名付けたのかと疑問であった。もちろん竜田川は紅葉の名勝地であるから、紅葉林の南側にあるのでそう呼んだことは分かるが、始めに竜田川のイメージがあり、その上で、竜田川と名乗るからには周辺に紅葉がなければ「景」にならないということでその北側に紅葉を植えたのか、または、初めから紅葉が多く茂っていたので、その南側にある水路を紅葉の名所地で知られている竜田川としたのかということである。それと、大泉水を眺める絶好の地であり、先に触れたように、その地に相応しい樹木として前から繁っていた紅葉を特化させて、紅葉林が先に作られたのか、その点が疑問であったのである。

『小石川後楽園』によると、「作庭の意図は都への憧れ竜田川を縮景として取り入れ、紅葉の名所を意識して周辺に紅葉林を配したものである」とあるが、恐らくそうではないのではないかと常々思っていたのである。この竜田川の景を「縮景」として意識的に作庭したのではなく、最初に紅葉林ありきで、紅葉の名勝地に流れている川と見立て竜田川と呼んだとみた方が妥当な気がする。即ち初めからこの一帯には紅葉が多かったのではないかと思ったからである。もし、紅葉林が南側になければ、この水路を唐突に竜田川をイメージできたのであろうか。即ち、大堰川、西湖の排水路として駐歩泉、竜田川、木曽川は機能的に必要な水路であった。これを、ただ「用」とするだけでなく「景」としたとき、周囲の状況に合わせて命名したのであろう。私はそう考える。

因みに『後楽紀事』によると次の様に記されている。「竜田川　楓の大木余多植えおかせたまふ。肉桂樹これにつづけり。晩秋初冬のころは二月の花よりも紅なりといふべし。享保中切はらふ、残れるものわづかなり。」とある。その後、このあたりを紅葉に特化して、紅葉林となっていったのであろう。この辺りに紅葉や肉桂樹が設立当初より多く生い茂っていたのではなかろうか。これは棕櫚山と同じで棕櫚山には当初より棕櫚が多く生えていたのである。

（一二）幣橋

享保の変革時に大泉水からの排水用に作られ水路が竜田川に結ばれているので、これも竜田川と称しているが、私としては先にも触れたように瀬田川と呼んだ方が適切であると思うのであるがそれはさておき、この水路に架けられた石橋を幣橋（ぬさばし）という。幣橋が竜田川に架けられていたかどうかは分からないが「幣」とは神々に捧げる供え物。古くは麻・木綿などを、のちには織った布や紙を用いた。神への布製品の捧げ物。

幣橋

手で持つ神の座に由来する。天皇の場合は幣帛（みてくら）と言い、庶民では「ぬさ」と称した。この石橋は一枚の切石でありながら、まるで園道に砂利と敷石を敷いたようで、石橋を渡っている感じをもたらさないから不思議である。、雨に濡れると美しい。石橋にこのような加工が施されている橋は珍しく幣橋と呼ぶようになったのであろう。

（一二）櫻馬場

現在の後楽園の南端にある竜田川・駐歩泉の更に南側の、東西に走る平坦地が、桜の馬場と称する桜並木のあったところである。おそらく昔の庭の境は現在の築地塀よりはやや広かったであろうが、いずれにせよ、馬場といっても実際に馬が疾走出来るほどの幅員はなかったと思えるが、庭園内に作られる馬場とは一般的にもさほど幅員はなかったのかも知れない。平坦で一直線に伸びている桜の並木道であったので「桜の馬場」と称したのであろうかと当初思っていたが、その南側は園外で、百間長屋があった。この長屋には武具が納められていたという。その一番西側に作庭当時の古図を見ると馬小屋と書かれており、この平坦地も馬場として描かれているので、当初は馬の調教場であったり、散歩道として実際に使用されていたのであろう。ここは現在管理地となっており、一般には通行できない。通行しても何の景観もない平坦な空閑地である。これらについては先に触れた『後楽紀事』に書かれている。そして享保の変革時に取り払われたことが記されている。それ以後、再現されることはなかった。

『後楽紀事』では桜の馬場について次のように記している。
「幽谷を超えてゆくべし。両側にさくらをあまた植えたるなり。いずれも大木なり。この櫻をも伐たれば、わづかに残れり。」

（一三）遠山（北山）

遠山については、現在では小石川後楽園外の土地であり、このお庭を回遊順序に従って各景観について見ていくとき、どこで触れるか迷うところである。それであるならば失われし景観の「櫻の馬場」と同じ頃に失われた「遠山の景」についてこのあたりで述べておくのがよいのではないかと考えた。

遠山といったり北山あるいは弓越山、更に富士見台とも呼ばれた。この位置は水戸屋敷の北端地で、現在の地下鉄丸ノ内線の後楽園駅付近と、更に北西部の春日通りに面している中央大学のある一帯の高台をいい、明治維新により藩邸が取り壊されるまでは庭の一部であり、享保の変革後もそれなりの庭としての機能を持っていたようである。本来この地を含んで庭園として指定されるべきであったが、結果的には指定されなかった。残念なことである。

先に引用した『後楽紀事』には次のように記されている。

「これを北山といふ。これは長橋の上などより見こしなるべし。峯二つあり、山のいただきに見ごとなる松あり、枝さがりて数百年の古木なり。義公上御愛の樹なり。たとへば冬などは残る松さえ峯にさびしきなどいふ心なるべし。是も享保年中、御目ざわりとて伐はらはる。」

「遠山」は回遊する場というより遠景としての機能を持っていた。『後楽紀事』に書かれているように「長橋」からの眺めや、紅葉林から大泉水を望み借景としての遠山の持つ意味は大きかった。しかし、この遠山はそれだけでなく、富士を望む絶景の地でもあり、「峯の西のかたわらには六尺四方の辻堂があり、「四阿」（あづまや）というものなり」と記されている。

そして時代が進み、六代藩主治保の時代になると、庭の手入れが始まり、この遠山も「富士見台」と呼ばれるようになり、富士はもちろん眼下には後楽園を望む景勝地として活用されるようになり「偕楽亭」が置かれた。このロケーションは九代藩主斉昭が水戸で偕楽園を整備するに当たってヒントを得た場所ともいわれている。明治維新によってこの辺り一帯は取り払われた。

この本を一通り書き上げ、推敲中に聞いた話であるが、水戸の偕楽園のロケーションは、この上屋敷の高台からというより、現在の東大農学部のあたりにあった中屋敷の庭園から不忍池を望んだロケーションが正に水戸の偕楽園からの千波湖の景観とそっくりであるとのことで、水戸偕楽園の地を選んだのは、中屋敷からヒントを得ていたのかも知れない。

また、八卦堂のある築山から、この台地に箱廊下（廊下橋）が掛けられていたという。橋を渡ったところに弓場があり、お花畑となっていたとのことである。北西部は田舎の風景が広がり、麦畑もあった。また、藁葺きの陶製所という額を掲げた建物もあったという。

（一四）西行堂跡（駐歩泉の碑）

紅葉林を進み、左に降りて竜田川を渡ると、西行堂の跡に出る。光圀時代に作られたという。西行堂は戦災によって焼失してしまい、現在は基礎だけが残っている。

光圀が頼房の後を引き継ぎ作庭に当たったのは朱舜水と出会ってからで、ほとんどが中国に関わる造作物であるが、これは珍しくまさに日本的な和歌の大家である西行の像を祀った堂である。十八歳で「史記」によって学問に目覚めた光圀は、儒学に精を出し、また、一六五七年（明暦三年）の明暦の大火によって貴重な歴史書等多くの史料が焼失したことを嘆き、史料の収集に当たり、後には彰考館を中屋敷内に構えて、「史記」のような日本の歴史書を作るのに夢中であったにもかかわらず、父頼房も作らなかった西行堂をどうして作ったのであろうか不思議であった。なかなかそこまで記された参考書はなかった。当時の大名は、西行を歌人として最高の評価を与えており、あこがれを抱いていたというのである。だが光圀はそれだけの理由でこの堂を建てたのではあるまいと私なりに考えた。

それは次のようなことであったのではなかろうか。光圀は二十五歳の時、家臣玉野井氏の娘で弥智という女性との間に子をもうけた。しかし光圀は水にせよと命じたそうである。それは、十八歳の時自分の子は兄頼重の子を養子にすることを決めていたからという。しかし伊藤友玄夫妻は、後日叱られるのを覚悟の上で、光圀には内緒で弥智を小石川の自宅で出産させたという。その子が後に高松藩主となる頼常である。光圀は正式に正妻と結婚したのは二十七歳であり、その妻は京都の公卿近衛信

西行堂跡

壽の息女泰姫（壽子）である。当時十七歳であったという。

近衛家は五摂家の中でも最高の家柄で、泰姫は詩歌を好み特に「古今集」や「源氏物語」など古典にも通じた教養高い人だったようであるが、明暦の大火後の一六五八年（万治元年）十二月、二十一歳の若さで病死してしまう。以後光圀は生涯正妻を持つことがなかった。こうしたいきさつのある光圀が、父が亡くなった一六六一年（寛文元年）に二代藩主になって最初に手がけたのが、妻泰姫を偲んで、和歌の大家である西行を祀るお堂の建立だったのではなかろうか。そして、朱舜水と出会って、伯夷・叔斉の像を作らせ、これを祀る堂や、三代将軍家光から戴いた文昌星をかたどった唐銅の像を納めた八卦堂（文昌堂ともいう）等を造ろうという思いが開かれたのではなかろうか、と考えてみた。同時に庭の景観を作る景勝地の大半は京都を舞台としたところが多いが、これは「古今集」や「新古今集」等の和歌から多くを題材としており、そのことからも、どうしても偉才であった西行法師を祀りたかったのであろう。そして彼の生き方も光圀は気に入ったのではないか。なんの苦労もない生活を送っていた西行が、その地位を捨てて、自分探しの生活に入り、大きな寺に入るでもなく和歌を作りつつ自分を高めていったその生き方に光圀は特別な想いを抱いていたのではなかろうか。

西行堂に祀った西行の木像は、砲兵工廠時代に型を取り、十躯銅像を造ったといわれている。その一躯が現在の涵徳亭の和室に置かれている。

【駐歩泉の碑】

西行堂跡の一角に碑が立っている。「駐歩泉」の碑という。西行堂の近くの流れを「駐歩泉」としたのは、西行の歌

道のへにしみづながるる柳かげ
　しばしとてこそ立とまりつれ

によったものである。これを建てたのは九代藩主斉昭公であるが、この碑

駐歩泉の碑

にちなんで夫人吉子がその歌を書いた碑、歌碑を建てたのである。

「駐歩泉」と命名したのは斉昭公で、篆書（てんしょ、漢字の古代の書体の一つ。印刻や碑文に使う。隷書〈れいしょ〉や楷書〈かいしょ〉のもととなった）の碑名を書いた。その裏面には佐藤担（一齋、幕府の儒官）が長文の碑記を書いている。その碑分の後半には、「斉昭公は国の政治にも、大小すべてのこと光圀公に倣っておられ、この流水すらもないがしろになさらない」と書いてあるように斉昭公の想いは頼房・光圀の遺訓を改めて記念することを目的にこの「駐歩泉」とその碑を建立したのである。

（一五）枯滝（枯山水）

これは、後楽園を語るとき無視されても良いほどのものであり、多くの後楽園を語る本にも注釈が出てこない。現実にあまり目に入らない。ここにポツンと枯滝だけが置かれているのは、逆に気になるところである。ここは現在の西門から入り、芝生広場がありその南側に当たる。一九九七年（平成九年）四月より、公園の管理が東京都から指定管理者制度によって民間に移ることとなり、従来の外郭団体から公益財団法人東京都公園協会になった。そのときを記念して「庭園元年」とし、文化財庭園管理に新たな意欲で取り組むことになり、協会理事長の諮問機関として「都立庭園の管理に関する専門委員会（管理専門委員会）を設置し、都立の文化財庭園の利用と管理のあり方について諮問した。一九九九年（平成十一年）三月に「都立庭園の管理についての答申」がなされた。答申内容等については省略するがこうした委員会の活動や、答申を得て、新しい試みがなされた。

その時、協会内に直営の維持管理を強化するための農業園芸職員の増強を図り、実生木（意図して植栽した樹木ではなく、鳥の糞などによって運ばれた種によって自然に生えた樹木）の整理や菖蒲田の手入れ等を積極的に行い、見違えるようになったとのことである。そうした作業の折、この枯滝の周辺が土砂に埋まり、蔦や株が大きくなり分からない状態であったものを、土砂を取り除き、石組を据え直し、樹木の手入れを行った。その結果、今まで埋もれていた滝石石組や石橋が出現して枯山水が蘇ったとのことである（『小石川後楽園』吉川需・高橋康夫著）。

この枯山水の位置であるが、どうしてここにあるのかを考えてみた。景観としての連続性がないのである。恐らくこの枯山水は後楽園の景観を構成している多くの「景」とは異なる目的で作られたのではないかと思われる。本来、枯山水は建物の部屋から観賞するもので、回遊式庭園内に独立的にポツンとおかれても余り映えない。従ってこの枯山水は、明治になって涵徳亭が一時この北側に移築されたことがあり、移築後の涵徳亭のために作られたのがこの枯山水ではなかろうか。（詳しくは「涵徳亭」の項を参照のこと）そして、元の涵徳亭の跡には会議室が建てられた。

その涵徳亭も大正の関東大震災で会議室とも焼失してしまい、昭和になって現在の位置に再び涵徳亭が建てられたという。会議室は廃止された。その時点で枯山水だけがポツンと取り残され、土砂に埋まっていたのではなかろうか。涵徳亭が移されたあたりは、作庭当時は築山となっていたものを、平に地ならしして建てたといわれている。ということは、現在の芝生のあるあたりには築山があって、作庭当時の涵徳亭は、大泉水を観賞した後、幣橋を渡って枝垂れ桜のあたりに行っても築山で遮断され涵徳亭は一望できないようになっていたということである。

（一六）枝垂れ桜

枯滝の九十度左側で大泉水側には枝垂れ桜が目に付く。現在の枝垂れ桜は二代目であるといわれている。五十年～六十年ほど前に植えられたものらしい。先代の枝垂れ桜は樹齢百年と推定されている。従って、作庭当時には無かったのかも知れない。春には見事に咲き誇り、来園者の目を奪う。桜に寄せる日本人の思いは、日本人ならではの美意識の原点でもあろう。中でも枝垂れ桜は一本でも見事に鑑賞に堪えられる。その存在感は他を圧倒する。一般の山桜や吉野桜は群生していればいるほどその鮮やかさに感動するが、枝垂れ桜は一本で「景」をなし、人々にその勇姿を誇れるのが面白い。園内にはいくつもの桜が植えられ、春の桜の咲く頃は華やいだ気分をもたらす。

葉桜になっても柳のようにゆらゆら揺れる大木は面白い。枝垂れ桜は桜の中でも枝が柔らかく垂れ下がる桜をいう。エドヒガンザクラを元にして品質改良されたもので、別名イトザクラとも呼ばれている。多くの品種が多数あり、寿命が長く名木や天然記念物に指定されているものも多い。因みに枝垂れ桜の名所は全国的に分布しているが特に有名な枝垂れ桜はおおよそ次ようなものであろう。

福島県三春町の「三春の滝桜」で樹齢千年と言われている。国の天然記念物に指定されている。山梨県の「身延山久遠寺の枝垂れ桜」、同じく山梨県の甲州市遠山中萩原の「慈雲寺の枝垂れ桜」、栃木県栃木市にある「太山寺の岩枝垂れ桜」、茨城県竜ヶ崎市にある「般若院の枝垂れ桜」、埼玉県川越市の「川越喜多院の枝垂れ桜」、同じく埼玉県の荒川村の「清原寺の枝垂れ桜」、神奈川県小田原市の長興山招大寺の枝垂れ桜」、東京都青梅市の「金剛寺の枝垂れ桜」、同じく青梅市の「梅岩寺の枝垂れ桜」等が東北・関東地域で有名であるが、九州宮崎の五ヶ瀬町の「浄専寺の枝垂れ桜」は天然記念物に指定されている名木である。そして京都では、「醍醐寺」、「平安神宮」、「円山公園」、「地蔵禅寺」の枝垂れ桜が有名である。同じ京都府には舞鶴市の吉田地区にある「吉田の枝垂れ桜」などがある。また小石川後楽園の近くの東京都文京区にある「六義園の枝垂れ桜」を忘れてはならない。

枝垂れ桜

(一七) 唐崎の松

大泉水と蓮池の間に架かっている橋を渡ってすぐの東側で、大泉水の西の端に植えられている松を一つ松と呼んでいる。滋賀県大津の唐崎の松を写したといわれている。このことからも大泉水は琵琶湖を写したものであるといわれている。現在の松は何回も植え替えられているが、光圀が大切にしていた松である。松越しに見る大泉水もまた一興である。松原の松と異なり、この唐崎の一つ松の偉容は一本で十分その存在感を主張している。常緑樹で一年中立派な姿を見せてくれる。一つ松の南側にある枝垂れ桜は、春になると見事に花をつけ、秋になり紅葉して葉が散り枯れ枝で垂れ下がっている姿もわびしさを感じるが、春を待つ心を浮き立たせてくれるなど、この松と対比で見ると植物の持つそれぞれの持ち味が私たちを愉しませてくれて面白い。

唐崎は辛崎とも韓崎とも書く。琵琶湖の西岸の地名で現在の大津市に相当する。かつて、ここに大津宮があった。「唐崎の松」は近江八景の随一（唐崎の夜雨）であった。近江八景は一五〇〇年（明応九年）に関白

唐崎の松

近衛政家が中国の蕭湘（しょうしょう）八景をまねてつくったものである。しかし「志賀の唐崎」を読んだ歌は「万葉集」にいくつかある。

楽浪（さざなみ）の唐崎辛くあれど
大宮の船待ちかねつ

これは柿本人麻呂の作である。

また、織田信長による延暦寺焼き討ち後、坂本城主となった明智光秀が名勝の荒廃を憂えて（唐崎の松が枯れ果てていたのをみて）

われならで誰かはうゑんひとつ松
こころしてふけ志賀の浦風

というのが伝わっているが、本当に光秀が作った歌であるかは疑問であるという。

それから九年後の一五九一年（天正九年）の九月、豊臣家の代官となった新庄直忠がこの地を領し新しい松を植えたと「辛崎の松の木」（青蓮院宮尊朝法親王）に記されているという。そのとき読んだのが、

おのづから千代も経ぬべし辛崎のまつにひかるるみそぎなりせば

でこの歌も直忠が作ったかは定かでないというが、信憑性は高いという。

その後、俳諧師松尾芭蕉が、一六八四年（貞享元年）秋の八月から翌年の九月にかけて門人の千里と共に出身地でもある伊賀上野への旅を記した俳諧紀行文『野ざらし紀行』の中で、琵琶湖を眺望して、

辛崎の松は花より朧（おぼろ）にて

という句を詠んでいる。これは「湖水一面おぼろにかすみわたるなか、湖岸の辛崎の松は背後の山の櫻より更に風情が深いものだ」という意である。

しかし、この句が世に出る前に既に後楽園に辛崎の松は植えられていた。芭蕉は旅する以前にこの小石川後楽園の一つ松を見ていたのであろうか気になるところである。逆に光圀はこの芭蕉の句を読んだのであろうか。

【光圀と松尾芭蕉】

光圀と芭蕉との接点については二つの話がある。一つは、松尾芭蕉が未だ俳人としてさほど有名になる以前（「桃青」と言っていた時代）、神田上水の改修工事に携わっていたという。そして文京区の

関口に住んでいた。現在も「関口芭蕉庵」として残っている。ここは神田上水関口大洗堰の近くであり、当初「水番屋」と呼ばれる粗末な小屋風の家屋であったという。一六七七年（延宝五年）から一六八〇年（延宝八年）の四年間住んでいたという。それから十六年後光圀五十歳、芭蕉三十四歳である。芭蕉が関口大洗堰の改修工事に関わっていたとすればその分水を水戸家に流していたのであるから、当時の水戸藩主が亡くなって二代藩主となった。水戸光圀は一六六一年（寛文元年）に初代藩主であった光圀と接する機会があったであろうということである。実際に二人が面会したという記録はない。ここでは芭蕉について深追いはしない。

もう一つの有名な話は、芭蕉が「奥の細道」で東北地方を旅したとき、弟子である曾良が実は光圀ではないかというものである。もちろんこれも作り話のようである。そういうからには幾つかの根拠があるようであるが、これもここでは深追いしない。

（一八）蓮池

大泉水の左側にある小さな池で、大泉水と繋がっている。この池には蓮が多く繋っており、夏の朝には淡紅、紅、白の花を開く。大泉水とこの蓮池とのつなぎ目に橋が架かっている。欄干の付いた石橋である。そこからこの蓮池を通してオカメザサの小廬山（富士山）が望める。正に極楽浄土の景である。

蓮はインドが原産地。地中の地下茎から茎を伸ばし水面に葉を出す。草高は一メートル、茎に通気のための穴が通っている。水面よりも高く出る葉もある。古名は「はちす」という。花托の形状が蜂の巣に似ているところからそう呼ばれてきた。水芙蓉（すいふよう、みずふよう）とも呼ばれる。漢字で「蓮」と書く。ハスの花を「蓮華」といい、仏教の伝来と共に古くから使われてきた。また、地下茎はレンコン「蓮根」として食用になる。花期は七月から八月で白かピンク色の花を咲かせる。蓮は全てが利用され、捨てるものはなにもない。地下茎はレンコンとして食用にされ、葉は餅や餅米と肉をを包んで蒸すなどして香りを付ける中国料理に使われる。種子もハスの実として、でん粉も豊富で生食される。果実の若芽は果実の中心部から取り出して茶外茶として飲用される。ベトナムでは雄しべで茶葉に香りを付けしたものを花茶の一種である蓮茶として飲用する。撥水性の葉と茎がストロー状になっている性質から、葉に酒を注いで茎から飲む象鼻杯という習慣もある。ベトナムではゆでてサラダの

蓮池

ような和え物にして食べる。また、茎の表皮を細かく割いて作る糸を茄絲（かし）、茎の内部から引き出した繊維で作る糸を藕絲（ぐうし）と呼び、どちらも布に織りあげる等利用される。

仏教では、蓮を神聖な物として扱ってきた。泥にまみれた蓮根を割れば中身は純白であり、清純さを表している等、人の道を教えており、また、泥水の中から生じ清浄な花を咲かせる姿が仏の知恵や慈悲の象徴とされ、様々に意匠されてきた。如来の台座は蓮華を形取った蓮華座であり、また、厨子の扉の内側に蓮華の彫刻を施したりしている。主に寺院では仏前に常花と呼ばれる金色の木製の蓮華が置かれている。また、死後に極楽浄土に往生し、同じ蓮花の上に生まれ変わって身を託すという思想があり、「一蓮託生」という言葉の語源になっている。

蓮に似た花で睡蓮がある。西洋画で有名なモネが描いているのは睡蓮である。蓮と睡蓮の違いを調べてみた。花について、睡蓮は一般的に水面近くに浮かぶように咲くが蓮は水面より高く咲く。葉については、睡蓮には切れ込みがあるが、蓮には切れ込みが無く円形である。睡蓮の葉は撥水性が無く光沢がある。蓮には撥水性があり光沢がない。根についても睡蓮は種類が様々であるが、耐寒性睡蓮は、ワサビのように太い。地下茎が、ゆっくり成長していく。熱帯睡蓮は球根の形をしている。蓮は成長期は細い地下茎がぐんぐん伸びるが秋には先端が肥大し、これがレンコンになる。

（一九）石橋（戻り橋・境橋・短橋）

小石川後楽園内の各名称は、それぞれの「景」について附されている。「用」だけのものには一般に名称はない。

今まで多くの著名人が後楽園を訪れ、それぞれの景観について様々な感想を述べ、それぞれが自分の意を述べてきた。そして多くの景観地に一定の名称が附されるようになった。同じ景観でも幾つかの名称がある。例えば、棕櫚山は木曽山とも呼ばれ、大泉水に浮かぶ中島も天女島、あるいは蓮華島とも呼ばれる。人によっては竹生島という。あるいは亀島という。

しかしこれらは、皆、景観をなしているものであるが、この大泉水と蓮池の境にある「橋」の名は一般になんと呼ぶのか名称がない。この橋を眺める場所がないのだ。即ち「景」をなしていない。

本を書き出した頃はそう思っていたが、三年ほど前に、この橋を建て替えた。二十三年の大震災により一部破損したこともあり、大々的に端をすべて取り外し、発掘調査を含めて作り直した。

そのときこの橋を「石橋」といっていた。確かに石で造られているのでそう呼んだのであろうが、やはりきちんとして名称がなかったといった方が良さそうである。

その調査にかかわった文京区の教育委員会の池田悦夫学芸員の話によると、先に触れた、中山道と、東海道の合流点に当たる地点の石段からこの橋が、真正面にみえるよう計画的に造られていたという。新しく造られた「石橋」はそれなりに計算された景をなしていたのである。

いずれにしても、大泉水と蓮池で分断されている南側と北側をつなぐ重要な橋である。昔、大泉水の中央に「長橋」があったが、それに対して短い橋であり、蓮池と大泉水の境に架かる橋なので（境橋・短橋）と言える。かなり重要な橋であるので名称は必要ではないかと考えたからである。

私はこの本で後楽園の楽しみの一つとして、まだ名称がないものを探し、自ら名称を付けてみるのも面白いのではないかと思いいたったのだ。

この橋の使用のされ方は他の橋と多少異なっているような気がしたのである。橋は一般的には池や水路を渡り、前に進んでいく「用」に作られているが、この回遊式庭園にとってこの「境橋」を渡って前進してしまうと、渡月橋・大堰川・西湖堤の景観には至らない。この橋は一つ松を見てまた、戻ってくる橋である。それにその行きか帰りに、橋の真ん中当たりから蓮池を望むための橋である。戻ってくる橋なのだ。そこで大変恐れ多いことであるが、私はこの石橋を「戻り橋」と命名することとした。いかがなものであろうか。渡月橋と比べて水面よりかなり高く架けられている。ここからの大泉水の眺めも奥行きがあり広く感じる。大泉水側の鯉を眺めるのも面白い。石橋で、平橋でもなく、反り橋でもない中

石橋　修復前

央がやや高い山形の橋である。

（二十）水掘れ石

自然石の水鉢のように中央がへこみ水が張ってあり、座りの良い石の置物である。これは人が彫ったのではなく長い間、水の流れが岩盤を削って形作られた物である。

その水にオカメザサで覆われた小廬山が映し出される。枯滝のところでふれたように、大昔はその南側一帯に奇岩が多く配されていたのではないかと想像される。この石も当時から配されており、ポイントの石であり今日まで残されてきたのではなかろうか。さりげない石の置物が後背地の淡い山肌の築山とよく調和して一つの景観を構成するから面白い。

（二一）小廬山

オカメザサで覆われた二段構えの築山をいう。但し、専門家によるとこの築山だけを指しているのではなく、

水掘れ石

小廬山

この築山の東部の音羽の滝周辺全体の風景が中国の廬山に似ていることから、儒学者の林羅山によって名付けられたという。頼房時代の作庭であるが、林羅山は光圀の代になって光圀に招かれてそのように名付けたという。この築山を作った当時は徳大寺左衛門が作庭したわけで、彼が中国の廬山を意識して築いたとは思われない。

吉川功著『東日本の庭園』(昭和四十六年有明書房刊)の小石川公園の章で述べているが、当時こうした女性的な柔らかい味わいのある築山が、大名庭園において流行した形式であることが指摘されているように、この位置にこうした雰囲気のある築山を作庭したのではなかろうか。そして、一般的には小富士と見立てているようである。そして、東側の大堰川の上流部の荒々しい岩肌のある音羽の滝周辺の景観が、廬山の名勝の一つである滝周辺の景観に似ていることからその辺一帯の名勝として中国通であった羅山によって、小廬山と命名されたので、オカメザサで覆われた築山を指して命名されたのではないと思う。即ち、音羽の滝という名称が既にありながら、同じ周辺を指して別に小廬山という名称を付け、いつの間にか、清水観音堂の舞台の対岸にある滝だからその名称として「音羽の滝」が広く使われ、オカメザサの築山にも特別に名称がなかったので、いつしかこの築山を指して小廬山ということになったのであろう。現在は、中国に行って、実際に見学してこなくてもインターネットですぐ調べられる時代である。開いてみると確かに廬山の景観の一つに大滝の景があり、音羽の滝を下から見上げたときその雄大さから廬山を連想したことはうなずける。それまで廬山について何の知識もなかったが、世界的に有名な観光名所であり、古くから知られており、山水画や、漢詩に多く引用されてきた山であり、林羅山のような博学者ならすぐ連想できたのであろう。しかし、オカメザサで覆われた優しい築山のようなイメージは廬山からは全く見いだせない。あくまでこれは日本の名峰、富士山を写した手法と私は確信している。

（二二）涵徳亭

この建物は一九三八年（昭和十三年）に再建されたもので、当初の建築様式とはまるで異なっているという。頼房の時代に創建されたものであり、当時はガラスの明かり障子があったのでビードロ茶屋と呼ばれていたが、享保の変革時に改築され、一七四二年（寛保二年）林信篤によって涵徳亭と命名された。しかし当初のものは、一八八〇年（明治十三年）五月に焼失してしまい、翌十四年四月に再建されたが、同四十二年五月に庭園の東部に移築され、その跡地には会議場が建てられた。しかし、これも大正の関東大震災により全焼してしまったのである。そこで先に触れたように、昭和になって元の位置に集会場として立てられたのが、現在の涵徳亭である。一九一〇年（明治四十三年）に焼失される前の一九〇九年（明治四十二年）の写真がある。涵徳亭の西側の部屋は大きく西湖に張り出しており、良い景観をなしている。西湖の中に西洋式の噴水のようなものが見られる。これは恐らく一八七九年（明治十二年）に米国前大統領グラントの午餐会があったので、もてなしの心で作られたのではなかろうか。そして、関東大震災によって倒壊し、以後元通りにしたものと想像するものである。現在の涵徳亭の和室に、先に述べたように西行堂にあった西行の像が置かれている。また、奥の広間には、中国宋代范文征の詩「岳陽楼記」の一節の書が掲げられている。

「天下之憂而憂、後天下之楽而楽」（天下の憂いに先んじて憂い、天下の楽しみに遅れて楽しむ）

後楽園はここから名付けられた。この書は平沼騏一郎の作である。なぜ、平沼騏一郎が水戸藩邸の涵徳亭にこの書を掲げることとなったのかは私自身わからない。

平沼騏一郎は津山藩士の子で、一八六七年（慶応三年）から一九五二年（昭和二十七年）の東大卒の政治家である。健児総長・大審院長を歴任し、司法界に巨大な勢力を築く。右翼団体国本社を創設した。一九三六年（昭和五十一年）には枢密院の議長を務め一九三九年（昭和十四年）には組閣して、内閣総理大臣となった。

（二三）西湖堤

小廬山を通り、渡月橋に至る。左に涵徳亭と西湖を望み、右に京都の大堰川を中心とした京都の景を見る。大堰川の景観は頼房が作り、西湖堤は光圀が作ったと言われている。西湖堤は中国浙江省杭州市の西部にある西湖堤を表したものである。この西湖堤はその後多くの大名庭園に取り入れられたという。しかしどうしても私にはこの西湖堤が当時の多くの大名に関心を持たれたのか全く理解できなかった。単に池を仕切っているだけではないか。あまりにも人工的であり、周辺の自然を模した沼地の様な池の空間と噛み合っていない。要するに、この池は頼房の時代に作られたのであろうが、光圀はその池に人工的な直線の仕切りを作ったのである。もしこの堤が無く、頼房当時の池の空間を見れば、先にも触れたように、函徳亭が池に思いきり張りだし、いい雰囲気を醸し出していた。即ち沼地のままで良かった気がする。それを西湖と見立てて、

西湖堤

そこに仕切りを造り、堤と称した。どうみてもこの沼地のような池空間を中国の西湖と見立てたのは相当無理があったと思う。もっと広々した池に、堤と称して長い仕切りのようなものを作り、遠方から眺めるというものならばそれはそれで一つの「景」になった気がするが、この池にはどうしてもなじめない。

ただ、いえるのは、日本庭園の池に対する造形は、歴史的に見て、曲線の池を作りその池の中に中島を浮かべ、そして橋を架ける、というものであった。中島はあくまでも自然を模したものである。橋は当然人工的なものであり、それ以外は沢渡り石ぐらいなものであろう。そうした意味で見ると、この人工的な直線の堤を、池の中央に思いきって作ったということは、従来の池に対する概念を全く代えた斬新極まりない、大きな試みであったといえよう。全く新しい手法を実験的に示したのだ。そこに意義を見いだすならばそれはそれで、日本の造園史上初の快挙といえよう。だからこそ大名達は、この全く新しい発想を取り入れたのであろう。本来ならば大泉水で長橋のあったあたりに作ったら画期的であったであろうが、そこまでは光圀といえども思いきれなかったのであろう。船遊びを考えると当然、邪魔になるし、大泉水は極楽浄土の池であると同時に大海原であり、自然の湖の「景」、「写し」であった。西湖のように干潟を堰き止めて湖とした景観まで池の景には入っていなかったのであろう。そうした意味で、あくまでも実験的にこの沼地のような池で試みたのではなかろうか。その結果多くの大名に評価を得たのであろう、と私は勝手に思うのである。

それにしてもこの小さな池の割にあまりにも巨大すぎる堤ではないか。箱庭ではないが、この池を西湖と見立てるならば、もう少し細くて低い堤であったら、それほどの抵抗感は無かったと思うのだが皆様はいかがだろうか。

（二四）渡月橋、大堰川、屏風岩、通天橋

【渡月橋】

京都の大堰川と桂川の間に架かっている橋が渡月橋であるが、この土橋をどうして渡月橋と称したのかよく分からなかった。この橋の右手の空間を流れる川を大堰川と称し、大堰川の左手の築山を嵐山とするなら、当然そこに架かっている橋は渡月橋ということになる。しかし、実際の渡月橋を模して作られたというより、位置的にみてこの橋の位置が渡月橋のある位置であるので、渡月橋と名付けたのであろう。即ち渡月橋の役割を演じている橋で、実際の渡月橋を模して作った橋ではない。

実際の渡月橋は承和年間（八三四〜八四八年）空海の弟子の道昌僧正が大堰川を修築したおりに、現在の渡月橋より二〇〇メートル上流に橋を架けたのが渡月橋の始まりという。葛野橋、法輪寺橋とも呼ばれた。朱丹に塗られており、天竜寺十景に数えられていたという。それから時代がたって、亀山上皇が、曇りのない夜空に月がさながら渡るようなさまを見て「くまなき月の渡に似たり」といわれたことから渡月橋と呼ばれるようになったとのことである。渡月橋は応仁の乱で焼失し、その後も何回となく洪水で流失したが、一六〇六年（慶長十一年）に嵯峨の富豪である角倉了以が現在の位置にかけたといわれている。現在の橋は一九三四年（昭和九年）にコンクリート杭、鋼桁に改修されたもので、木製の桁隠しや高欄は木製となっている。全長二五〇メートルの橋である。

【景観の創出】

ポイントとしての一つ一つの景観は、「写し」としての景観というより、作庭者が当該ポイントの地形や位置等から美しいといわれる空間イメージを水や石そして植木を組み合わせて、独自の景観美を独創的に創出した結果なのだ。そして出来上がった空間は自然に備わっているどこかの景観と当然似通っているはずである。何となれば作庭者は美しいと感じる景観美を、自然を多く観察して養ってきているからである。従って景観ポイントの名称は後から、鑑賞者の意見等を取り入れてその景観の命名をしているというのが、恐らく後楽園の特色かもしれない。即ち他の庭園と違い、後楽園は地形が始めにありきから造成しているからである。一般的には平坦な土地を、先にどのような景観にしようかというイメージを元に地形を変えていくので、予め既存の景観をイメージしてから作り出していくのである。

【景観の名称】

後楽園の特色というより、大名庭園の特色といった方がよいのかも知れないが、景観ポイントにより同じ景観に何通りのもの名称があることである。大泉水にしても、ある時は大海原であるし、またある位置では、琵琶湖でもあるわけである。嵐山も登り口に立てばそこは琉球山という。こうして一つの景観を、見る角度や視点に応じて何通りにも使い分けるというのは大名庭園の特色というより、日本文化の特色なのかもしれない。厳密にいうと使い分けるというより、見分けるという方が正しいかも知れない。

例えば、使い分ける例としては次のようなもので、これも日本文化の特色である。西洋では一般の住宅において、居間や食堂、寝室、客間は、それぞれ別の空間として用意されているが、日本の住宅では、一つの空間をある時はちゃぶだい（卓袱台、すわって食事をするときの食台）を置いて食堂として活用し、夜は、卓袱台を折りたたんで押し入れに入れ、逆に、押し入れにしまってあった布団を引いて寝室とする。昼は、布団も卓袱台も無い家族団らんの居間として活用し、人が訪ねて来る時は、屏風を立て客用座布団を敷いて、客用卓袱台を出して応対するなど客間として利用する。これが日本の文化なのである。少ない部屋を有効に活用する日本独特の文化なのである。庭の景観については、当然前述した使い分けとは異なり、空間の見分け方とでもいうのであろうか、見る位置や角度によって名称を変えている。

即ち、前者は同一空間に諸道具を変えて配置したり、それらを取り除いたりして空間の機能を変えているのに対して、後者は同一空間を見る場所・位置にによって違ったイメージを与える様に工夫しており、従って見る位置等によって名称を変えているのである。これが回遊式庭園のおもしろみであり、日本人の独特の文化なのである。

【川の名称について】

実際に京都の渡月橋の掛かってる川の名称も上流側は大堰川で、下流部は桂川というように場所や位置で名称が変わっている。これは、特に日本的というより、河川の場合はその流れる距離が非常に長く、河川沿いに上流から下流にかけて昔、多くの部落が作られ、その部落ごとに目の前を流れている川の名をそれぞれ勝手に名付けていたため、当初は一つの河川でも数十の名があったのであろうが、部落を一つにまとめ上げ、統治する者が出現し、その管轄範囲の川については一つの名称として統一化を図ったであろうが、その川が非常に長く、統治者が何人もいれば、その数だけ名称があったのであろう。この大堰川も、最上流では上桂川、桂川と言い、次に保津川と言い、そして大堰川、桂川という。その先で、木津川、鴨川、宇治川等が合流して淀川となるのである。

【大堰川】

大堰川も本来の姿を模したというより、川原の広い悠然たる浅瀬の川というイメージの流れを創出したのであろう。そのために、石浜を作り、浮き石を敷き、浅い流れの中にゆったりした幅広い流れ

大堰川と渡月橋

を演出している。その効果を一層引き立たせるために蛇篭が置かれている。小石を細長い竹で編んだ篭に入れて流れの両側に配している。現在の蛇篭は二〇〇一年（平成十三年）に復元されたものである。

渡月橋から大堰川と遠景の通天橋迄の景観は、紅葉林からの大泉水の景観がパノラマ的広がりのある景に対して、ここからの景観はひとつの縦軸に描かれたような奥行きのある景となっている。

【屏風岩】

前景の石浜の左側には、三つの板状の立石を組んで屏風岩が立ちはだかっている。これは三尊石組みの手法を用いた石組みである。一般の石と違って大きな平たい岩を三個組み合わせてまるで屏風のようにしてあるが、その基本は枯山水で良く使う手法を取り入れているのである。

【通天橋】

奥の谷間に掛かっている橋を通天橋と称している

屏風岩

が、これも先に見たように、京都の五山の一つである東福寺の中の通天橋から名付けられた橋である。本来の橋は、このような朱色の欄干のある反り橋ではなく、屋根のある橋である。ただ、紅葉と、この橋の調和がよく、紅葉の名勝地として有名な場所である。そうした意味でこの空間は、谷間に掛かり、紅葉林とうまく調和しているところからの名称であろう。とにかく、秋の紅葉の季節にはこの渡月橋からの眺めは圧巻である。庭の観賞における「起承転結」のまさに「転」の部分の景観構成になっている。惜しむらくは、折角なら、屋根付きの橋であったらもう少し楽しみが増えた気がする。この通天橋は朱塗りの反り橋で一九六一年（昭和三十六年）に復旧したもので、作庭当時は石橋であったというが定かでない。

【東福寺】

通天橋のある東福寺について少し見てみよう。こ

通天橋

のお寺は「京都五山」の第四位の臨済宗東福寺派の大本山である。一二五五年（建長七年）摂政九条道家（摂政・鎌倉将軍藤原義経の父）が高さ五丈（約十五メートル）の釈迦像を安置する寺院を建立したのが始まりである。寺名は奈良の東大寺、興福寺の二大寺院から一字ずつとって「東福寺」とした。諸堂の完成は一二七一年（文久八年）、円爾弁円（えんにんべんえん）、賜号は聖一国師（しょういちこくし）を開山に仰ぎ、当初は天台・真言・禅の各修養額の堂塔を完備していた。高さ五丈の本尊釈迦像は二度焼失出して、長さ二メートルの巨大な手だけが現存している。

「通天橋」は仏殿から開山堂（常楽庵）に至る渓谷・洗玉澗（せんぎょくかん）に架けられた橋で、一三八〇年（天授六年）春屋妙葩（しゅんおくみょうは）が谷を渡る労苦から僧を救うために架けたと伝えられている。歩廊の入り口には同国師の筆になる「通天橋」の額がかけられていた。南宋経山（きんざん）の橋を模し、聖一国師が通天と名付けたという。経山（きんざん）とは中国南宋の五山の一つである経山興聖（きんざんこうしょう）万寿寺のことである。その後、第四十三世住持性海雲見が修造し、長廊を架したともいわれているが、その後も幾度も架け替えられて、現在のものは一九五九年（昭和三十四年）台風によって倒壊したものを一九六一年（昭和三十六年）に再建したものである。

【京都五山】

京都五山とは何なのか、京都以外にも五山はあるのかについて調べてみた。

「五山」は制度としてインドの五精舎にならい、中国南宋末期に禅宗の保護と統制のために格式高い五つの寺を定めたことに由来する。鎌倉幕府が開かれる前年の一一九一年（建久二年）に、南宋から帰国した僧侶栄西によって伝えられた禅宗は、その後隆盛を極め、鎌倉時代の末期、幕府は次々と大寺院を建立した。北条氏は南宋にならい五山制度を導入し、鎌倉の主な禅刹を五山と呼ぶようになり、その後、鎌倉幕府が滅亡し、室町時代の初期には、鎌倉と京都にそれぞれ五山が定められた。それに次ぐ十刹と諸山が選ばれ、この制度が定着したといわれる。その後たびたびの改訂がなされ、一三八六年（至徳三年）足利義満の時、五山の上に南禅寺が置かれた。京都五山とは天龍寺、相国寺、建仁寺、東福寺、万寿寺である。そして、鎌倉では建長寺、円覚寺、寿福寺、浄智寺、浄妙寺が定められた。一六一五年（元和元年）に徳川幕府は五山十刹に対して法度を出した。もともとは政治政略の為の寺を格付けし、管理するために足利氏が任命権を持って順次格式の高い寺に昇任させる制度であった。ちなみに中国の五山は南宋の末期に設立された杭州林庵府を中心に経山興聖（きんざんこうしょう）万寿寺、北山景徳霊陰（ほくざんけいとくりんにん）寺、太白産竜景徳寺、難産浄慈智恩光孝寺、そして阿育王山広利寺である。

（二一五）清水観音堂跡

大堰川の西側の築山は、富士山とか琉球山と呼ばれる本庭園で最も西にある大築山で、恐らく作庭当時は結構厳しい登山路となっていたのであろう。それこそ巨岩や奇石が折り重なっていたのであろうと想像される。桂昌院のご来園の際、これらの巨岩や奇石は除かれたのであろう。しかし、実際には桂昌院は果たしてこの山を登られたのであろうか。私が勝手に推測すると、渡月橋まできて、西湖堤と大堰川、通天橋を望み引き返し枝垂れ桜の北側の石橋（戻り橋）を渡って、丸屋のある広場を経て、沢渡りを渡って松原に出て、そこから河原書院に向かったか、あるいは、渡月橋や、枝垂れ桜までも行かずに、紅葉林からすぐに長橋を渡って松原に行き即、河原書院に向かったのではないかと想像する。

この築山の頂上には京都の清水観音堂と清水寺の舞台を模したものがあった。しかし、関東大震災でともに焼失してしまい、今はその跡地のみとなっている。清水舞台は崖下から柱を組みあげてせり出しており、すばらしい見晴らしであったといわれている。観音堂内には室町時代の作といわれている如意輪観音が安置されていた。関東大震災による堂の焼失以前に持ち出され、現在、東京都が管理している。

【法輪寺台】

清水観音堂に至る手前の右側に平坦な見晴らしの良いところがあるが、景観ポイントとしてあげられ

清水観音堂跡

ていない。築山嵐山の頂上部分である。何の名称も付いていないということは恐らくこのあたりに巨石・巨岩が多く置かれていたのではなかろうか。そして、桂昌院の御成の時除かれたのであろうか。それにしてもここからの眺めも清水舞台と比べれば多少劣るが、景観対象が清水舞台と異なり、それなりに大堰川と西湖・涵徳亭が眺められ、一休みによい空間である。どうせなら、ここにも名称をつけるべきと考える。私としては嵐山の中腹にある法輪寺境内をイメージしたいところである。実際に法輪寺に見晴台があったかどうかは別として、「法輪寺台」という名称にしてはどうであろうか。

清水舞台

法輪寺は山号智福山。宗派は真言宗吾智教団に属する。通称嵯峨虚空蔵という。本尊の虚空蔵が、「嵯峨の虚空蔵さん」として親しまれている。奥州会津柳津の円蔵寺、伊勢の朝熊山の金剛證寺とともに、日本三大虚空蔵」と称される。古くは、「今昔物語」、「枕草子」、「平家物語」などにその名称がみられ、知恵、芸事の上達、また丑寅年生まれの守り本尊として信仰を集めている。また、十三詣りや針供養

・うるし祖神の寺として有名である。

寺伝によれば、七一三年（和銅六年）に行基が元明天皇の勅願により、五穀豊穣、産業の興隆を請

願する葛井寺（かのどいでら）として建立したともいわれている。その後、空海の弟子に当たる道昌が八二九年（天長六年）虚空藏を安置し、八六八年（貞観十年）法輪寺と称した。室町時代、応仁の乱により罹災し、江戸時代、御陽成天皇により再建されるが、幕末、一八六四年（元治元年）の禁門の変により再度罹災した。

【清水寺】

清水寺は東福寺と同様京都東山地区にある。東海道新幹線の北側にあり、東福寺は南側に存する。清水寺の創建は古く「清水寺縁起」によれば七九八年（延暦一七年）に坂上田村麻呂によって創建され、八〇六年（大同元年）には桓武天皇の御願寺、そして八一〇年（弘仁元年）鎮護国家（ちんごこっか）の道場となり隆盛した。「せいすいじ」ともいう。京都市東山にある北法相宗の寺。山号は音羽山。本尊は十一面観音で、西国三十三所第十六番所。清水寺は天災の他、興福寺に属したために延暦寺と興福寺の紛争に巻き込まれたこともあって焼失破壊を重ねた。現在の本堂（国宝）は一六三三年（寛永十年）再建のもので、密教本堂の典型的形式を示す。急な崖地にあるため長い束柱で支えられて、いわゆる懸造（かけづくり）となっており、前面は清水舞台として有名である。檜皮葺（ひわだぶき）の大きな寄棟造は江戸時代建築の代表的な遺構である。一九九四年（平成六年）世界文化遺産に登録された。

【鎮護国家】

外敵撃退・災害阻止・疫病消滅などをめざして、災いから国土を守るために神仏に祈ること。こうした考え方・思想を鎮護国家思想という。ことに仏教は古代に於いて、唐や新羅との対立が激化したことから、外嫡の激攘（げきじょう）を祈って仁王会（にんのうえ）を修するなど鎮護国家の役割を演じ勢力を伸ばした。奈良時代には国分寺・国文尼寺等が創建され、鎮護国家の請願が盛んとなり、この思想は頂点に達した。平安京に遷都した後も、最澄らが鎮護国家をとなえた。

【仁王会】

古代、宮中十五大寺・諸国国分寺などで、鎮護国家の請願のため「仁王教」を講じた法会をいう。天皇即位後に行われる一大一度の大仁王会、春秋二季の仁王会、女院仁王会、臨時仁王会などがある。

（二二八）音羽の滝

清水観音堂の対岸には滝組があり、今は水は流れていないが、同じ清水寺の境内にある滝なので音羽の滝と名付けられている。雄大な勇姿を見せていたが、元禄の大震災で破損し、水が止まり滝の景観が失われた。一九一四年（大正三年）になってこれを復元して水を落とす設備をしたが、その後また流れは止まってしまったという。この滝の石組みは本庭園の中でも最もよく保存されているというが、何回かの修復によって作庭当時の豪華な手法は見られないという。この滝の水は、この築山の北側にあった水車小屋から汲み上げた水を落としていたようであるが、その水車小屋も今はない。出来れば水を引き上げるのに水車小屋ではなくとも最新のポンプで水を引き上げ、豪快な滝を落としてもらいたいものである。この滝も下から見上げると壮大な滝で、中国の廬山の雄大な滝が連想されたため、先に触れたように林羅山によって小廬山と名付けられたという。実際の音羽の滝自体は、さほどの滝ではないようである。

（二七）沢渡り

清水観音堂の跡地に至る前に、右の階段上の坂を降りると大堰川に至る。先に述べた通天橋が左に望める。大堰川には対岸に渡れるように飛石が置かれている。これが沢渡り（石）と呼ばれているものである。清流に長い間さらされているとこのように丸みの帯びた石になるだろうと連想される手頃の石を渡っていくと、川の上流に来た実感を味わえる。そこから見上げる先に、先に振ふれた音羽の滝が流れ落ちていたのである。想像しただけでも愉しくなる。

（二八）得仁堂

通天橋の東側には得仁堂が建てら

大堰川の沢渡り石

れている。この庭園内で最も古い建造物であり、幾度かの災害から免れ、今日まで作庭当時の姿をとどめている。ここは先に述べたように光圀が『史記』を読んで、感動した伯夷と叔斉そして泰伯の木造を祀った建物である。まさに光圀の一念をうかがい知ることが出来る。「得仁堂」の名は孔子が叔斉・泰伯を「求仁得仁」と語ったことによるとされている。

後世には孔子堂、釈迦堂、八幡堂などと称されたこともあるようだ。要するに歴代の藩主によって、それぞれお気に入りの崇めるものを祀ったのであろう。今は中はがらんどうであるが、出来れば模造でよいので伯夷・叔斉及び泰伯の像を造り、ここに祀ってもらいたいものである。

現在、叔斉及び泰伯の像は木造なるが故に朽ちてきており、別に東京都が保管している。

得仁堂

（二九）丸屋と広場

得仁堂を後にして右側へ周り込み、いったん大泉水の西側の広場に降りる。右手にひなびた茅葺きの田舎風の酒茶屋で丸の字を染め抜いた暖簾を下げていたと言われている。丸屋と書いて「まろや」と読んだそうである。この辺りは砂利敷きの平坦地になっており、一息入れられるが、作庭当時からこの一帯は現在のように平坦地であったのであろうか思いが募る。恐らくここも奇岩・巨石で半分以上見応えのある景観が作られていたのではなかろうか。山奥から降りた瞬間、あっと言わせる空間があったに違いない。

あるいは、大泉水周りは当然大きな岩の石組みがあり、紅葉林の方向からもこの辺りの景観は大泉水の右手の荒磯上の松原と対比的な景観をなしていたのであろう。現在のように単なる平坦地ではなかったに違いない。桂昌院の御成りの時か、享保の変革

丸屋

の時か分からないが、どこがどう変えられたのか興味深いのであるが、記録に残っていない以上、想像力たくましく作庭当時を思い起こすしかない。

（三十）大泉水の沢渡り

一服してから大泉水の北側にある沢渡石を松原の方に進むと、途中の左手に白糸の滝が静かに白い糸を引いている。沢渡り石は先の大堰川にもあったが、ここの沢渡り石は大きくダイナミックである。白糸の滝から大泉水に流れる川に設けられているもので、大股で渡らないと池に落ちてしまいそうである。高齢者には結構きつい気がする。そのようなわけで、桂昌院はここを渡ったのかは疑問である。そう考えると、紅葉林からすぐに長橋を渡っていったのではないかという考えが優先する。大きな鯉を見ながら渡るのは興味深い。

白糸の滝前の沢渡り石

（三二）白糸の滝

この滝は作庭当時は無かった。第六代藩主治保の時代に、神田上水を引き込み新しい流れを作って、その下に滝を設け大泉水に流していたという。記録によると、この当時、長橋が廃止されたという。

滝の石組みは、石垣積の上に切石を渡し、左手には巨大な立石を滝添え石として組むなど、堂々とした造りとなっており、滝の流れは涼しげである。白糸の滝は日本各地にあり、名の知れているものでも八つほどあるが、ここの滝は軽井沢にある白糸の滝である。高さ三メートルほどで幅は七〇メートルくらいの滝であるが、一般の滝のように川から流れ落ちたり、池や湖から流れ落ちる滝と異なり、地下水が岩肌からわき出して白い糸状に幾重にも降り注ぎ白糸の滝となっているものである。その雰囲気がよく出ており、なかなかの見応えのある滝となっている。現在修復中であり見られないのが残念であるが、

白糸の滝

オリンピック開催日前には元の姿をみせてくれるであろう。

（三二） 大黒山

白糸の滝の右手にある築山をいう。ここには大黒天の像を安置した堂があった。かたわらの樹木に光圀が幼少の頃に小刀によって「大黒」の二字を彫ったという。そして『後楽紀事』では「今も残れり」と書いているので、少なくとも一七三六年（元文元年）には残っていたようである。

（三三） 萱門跡

沢渡りを渡って松原を右手に見て、左の築山大黒山を左手に回り込み、円月橋に向かう。その手前の左側に萱門跡がある。この門は、光圀の時代、町民をここから庭に招いたときの門であるといわれている。町民は一旦休憩所に集まり、そこからこの門をくぐって御庭に入ったようである。しかし、光圀が亡くなると次の藩主からは、そうすることをやめてしまい、町民から寂しがられたという。いかに黄門様は一般町民にも人気があったかが分かる。その後、六代藩主治保の頃から再びこの萱門から町民等の入園を許していたようである。萱門の内側は現在は休憩所となっている。

（三四） 円月橋

朱舜水の設計といわれる石造りの半円形の橋である。時の名工と言われた駒橋嘉兵衛が一六七〇年頃(寛永年間)作った中国式の頑丈な橋で、今日までびくともせずに耐えてきた建造物である。しかし、最近欄干の石材の割れやひびが見られるようになり、現在解体工事が行なわれている。また、解体してわかったことであるが、橋の上面を覆っている敷石と骨組の石との間にわずか一センチメートルほどの厚さの土が上石を固定するために敷かれており、橋の両側に立っている大木の根がそのわずかな土を目指して入り込み、表面の敷石を浮かせてしまったとのことである。

　このまま放置しておくと危ないというので、二〇一一年（平成二十三年）に入ってから修理が始まり現在は工事も完了し、美しい姿を見せている。

　半円形の石造りの橋は日本では珍しく、長崎の眼鏡橋や熊本県の通潤橋が有名である。日本で最も古い石造りアーチは沖縄県にある天女破水で一五〇二年（弘治十五年）だそうである。いずれにせよこの橋を渡ることは出来ない。この橋が、下を流れる神田上水に写ると満月のように丸くなり、円月橋の名

円月橋

が生まれた。本来このような見応えのある橋はもうすこし目立つ位置にかけられても良さそうに思っていたが、光圀は頼房の作った庭を基本的には作り替えていないのでこの北西部にひっそりと作らせたのであろう。

（三五）立ち手水鉢

円月橋を見てから八卦堂に向かう登り階段の途中の左側に、石の円柱ならぬ角柱が高く伸び立っている。初めはこれが何であるか全く見当が付かなかった。八卦堂のあった地にたどり着いて左手を見ると石の水鉢がある。何気なく近づくと、先程の角柱の天辺にくぼみが掘られており、鉢となっているのである。よくもこのような石の使い方をしたと感心した記憶がある。高さが二メートルはあると思う。

立ち手水鉢

八卦堂跡

（三六）八卦堂跡

このお堂も関東大震災で焼失している。今は跡地となっており土台だけがある。これは光圀が作ったもので、初めは文昌堂と言い、後に金比羅堂とも呼ばれたが、建物が八角形であったことから八卦堂と呼ばれてきた。先にも触れたが、光圀は水戸から江戸の小石川邸に上り一六三三年（寛永十年）十一月六歳の時、正式に世子として認められた。七歳の時英勝院につれられて、江戸城に入り、世子としてはじめて将軍家光に謁した。この時将軍から光圀は文昌星をかたどった唐銅の像を与えられたという。

この像を大事に祀ったのがこの文昌堂である。文昌星とは、中国で、北斗七星中の六星を称し、文学のことを司るといわれ、試験の合格をこの星に祈るところから、光圀が後年「名君」と言われるようになったのはこの文昌星のみちびきによるものかと家臣達は噂をしたという。

（三七）小町塚

文昌堂の近くに小町塚がある。小野小町の塚である。平安時代の歌人であり絶世の美人といわれているが詳しい人物像は定かでない。誕生の地も多くの説があり、日本各地の小野という地名を持っているところがそれぞれの言い伝えで、われこそが小町誕生の地であるとしている。

歌風は情熱的な恋愛感情を反映させ、裁麗、哀婉、柔軟、艶麗である。「古今和歌集」の序文において紀貫之は彼女の作風を「万葉集」の頃の清純さを保ちながらたおやかな王朝浪漫性を漂わせていると絶賛している。しかし当時の小野小町とされる絵や彫像は現存されず、後世に描かれたもので、それも大半が後ろ姿で、素顔を描いたものはない。故に美女であったか否かについても真偽の程はわかっていない。しかし個々の資料や諸説から、八二五年（天長二年）から九〇〇年（昌泰三年）の頃活躍したと考

小町塚丸屋

えられている。系図集「尊卑分脈」によれば小野篁の息子である出羽郡司・小野良真の娘とされている。しかし小野良真の名は「尊卑分脈」にしか記載が無く他の資料には全く見あたらないという。それに小野篁が生存していたのは八〇二年（延暦十一年）～八五三年（仁壽二年）を考えると、小野篁の孫とは年代があわないなどわからないことが多い。

しかし、仁明天皇の治世の人物である在原業平や文屋康秀などと和歌の贈答をしているため実在性は高いという説もある。実際これらの歌人との贈答歌は多く伝わっている。墓も誕生地と同様多くの地名があり、それぞれが、小野小町の墓なり塚や碑が建てられている。この後楽園には先に触れた「西行堂」が光圀によって建てられ、西行の像が祀られていたが、彼は「新古今和歌集」の代表的歌人（一一一八年から一一九九年の平安後期）であり小野小町の時代よりかなり遅いが、共に歌人で、恐らく、光圀の正妻で早く亡くなった泰姫が当時の歌が好きであったことから、彼女を偲んで、こうした塚を建造したのではなかろうかと想像してみたが、しかし、言い伝えによると、これは小野小町の塚ではなく、常陸の小野の石が塚石に使われていたので、光圀が戯れに小町塚と呼んだということが由来ともいわれている。

（三八）愛宕山

この辺り一帯の築山は京都の愛宕山を模したもので、全くの山奥を連想させる。山の形というより古くから京都住民の信仰対象の山であった愛宕山を、この辺一帯の名称としたのであろう。京都にある愛宕山は大堰川の北方で、清水寺や東福寺の東部ではなく、大堰川のある西部地区である。京都盆地の西北にそびえる山で、東北部の比叡山と並び古くから信仰の対象の山とされた。神護寺などの神社が愛宕参詣の高雄山にある。山頂には愛宕神社があり、古来より火伏せの神として京都住民の信仰を集め全国各地に広がっている。

山頂は京都市に所在するが約一・五メートル西に市境があり、山体は亀岡市にまたがる。標高九二四メートル、三等三角点（「愛宕」八〇二）は北方四〇〇メートルの地点に所在する。

本能寺の変の直前に明智光秀が愛宕神社を山詣し、愛宕百韻を詠んだことが知られている。亀岡市からの愛宕神社への山道は、光秀が通ったことから「明智越え」と呼ばれている。

（三九）愛宕坂

八卦堂に至る前の右側をみると、急勾配の階段が下ってある。石段で七十段あるそうである。愛宕神社に向かう参道を模したものという。現在、看板に京都愛宕山の愛宕坂と書かれている、しかしこの階段は本場の京都の愛宕山の参道というより、東京の愛宕山で（現在港区武蔵野台地の末端にある標高二十六メートルの小さな丘で、山頂には愛宕神社がある。社前に石段があり、急な坂で有名。この急な坂を、三代将軍家光の求めに応じて高松藩士で三馬術として名高い曲垣平九郎が乗馬のまま登ったとされる）その階段を模したものとした方が物語性があり面白いのではなかろうか。といっても京都でなければ意味がないのでやむおえないのであろう。幅も狭く踏み石も狭いため上り下りはできないが景観としてはおもしろい。できれば丸屋のある下から眺めるのがよい。

（四十）花菖蒲田

愛宕山を下りて花菖蒲園の前に出る。ここらは視界が開けて山奥の景観は一変して田園風景を展開させる。花菖蒲はアヤメ科の多年草で、日本の代表的な初夏の園芸植物。日本各地、東アジアの産地。草原に六〜七月に赤紫色の花を開くノハナショウブを栽培改良したものである。これは、アヤメやカキツバタとは剣状葉の中脈が著しく隆起している点で異なる。品種が多数作られたのは江戸時代以降である。江戸郊外地の堀切菖蒲園で作られた江戸（東京）ハナショウブと、これから作出された花弁の幅が広く豪華な肥後（熊本）ハナショウブと、花弁が優美に垂れ下がった伊勢ハナショウブの三系統があるそうである。もちろんここでの花菖蒲は江戸ハナショウブである。いずれも野生種と比べ

愛宕坂

菖蒲園

て大輪で、花色も紫、白、淡紅、それらの絞り、覆輪があり、花形にも八重咲獅子咲等がある。我々素人にはアヤメや杜若との区別はつけにくい。しかし初夏に水辺に咲く紫や白の花びらがそよ風に吹かれゆらゆら揺れて咲く姿を見ると、涼しげになるのも不思議である。

（四一）神田上水跡

神田上水は現在の三鷹市にある井の頭池を水源とする上水で、その起源は定かでないが慶長年間以降と推定されている。途中、補助水源として、善福寺池を水源とする善福寺川と淀橋で玉川上水の分水（神田上水助水堀）、更に妙正寺川を併せて小石川の関口大洗堰に至り、大洗堰は流れてきた水を左右に分脈し、左側を上水に使う水として水戸藩のこの小石川後楽園に流した。右側を余水として江戸川と呼ばれるようになった。水戸屋敷に入った上水は、まず小石川後楽園の池に蓄えられて園内を通って屋敷内に入り、飲料水や生活用水として使われた。また屋敷を出た上水は水道橋（水の懸樋）で神田川を横切り、神田や日本橋方面に給水していった。

一般的には神田上水は一五九〇年（天正十八年）に家康の命を受けて大久保藤五郎忠行が開削したと言われているが、これは小石川上水で、その上水道がその後発展・拡張されたのが神田上水と言われている。小石川上水の詳細は不明で、その流路及び規模に関しても定かでないそうである。神田上水は先にも触れたように、慶長年間に開削され関口の大洗堰の完成を待って江戸屋敷を通過していったので、少なくとも水戸屋敷を建設しだした一六二九年（寛永六年）以前に作られたと推定されている。

現在の庭園の北部を西から東に流れているのが神田上水の跡である。現在は地下水によって一日当たり四六〇トンを汲み上げている。作庭当時の池泉の水は正に飲み水であるため、その透明さは池の底まできれいに見られ、水面はきらきら光り、鏡のように周囲の緑を映していたのであろう。想像するだけでもぞくぞくする。

神田上水跡

（四二）水車小屋

音羽の滝と名付けかれている瀑布の景観は、林羅山によって小廬山を思わす勇壮な景観といわれた。その瀑布の水は、庭の西北の隅の萱御門外番所の近くで、神田上水を庭園内に引き込むあたりに水車小屋があり、そこで水を汲み上げて木の筧を通して瀑布上まで流し、そこから落としていたという。水車小屋といっても、そこには「龍骨車」が置かれていたという。「龍骨車」は水田などに用水を汲み上げる工作物で、人がペダルを踏んで水を汲み上げるもので、東南アジアの農村などで現在でもこの光景を見ることが出来る。流水の勢いが弱い場合、水の流れだけでは上の方にまで水を汲み上げることが出来ないからである。この装置は、元禄の大地震によって崩壊し、以後、今日までに一回だけ再建を試みたがすぐに壊れ、結果的に枯れたままとなっている。

（四三）八ツ橋

花菖蒲園の一画に八ツ橋がかけられている。花菖蒲園を木造の八枚の板が一直線でなくジグザグしながら架けられている。今にも流されそうな儚い橋が架けられ、天に向かって剣状に突っ立って咲く花菖蒲を縫うように、水平の木の橋が架けられている景観はいかにも日本的な絵画を見ているような、何とも言えぬ風情を醸しだしている。

八ツ橋が世間の知られることになったのは、平安時代にさかのぼる。江戸時代、東海道五十三次の三十九番目の宿場として栄えた池鯉鮒（ちりふ）（現在の愛知県知立市）の八橋町の無量寿寺の庭園にカキツバタの名勝があり、平安の歌人在原業平がこの地を訪れ、「かきつばた」の美しさに「かきつばた」の五文字を句頭に入れて歌を詠んだことに由来する。そしてこの「八橋」の地名の謂われは「川の流れが雲の手のように幾筋にも別れているので橋を八つ架け渡してあるのでこの地を「八橋」といった」そうである。

これらのことは在原業平が著した「伊勢物語」の九段に記されている。京から東の国を目指して下る途中、この八橋に寄ってカキツバタの美しさに詠んだ句が、

八ツ橋

からころも　きつつなれにし　つましあれば
はるばるきぬる　たびをしぞおもう

（その意は、唐衣をズーと着ていると身になじんで来るが、丁度そのように慣れ親しんできた妻を京に残して、一人旅するは思えば遠くまで来てしまい、なんともやるせないことだろう。）

というものであった。

しかし、この八橋も京保の変革時に取り壊された。現在の八ツ橋は、大正時代の後半から昭和の初期の砲兵工廠が管理していた時代に、田村剛氏が設計して復元されたとのことである（『造園研究・田村剛・後楽園の意匠』一九三八年で自ら設計したことを明らかにしている）。

（四四）藤棚

花菖蒲園の隣に藤棚がある。棚は丸太の柱に竹で組まれており、藤つるが絡み花房が垂れ下がるように作られた観賞用の棚である。フジはマメ科のつる性落葉樹で、日本産のフジ属にはフジ（ノダフジ）とヤマフジの二種があり、一般には両種をフジと総称する。ノダフジは本州～九州の低山地や平地にはえ、茎は長く伸びて、他の物に絡む。葉は奇数羽状で、小葉は五～九対で卵形で薄く、両面に毛がある。四～五月に下垂する長い総状花序を出し、多数の蝶形の花を開く。花は一～二センチメートルで、藤色、紫色、または淡紅色である。豆果は大型で平たい。十月に熟する。埼玉県春日部市牛島のものは特別天然記念物で鑑賞用として古くから植えられ、シロバナフジ、ヤエフジ、アケボノフジ等の園芸品種がある。ヤマフジは近畿～九州の山野にはえる。茎は巻き方が逆で、小葉は4から～

藤棚

5対、やや厚く、裏面には毛が多い。花序はやや短く紫色の蝶形の花は大きい。シロバナヤマフジ、ヤエヤマフジなどの園芸品種がある。共につるを編んで縄や篭などにする。後楽園のフジは当然ノダフジである。
　フジは一本の木として花を咲かせて楽しむというより、古くから日本の一般の民家でも藤棚を作って楽しんだものである。私も子供の頃この葉っぱをちぎり、上着の胸に貼り付け、勲章としてはしゃぎ回った頃を思い起こす。後楽園では棚の高さを変えた数種類の棚が出来ている。花の垂れ下がる下には入れない。

(四五)　梅林

　庭の北東部に梅林がある。しかしこの梅はいつ頃から植えられていたか定かではない。光圀は、晩年梅里先生と称されたように、梅が幼少の頃より好きで、光圀の代に植えられたのであろうということであるが、後楽園を記した古い資料『後楽紀事』には梅林について記載がないという。梅は、光圀もこよなく愛したように、ただ、花が可憐で美しいだけでなく、その実は干して保存食となり、あるいは調味料として、また、生薬として鎮咳・止瀉薬としての効能も高く、樹皮は染料、実は口紅に、材は床柱や櫛、将棋の駒に利用された。食欲不振や暑気あたりにもよく効き、一日一粒の梅を食べると体に良いということは、かなり古くから言い伝えられていたようである。おにぎりの具に梅干しを入れると日持ちが良くなり、戦国時代には、武士はこの梅干しをなめて飢えをしのいだという貴重な保存食となるなど利用価値の高い植物であるが故に、戦国時代には多くの大名が競って植えたそうであるが、平時となった江戸時代の初期の庭にはあえて植えられなかったのではないかと推測されている。

しかし、江戸中期には江戸において梅の品種改良が盛んに行なわれ、多くの庭に植えられてブームを迎え、大いにもてはやされたという。後楽園もそうした中で植えられたのであろう。

そもそも「梅」は万葉の中期に中国からもたらされ、瞬く間に当時の人びとの心を奪い、広く行き渡ったといわれている。しかし、最近の説では、原産地中国から梅が渡来したのは弥生時代の水田稲作と同じ頃だという。恐らく万葉の中期頃、中国で梅が貴人にもてはやされ、日本においてもその風潮がもたらされ、梅を尊ぶということが盛んになされたのであろう。このように古くから桜と並んで梅は日本人の愛する木花として位置付けられてきた。万葉集ではウメを詠んだ歌が多く、桜を詠んだ歌より三倍も多いという。その理由の一つに「梅は咲いたか桜はまだかいな」と唄われているように他の花に先んじて咲く梅は、春を待ちわびる人々にとって、春の到来を告げる貴重な花であったのである。更に梅に備わっている呪力、難除けという力があると信じられて大切にされたことも広まった理由の一つとされている。

江戸で梅を最初に植えたのは太田道灌といわれている。一四五七年（長禄元年）頃で、徳川家康が江戸に入城する一四六年前である。菅原道真への崇敬の念と兵糧用として実を結ぶ梅を植えたのである。一四七八年（文明十年）天神社を祀り数百株の梅を植えている。現在の梅林坂として残っている。湯島天神にも梅を寄進した。植栽地としてむいていたので、その後の生育もよく、今日まで梅の名所として存続している。梅は原則的に日照りと排水が良い地域を好み、浅根性の果樹で、花木である。江戸の山手台地はみな関東ローム層であり、富士山の噴火による噴出物であり、上層部は腐食を含んだ黒色の土質であり、その下には赤土が主体となっている。植物に向いた地質である。特に梅にとっては理想的な地質といえよう。

江戸城の海抜は二〇～三〇メートルで梅の育ちが良かった。それに対して下町地区の土質は沖積土から成っており、一般に上部は砂礫であり、粘土層を含む場合もあるが水分は下に抜け易い。しかし中層部は粘土を主とした砂質粘土で排水が良くない。江戸にはこのように山の手台地と下町地区の土質と高度の違いがある地域が存在していて、植物にとって場所に応じて生育しにくい地域がある。

後楽園の梅は大正時代の実測図には梅園の位置に数本樹木が記されているだけであったという。相関芳郎氏の著『江戸・東京の下町と山の手台の庭梅と盆梅』によれば、彼が後楽園の植物管理を担当し、一九六六年（昭和四十一年）に梅の増植を始めたと記している。いずれにしても後楽園で梅に関する記述は少ないという。

　このように見ると後楽園の地は、低湿地帯で恐らく水はけが良くなく、梅にとっては生育しにくい土地であったのではなかろうか、と私はそう感じた。湯島は昔からの島で台地であり、今なお梅の名所であるのに、現在の後楽園の梅は大部分が近年になって植えられたものであるという。

　水戸の弘道館にある九代藩主の斉昭が建てたという「種梅記」という石碑には、斉昭が江戸より持ち帰った数十株を初めて植えたとあることから、てっきり、小石川後楽園の梅を持ちかえったと思っていたが、恐らくそうではなく染井、駒込、巣鴨辺り一帯は植木の生産地で生産業者が畑を持ち、江戸の大名や商人の庭用の植栽が行われていたので、そこから梅の苗を買い求めて偕楽園に植えたのであろう。そして、近年里帰りということで水戸の偕楽園から何本かの梅が後楽園の梅林内に送られ、記念植樹祭が何回か行われているので、てっきり後楽園内の梅が水戸に送られたと思いこんでいたが、恐らく後楽園内の梅では苗として他の地に持って行くほどの元気はなかったと思うのである。

　桜は、暖かい日が何日か続けば咲くが、梅は例え暖かい日が何日か続いても咲かないことが多い。従って桜の咲く頃はたいてい気温が一定しているが、梅の場合、暖かい日が、とびとびでも通算何日かの累積日数によって決まるので、冬の寒さが長引き、暖かい日が少ないと例え、暖かい日が二～三日続いても咲かないそうである。現在、梅林にはウメの種類は三十種、七十四本程度植えられているとのことである。

（四六）藤田東湖の墓

梅林の先の奥まった所に藤田東湖の碑が立っている。藤田東湖と言えば幕末の水戸藩士で九代藩主斉昭に使えた重臣で、尊皇攘夷派のリーダ役であり、水戸学者である。その彼が江戸の水戸藩邸内の自宅で一八五五年（安政二年）十月二日の安政の大地震によって母をかばい、自らの命を落とした。享年五十歳であった。その碑が、元の水戸藩邸内の東湖の自宅があった辺りに建てられていたが、道路の拡張に伴って、この後楽園内に近年移されたために、小町塚と異なり、庭園の景観の一部ではない。

藤田東湖は父・藤田幽谷の私塾青濫舎で儒学を修め、江戸に出て剣は岡田十松に学んだ。学問は一派に偏せず広く学び、朱子学にはこだわらなかった。一八二六年（文政九年）父の死に伴い、二十二歳で家督を相続して、彰考館編

藤田東湖の墓

修になり、家禄は二〇〇石となった。そもそも徳川斉昭が九代藩主就任に当たって、内部対立があったが、彼は斉昭を擁立する改革派の先頭に立って活躍した。水戸の天保の改革においては、終始斉昭と共に改革を推進した。一八四〇年（天保十一年）三十五歳で側近の三役の一つである側用人の重職に抜擢された。やがて役職も加え五〇〇石を給された。これは、父が町家の出であるにしては破格の昇進といえる。藩校「弘道館」の建設に当たっては、斉昭の意を汲んで最も尽力した。建学の方針を示した『弘道館記』は、東湖が成文の中心で、その解説『弘道館記述書』は、会沢正志齋の『新論』とともに水戸学の教典とされ、東湖作の「正気歌」などとともに、幕末の尊攘運動家に大きな影響を与えた。一八四四年(弘化元年)斉昭の失脚とともに東湖も幕命を持って罷免され、謹慎を命ぜられた。

やがて斉昭が幕府の外交に参与するに至り、東湖も中央で活躍する機会に恵まれ、一八五四年（安政元年）側用人再動となり、翌九月学校奉行兼職となり、六〇〇石を給され、安政の改革の推進役となったが、同年十月、の安政の大震災により五十歳の波瀾万丈の生涯を閉じた。

こうしてみると、水戸のこの小石川藩邸は、江戸の初期に初代藩主頼房が屋敷と庭園を築いて以来、二代藩主光圀が「彰孝館」を創設して「大日本史」の編纂を始め全国から資料を集め、それが脈々と受け継がれ、「水戸学」が生まれ、そして幕末に至り、またまた江戸の水戸藩邸が世の中の脚光を浴びる中心舞台となっていったのである。

幕末の水戸の藩士で忘れてはならないのは藤田東湖と並び称された水戸の両田の一人、戸田忠太夫や、もう一人を加えて水戸の三田といわれた武田耕雲齋がいる。彼らについては別途触れることとする。また、藤田東湖の父、幽谷や、東湖の四男・小四朗についても触れておきたい。即ち、光圀をはじめ彼らは皆、自分の信念に基づき勉学に励み、そしてそこから発散される全人格が多くの人に感銘を与える生き方が見られるのである。東湖の碑をここに建てたのは非常にすばらしいことである。文化財なのでやたらに創建当時以外の物は建ててはならないという中で、この碑の建立は快挙といえよう。そこで私は以前から思っていることであるが、この奥地に、「黄門神社」を創建して祀りたいのである。一部の人にちらりと話したことがあるが、まだ大きな声でいってはいない。正義の味方であり、一生懸命儒学を学び、詩歌にも才能を発揮し、庭を造り、儒学者朱舜水を師と仰ぎ、丁重にもてなし、あがめ最後まで優遇して面倒を見た黄門様は神様としてあがめたい。水戸にも光圀ゆかりの神社があり、通称「黄門神社」といわれているようであるが、やはり江戸のこの小石川後楽園内に作りたいものである。一段落したら。水戸の、その神社を訪ねたいと思っている。それから大きなうねりとしてこの地に「黄門神社」の擁立を各方面に働きかけたいと思っている。

（四七）河原書院・琴画亭跡

初代頼房の時代には、梅林の西当たりに河原書院という豪華で煌びやかな書院造りの建物があり、金箔の障子などがあり、その周辺にこの建物用としての美しい庭が造られ、別世界のような空間があり、茶会や酒宴会が行われ、あるいはその建物に付随していたのか定かでないが能舞台もあったと伝えられているが、一七二二年（享保七年）に火災により焼失したという。「美しきこと仙家のごとく」

と『後楽紀事』では書かれている。その後、享保の改革で庭は取り壊されたが、河原書院の跡に琴画亭が建てられ、明治初年迄あったそうであるが、これも廃されたとのことである。まさにこの建物こそが、唐門を入ってぐるりと庭園を巡り、途中で休憩したりしながら、この建物で茶会や能を堪能した「目的の場所」だったのではなかろうか。即ち、ここまでの庭の景観は長い長い茶室の前の露地の役割を演じてきたのではあるまいか。そう思う。であるなら、是非河原書院の建っていた時までさかのぼるのは恐らく図面も写真もないので、その復元は無理であろうが、あるいは琴画亭も全く同じ物は無理だろうが何らかの当時を思わせる建物を思い切って建ててもらいたいものである。

ビードロ館（涵徳亭）も元の位置に、以前とは異なり全く別の物であるが建てられている。同様にこの辺りに茶会や、現在では能でなくても日本舞踊で良いので、そうした催しが出来る建物を建てていただけたら、さぞかし愉しい庭園になることであろう。ただ現状を維持、保護するだけでなく、こうした昔あった物で、それなりに意味ある建造物や、景観は復元でなくとも新たに平成時代に作られた物として後世に伝えていけばよいのである。あるいは先に述べた「黄門神社」のような物でも積極的に作り出していったら一層楽しいものになっていくのではなかろうか。これが他の文化財と異なった「庭」という文化財の生かし方のような気がする。

（四八）不老水

今は使われていないようだが、ここは井戸である。昔は水が沸き出ていたようである。「この井戸はいかなる旱魃にも水が枯れず、またいかなる洪水にもあふれ出すことがなかったことから不老水と呼ばれる」と説明が書かれている。恐らく河原書院や、琴画亭などで茶会が催されたとき、この水を使用したのではなかろうか。勝手に想像してみた。そしてこの辺りの涌き水は美味しかったのであろう。この後楽園の近くに「お茶の水」という地名がある。その地名の由来は、この辺りにあった高林寺という寺に当時の三代将軍であった徳川家光が晩年立ち寄り、一六五〇年（慶安三年）頃、お茶を所望したところとてもうまいお茶が出された。そこで将軍がどこの水を使用したのかを尋ねると、当寺の境内で最近涌き出した水を使用したということがわかり、それから家光は、その涌き水を「お茶の水」に適していると絶賛し、この水を寺男に毎朝水桶で江戸城まで運ばせ、茶を点てたという。このように旧神田山からの涌き水はお茶に適していたのであろう。地下水脈を調べたわけでもないが、この不老水

不老水

も、もしかしたら旧神田山の涌き水であったかもしれない。そして一六六〇年（万治三年）の神田川開削によって枯れたのであろうか。

【お茶の水の地名の由来】

前述したように高林寺の境内からの涌き水がお茶の水に適していることからその涌き水を「お茶の水」というようになり、更に高林寺の前の坂を「お茶の水坂」というようになっていった。そしていつの間にかその周辺に「お茶の水」という名称がつけられたという。

その後、高林寺は明暦の大火の直後、一六五七年（明暦三年）に江戸の都市計画により、現在の地に移転させられたという。そして一六六〇年（元治三年）伊達氏によって開削工事が始まる外堀（現・神田川）が作られ、高林寺は跡形もなく無くなったという。但し地名だけが残り、一八九〇年（明治二十三年）になって「お茶の水橋」が架けられた。

【水道橋の地名の由来】

ついでに「水道橋」の地名の由来についても触れておこう。神田上水は後楽園の大泉水を調整池代わりにして、ほとんどの水量は水戸の屋敷内を通過して、この神田川に懸樋を作って渡らせ、江戸市内の神田・日本橋方面の上水として利用された。現在は、その懸樋のあった対岸（お茶の水坂に面した神田川の川岸）に碑が建っている。それにちなんで一帯が「水道橋」の地名となったといわれている。現在の水道橋は白山通りの一部として神田川に架けられているが、江戸時代は吉祥寺橋といわれ懸樋以前から作られていたが、懸樋が架けられてからは水道橋と呼ばれるようになった。現在の橋は

稲田

一九六一年（昭和三十六年）にかけられた橋である。幅は三〇メートルを超える。

（四九）稲田

光圀によって作られたという。養子として迎えた兄高松藩主頼重の三男で、光圀の後嗣である綱条の夫人に農民の苦労を伝えるために作ったといわれている。現在は文京区の柳町小学校の生徒に五月の田植と、九月の稲刈りを課外授業として行なわせている。五年生が農作業を行ない、それを四年生が見学している。取れたもち米は柳町小学校の給食で赤飯にして全生徒に食べさせているという。とても良いことである。

こうしたことを文京区の小学校だけでなくもっと多くの学校の生徒にも開放してもらいたい。とはいっても広さに限度があり、そう簡単には実現しないであろうが、ニュースとして絶えずマスコミで取り上げてもらいたいものである。実が稔り黄金となった稲穂が垂れ下がり、風にゆらゆら揺れている姿は正に田園風景であり、ふるさとを思い起こさせる原風景でもある。

この稲田も京保の変革時に取り払われたたという。おそらく六代藩主治保の時代か九代藩主斉昭の時代に、現在のような稲田が再現されたのであろう。

（五十）松原

稲田の南面に松原がある。松原も日本人にとっての原風景である。この一帯の景観も作庭当時とはかなり異なっているらしい。百年余りの喬木であったという。それも数百本もあり、空も見えないほどであった。八代将軍吉宗がまだ紀伊の藩主の時代、この松原の景観を絶賛した記録があるという（『後楽紀事』）。

そこで想像をたくましくさせてもらうと、恐らく設立当初の松原の景観は、大泉水を海と見なしての景観を作ったのであろうから、大泉水近くは白砂を引き詰め、そこに岩などをよく配し、緑の枝振りの良い、たくましい松を調和よく植えて、日本人好みの白砂青松の景観を作り出していたのではなかろうか。ここの松は当初は黒松であったであろう。黒松は塩に強く、海岸の岩の上から砂浜海岸に広く見られる。黒松の大木は往々にして岩礁海岸の岩頭にあるという。赤松に比べ、黒松は黒っぽい樹皮をしており、名前はこれによる。針葉もアカマツよりも堅く枝振りも太いことから、雄松（オマツ）とも呼ばれる。一方、赤松は女松（メマツ）と呼ばれる。赤松は、寒さに強く、山間部に多く自生し、黒松よりも日本全体では多く分布している。後楽園の後背地（現在の春日通りに面している中央大学当たり）の松原は、光圀も非常に愛していたというが、それらは、赤松であったのであろう。後背の松は享保の変革時にうっとおしいということで取り払われたという。また、桂昌院のご来園の時、松原の松の下枝は全て切り取られたという。そして現在、松原の松は赤松となっている。

残念ながら、私の推測は見事に外れていた。『後楽紀事』によると当初から赤松であったと記されている。また、この松原の景観地は、よくよく観察すると池の水面よりかなり高台に広がっており、白砂の浜辺をイメージする場でないことが分かる。このあたりに奇岩・巨石を配し護岸と同時に荒磯の景を作り出していたのであろう。それにしても、池を海と見立てた場合地盤面が高すぎ、違和感があった。

こうした岩や石組みも桂昌院の御成の時、全て取り払われたのであろう。松は新たに植えたものではなく、作庭以前からあった松を活かしていたので、黒松を海岸方面から持ってくるわけにもいかなかったのであろう。ちなみに松茸が生えるのは赤松だけとのことである。最近大泉水の大修理兼発掘調査を行った際、現在の地盤は当時より二メートル近くも高くなっていることが分かったといわれている。

（五一）福禄堂・稲荷の社

二つとも現在はない。その跡地も案内図には記されていない。私自身もそこがどこであったか特定できないが、何回か引用している『後楽紀事』によれば、作庭当時に建造されたことは確かなようだ。福禄堂については、元禄の大地震で失われ以後建てられたことがないと記されている。小さな堂で、内には唐風の造作で、敷瓦であったという。福禄寿の像が安置されていた。
稲荷の社は稲田のほとりにあったというが、これも現存していない。いつ失われたかも記録がないが、享保の変革時に水田が取りのぞかれたと記されているので、そのとき壊されたのであろう。

稲荷神社は今でも至る所にある。改めて稲荷信仰とはなんなのかについて調べてみた。これは京都市の伏見稲荷大社を中心とした信仰で、本来は倉稲魂（うかのみたま）神を主祭神とし、農耕の神で、里と山を往復していると信じられていた。平安遷都（せんと）の前後から東寺の守護神として仏教の荼枳尼（だきに）天と習合し、諸願祈願の神と仰がれキツネをその霊獣とする信仰が生まれた。分社は全国に分布し、江戸時代には商売繁盛の神として庶民の信仰を集めたという。伏見の他、笠間稲荷（茨城）、祐徳稲荷神社（佐賀）、竹駒稲荷（宮城）、豊川稲荷（愛知）、最上稲荷（岡山）などが有名である。

（五二）九八屋

松原の東側に九八屋がある。茅葺きの茶屋風の建物である。酒を振るまったところである。九八屋の謂われは「酒を盃に注ぐと

九八屋

き満杯にするのではなく、昼は九分、夜は八分とすることが好ましい」という言い伝えからとったという。河原書院や、琴画亭で茶会等がないとき、あるいは、茶会等に招かれていない人たちは、この松原の九八屋で一杯やったのであろう。松が覆い茂っていた時代の九八屋は今とは風情が異なって見えたであろう。この九八屋も最近大修理がなされ、立派になった。

（五三）船着き場

松原の南側の大泉水には船着き場が残されている。実際に当初は船遊びもしたようだ。これも推測であるが、前にも触れたように、大泉水は現在よりも東側に大きく広がっていたので、実際に船で泉水巡りも楽しかったであろう。大泉水からの紅葉林や松原の眺めは圧巻であったであろう。想像するだけでわくわくしてくる。船着き場は単なる景観ではなく実用向きに作られたのであろう。池がいつの時点で現在のようになったのか。私は当初、明治になって、砲兵工廠が出来た時、埋めたてられて工場にしたのであろうと思っていたが、享保の変革時に北東部に突き出ていた大泉水の大部分は埋められたと記されており、はっきりした。これらのことは、『後楽紀事』に記されている。

長橋を再現させようとしているが、その位置を知ったとき、当初の大泉水の広がりを知らなかった時であったので、何でこの位置に長橋が必要なのか分からなかったが、今では納得している。橋が復元されれば、橋の中央から、中島の細やかな造形や紅葉林を眺められるようになり、現在とは全く異なる庭園の鑑賞ポイントが出来る。一日も早い復元が望まれる。

（五四）異形灯籠

松原の南で、船着き場の近く、大泉水の北東部に当たるところに異形灯籠（花崗岩）が置かれている。四角の台座に大四角形の火袋があり、笠の上には九輪型の宝珠が乗っている家の形をして、四方が吹き抜けとなった石灯籠が建っている。後楽園の中に石灯籠は幾つかあるが、この灯籠はかなり大きい。私の個人的好みからいうと余り好きになれない石灯籠である。

しかし池に船を浮かべて仰ぎ見るとどっしりと構えて見えて良いのかも知れない。修学院離宮にも同じような異形灯籠があるという。大泉水を海に見立てた場合、これは灯台の役割を果たしているという。しかしこの異形灯籠は頼房や光圀の時代に置かれたのではなく、八代藩主斉脩の時代には中山

異形灯籠

備中の守から送られたものであるという。

（五五）瘞鶴碑（えいようひ）

大泉水の東側の園路に沿って、この庭に入ってきた唐門跡方面に向かう。そろそろ、回遊式の庭を一巡りし終え、帰路に入る。池越しに紅葉林や西側の景観を楽しみながら中頃まで行くと、左側にほんの僅かではあるが平な土地が奥まってある。池の東側はシイの木等の樹木が生い茂っており、その先は築地塀である。なにげに覗くような気で、その中に入っていくと大きな基石が建っている。辺りは昼間でも薄暗く、近寄ってみると「瘞鶴碑」と書かれている。難しい字である。「えいようひ」と読むそうだ。私などこのような字を書いたこともなければ使ったこともない。「瘞」という字は音読みで「えい」訓読みで「うず・める」という。墓のことである。「鶴」という字は音読みで「よう」、訓読みで「はしたか、はいたか」という。要す

瘞鶴碑

るに「鷹」である。「碑」はよく使う字でこれは誰でも知っている。音読みで「ひ」、訓読みで「いしぶみ」である。一般に「鷹の墓」であってそのいきさつを書いた碑である。水戸の七代藩主治紀が寵愛した鷹が死んだ時、八代藩主斉脩が建てた碑である。資料によると次のようなことが書かれているそうである。

「先公は幕府から一羽の鷹をもらい、ことのほかかわいがった。しかし藩主が亡くなると飼っていた全ての鳥、獣などを山林に放した。鷹だけは幕府から下賜されたものであり、かつ先公が可愛がったものなので特に留めておいて飼い続けたが四年後に死んでしまった。野に捨てることは忍びなく、園中に埋めて一石に表し、その由を記すことにした。文政二年十月(一八一九年)斉脩」というものである。

私は、この碑に書かれている内容を理解していない時期には、河原書院の周辺にあった御鷹部屋で飼っていた鷹の代々のお墓であると思っていた。勿論ペットとして鷹を飼育していたのではなく「鷹狩」用の鷹を飼い、訓練して実戦に備えていたのである。「鷹狩」は天皇や将軍あるいは大名等のいわば支配階級の者たちにとって欠かせない権威の象徴的な意味を持っていた。現代でいえば少し前の時代のゴルフのようなものであり、スポーツでもあったという。家康は特に好み、鷹匠組なる技術者が側近として付いていたという。

三代将軍家光も「鷹狩」が好きで生涯数百回も鷹狩を行っているという。当然、水戸の七代藩主治紀が幕府から下賜された鷹もそうした「鷹狩」用の鷹であろう。その鷹にも種類があって、鷹科のオオタカ、ハイタカ、あるいは隼科のハヤブサ等が主だったという。そういう意味では、幕府から下賜された鷹は「鷂」即ちハイタカであった。

「鷹狩」の歴史は古く、古墳時代の仁徳天皇の時代より行われていたという。そしてこの「鷹狩」の発祥の地は、中央アフリカないしモンゴル高原という説があるが、定かでないという。近代以前、東は日本、西はアイルランド、モロッコ、北はモンゴル、スカンディナヴィナ、南はインドに至るユーラシア・北アフリカ全域で各地方独特の鷹狩文化が開花したという。

家光が鷹狩りをしたところは現在の中野区の東中野辺りであった。八代将軍吉宗は五代将軍時代に中止されていた鷹狩りを復活させて、葛西、岩淵、戸田、中野、品川、目黒の六筋に分けられた。そして水戸家では松戸あたりで鷹狩りを行ったという。

（五六）鳴門の渦・竹生島

現在の大泉水の東南端に当たる池の水が昔、渦を巻いて暗渠で棕櫚山の下を通って木曽谷に流れていた。その渦が鳴門の渦潮に例えられて、名称となったが、現在は見ることが出来ない。そもそもこの渦が出来たのは初代頼房の時代でもなければ二代藩主の光圀の時代でもない。はたまた三代藩主の綱条の時代の桂昌院の訪問による大改造の時でもなく、四代藩主宗堯の時代のいわゆる享保の変革の時代である。頼房が作った大泉水は、先にも記したが北東部に大きく食い込んでおり今より広かった。そして、その最北端は再び神田上水に注ぎ表面水を流していた。それを現在のように大きく埋め立てたので、排水に困り、先に述べたように棕櫚山の下に暗渠を作り放水したのである。その時それだけでは全てを排水できなかったので現在の幣橋の掛かっている竜田川に流した。

一七〇二年（元禄十五年）に将軍綱吉の生母である桂昌院（一六二四年～一七〇五年）が訪問されたときに、七十八歳のご老体を気遣って大規模な改造が行われた。特に園路の安全歩行を第一に考えたというが、その際大部分の巨石や、奇岩が取り除かれてその風景は一変してしまったと『後楽紀事』には書かれている。また、翌年の一七〇三年（元禄十六年）十一月二十一日におきた江戸の大地震は、後楽園にも大被害をもたらせたそうである。中島に付する小島（亀頭島）の正面に立つ大石が倒伏して池に沈み、中島と小廬山の瀑布が壊れ、水車（龍骨車）小屋も倒れたので瀑の水は枯れ、福禄堂も倒壊した。大池の池尻に会った奇勝「鳴門」の吸い込みもそのとき損壊してしまった。以降その後の修復はされなかった。と『後楽紀事』には書かれている。ここで問題であるのは先に記したように、鳴門の渦は、その次の年代の享保の変革時に築いたもので、元禄の大地震の際には無かった。従って、この箇所は、『後楽紀事』の作者の誤りではないかと吉川需氏は著書で指摘しておられる（一九一六年～一九九五年、東大農学部卒業、文化財保護部企画館を経て、日本大学農獣医学部教授・農学博士、著書『古定園の見方』、共著『小石川後楽園』、編著『天然記念物』など）。

鳴門の景と同じ方向の大泉水上に岩島が見える。これが一般にいう竹生島という。小さな島で数個の岩からなっている。しかし、この島は作庭当時のものではなく、砲兵工廠管理時代の案内図にはじめて書かれたもので、比較的新しいものらしい。昔の記録に竹生島が出てくるが、恐らく中島（蓬萊等）を指していたのであろう。

この竹生島の延方には唐崎の松があり、戻り橋からオカメザサの小富士山（小廬山）を見渡すことが出来る景観ポイントとなっている。この景観は後楽園の中で最も長い通景となっている。

このポイントを過ぎ大泉水の薄暗い池尻を右手に見て延段を登り切ると、この庭園に入った時の「唐門」跡に出る。これで「後楽園」を一周したことになる。お疲れ様でした。

（五七）その他の施設

一通り現存する景観や失われた施設なども触れてきたが、二〜三触れていない景観や施設がある。私自身にもそれがどのようなものであったか、どこに建てられていたのか明確に分からないが、『後楽紀事』等で触れられているものがあるので最後に少し見ていく。

『後楽紀事』の一節に「北西の隅に、菓木御縁内に庚申堂…萱御門、その外に水車の楼あり」とある。この中で、萱御門と水車小屋については既に触れたが、庚申堂については触れていない。

光圀時代に市民が後楽園を見学に来る際は、北西部の隅の現在休憩所がある付近で見学希望者は一旦集合して、萱御門から園内に入ったという。その一帯を菓木園内といっているのであろう。そこに庚申堂があった。どの程度の規模であったのであろうか。何故、園内でなく外に建てたのであろう。いつ頃壊されたか、焼失したのだろうか。庚申堂とは庚申信仰にもとづいて作られた御堂であろう。本尊は仏教や神道とも融合して庚申様と呼ばれたそうである。神の使は猿であった。猿田彦や道祖神を祀った。また仏教の影響も受けて豊作福運を祈ったそうである。要するに市民のための集会所のような役割を持っていたのではなかろうか。

また、大泉水の東側の木陰に四つ手小屋があったと書かれて居る。「田舎にて四手をおろしたる躰なり」といっている。恐らく温室のようなもので、鉢植えの草木が収まっていた小屋があったのであろうか。

もう一つ気になる施設が現存している。東の築地塀近く中程に、赤門という門がある。案内書にも名称が付いている。しかし、この赤門についての解説はどこにもない。東大のシンボル的存在となっている赤門は、江戸時代にはこの場所が加賀藩前田家の屋敷の跡であり、一八二七年（文政十年）将軍家斉の娘が前田家に嫁いだとき上屋敷の御守殿門として建造されたもので、中央に薬医門、左右に額番所がある。一八七七年（明治十年）に東京大学に移管した門であるが、果たしてこれと同じ意味を持つ門がこの小石川の水戸邸にあったのであろうかと疑問であった。しかし、よくよく考えてみると、この門はそうした意味合いを持った門ではなく、東側にあった屋敷と後楽園の間に仕切りがあり、その通用門ではなかったのではなかろうか。たまたま朱色に塗られているので赤門と呼ばれていたのであろう。

田村剛氏によるところの、奥御門と呼ばれるものであろうか。この赤門より東側の現在の東京ドーム辺りの作庭当時の平面図を見てみたいものである。

九代藩主斉昭当時に画かれたといわれる後楽園図面からいろいろな見方ができ、興味は尽きない。

第八章　小石川後楽園庭園保存会活動報告

特定非営利活動法人

一、任意団体として設立（後楽園南側の超高層ビル計画反対条件闘争を機に）

私達の会が本格的に始動しだしたのは一九九七年（平成九年）四月十六日に本庭園の南側に立地している東京都下水道局所有の土地を貸し出し、その上に超高層の建物を建設するという情報を入手した時からである。それでなくても後楽園の南側にはすでにトヨタ本社ビル、住宅金融公庫ビル等の高層ビルが建ち並び、日本庭園に日照障害をもたらせていた。その上に、また新しく本庭園の南側ほぼ中央近くに超高層ビルが建つという情報を得て、地元住民を主体とした人々が、当該ビルが建ったら本庭園は完全に日影となり、植木等の庭園を構成している主だった植物に多大な影響をもたらせ、三八〇年も続いている本庭園の存続に係わる重大問題であるとの認識のもと、当該土地の所有者である東京都下水道局に本計画を取り下げるよう働きかけることとした。これが本会を設立するきっかけとなった。

結果的には計画を白紙撤回させることは出来なかったが、当初の建物の計画高を一〇メートルも低くさせることができ、且つ、壁面線を当初の計画より後楽園から後退させ、遊歩道の建設と資料館の建設をしてもらうことに成功したのである。

二、庭園周辺での建設計画に対する事前説明会について

前項で触れたように、情報の入手が遅くなればなるほど後手に回り、対処が難しくなる。建物が建つことが新聞発表される以前に何とか情報を得ることはできないかと思案の結果、本庭園の中心から半径約五〇〇メートルの範囲に建つ高層ビル（十四階建て以上）については、庭園からの景観上多大な影響を及ぼすことから、「小石川後楽園庭園保存会」に対して事前に建設関係者からの説明がなされるよう、都庁を始め区等の関係機関に働きかけてきたのである。その成果として一九九八年（平成十年）から今日に至る迄七～八件程の説明会があった。結果的には、多少であるが私達の意見を聞き入れて頂き、後楽園からの景観に充分配慮して頂くことに貢献できたのではないかと自負している。

①お茶の水訓練校跡地飯田橋職業訓練校建設計画
説明者：東京都労働経済局職業能力開発部
会場：飯田橋末ビル二階　平成十年十二月九日

②サテライトホテル跡地マンション計画（小石川後楽園パークハウス）
説明者：三菱地所（株）住宅事業部、竹中工務店営業部
会場：飯田橋末ビル二階　平成十一年十一月二九日

③住宅金融公庫隣接の国有地のモデルルーム仮設計画
説明者：日商岩井不動産（株）東京営業本部
日商岩井リアルネット（株）東京営業部
大和工商リース（株）設計部
会場：文京シビックセンター二十一階会議室　平成十二年七月十四日

④東京ドーム後楽園遊園地建て替えに伴う高層ビル計画
説明者：東京ドーム再開発プロジェクトチーム　ドーム総務部
会場：東京ドーム会議室　平成十三年二月二十三日

⑤中央大学理工学部後楽園キャンパス校舎増築工事計画
説明者：（株）日建設計　中央大学
会場：飯田橋末ビル　平成十三年九月十四日

三、国有地払い下げ阻止対策

住宅金融公庫の西側に隣接の約五四〇坪の土地は、元関東財務局が管理する国有地であった。この土地は、小石川後楽園から見て唯一南側に隣接し、直射日光が庭園に入る残された土地である。この土地の確保が小石川後楽園にとって死活問題であるという認識の上、国や都庁関係者等を訪ね、この土地を当面空地のままにしておくか、本庭園の前庭として整備して欲しいと申し入れをしてきた。

しかし、そうした活動にもかかわらず、結果的には、この土地を売却され、大手建設会社に買収されてしまったのである。引き続き、国有地を購入した建設会社と折衝を重ねてきた。その経過をかいつまんでまとめてみた。

まず本会は一九九九年（平成十一年）十二月に都下水道局の土地の森ビルの建設について一応解決を見たので次の目標を定めることとした。

●一九九九年（平成十一年）一月八日　本庭園の南側で住宅金融公庫とトヨタ本社ビルの間の国有地を現状のまま空地にしておくか、本庭園の前庭として、あるいはイベント広場、ないし観光バスの乗降専用駐車場等として使用させてもらうように国や都の関係機関に働きかけることを今後の活動目標とする。建築物が建つという動きがない前からこうした活動をしておくことが良いのではないかと考えたからである。しかし、何処に行けば、具体的にこの土地についての今後の計画について、教えてくれるところがあるのか、皆目、見当も付かなかった。以降、国有地に関して何の動きも無く、当面は空き地のままに推移するのであろうと思い込んでしまった。

●二〇〇〇年（平成十二年）国有地に関する情報も得られず、動きもないことから活動のきっかけが得られず、結果的に何も出来なかった。

●二〇〇一年（平成十三）年三月　国有地の買収計画が進んでいるとの情報を入手する。

●七月一八日　園内涵徳亭で都庁関係者と本会幹事とで、その後数回にわたり七月、八月、九月と請願文案の修正の後、請願先を絞り、東京都知事、関東財務局、文部科学大臣の三箇所に提出することにした。

●区内の関係七有力団体の協賛を得る。

●八月　東京都、文部科学大臣、関東財務局宛ての「陳情書」の作成。

●九月初旬　東京都知事石原慎太郎氏宛て、文部科学大臣宛て、関東財務局宛てに「陳情書」ではなく「要望書」として書き改める。

●参議院議員に依頼し関東財務局より情報収集を行なう。

●九月二〇日　各団体の会長の署名を頂き、青山副知事室で関係局次長、各部長と青山副知事と面談し「要望書」を手渡す。都側から充分検討の上、当該国有地の確保に努めるとの回答を得る。

●十月五日　関東財務局長宛の要望書を財務省、関東財務局、東京財務事務所（大手町より湯島第二地方合同庁舎の方へ移転）の統括国有財産管理室、鈴木力氏へ面談の上、手渡す。東京都からの正式なコメントがあるまで、第三者に売却はしないと約束。

●二〇〇二年（平成十四年）二月一三日　文部科学省宛の要望書を文化庁へ、文化庁財務部長木谷雅人氏と面談の上、手渡す。文化財を全て管理している事実上の総責任者である木谷氏は現在、直接文部省文化庁は主管ではないが、コメントが必要となれば全面的に協力するとのことであった。

●二〇〇二年（平成十四年）二〇〇三年（平成十五年）国有地の払い下げの問題は一応そのままの状態で進展せず、私達としては、中止になったとの認識のもと、保存会で確保する為の方策を検討し始めていた。

●二〇〇四年（平成十六年）中頃、国有地をK建設会社が落札したとの情報が入る。私達の努力は何であったのであろうか愕然とするが、このまま引き下がることは許されないとのことでまとまる。

●以後K建設会社との交渉が始まる。取りあえずは、この地に建築物を建てずに、私達の希望通りの前庭を造って寄付するようにとの要望から交渉し始める。当然無視され平成十七年になって、マンション計画が提示された。それも分譲するという。当該建設プロジェクトの営業担当部長と課長と担当者の三人との交渉が何回となく続けられた。私達としては、会社のトップとの面談を求めたが、のらりくらりと反らされ、遂に一度も実行されずに、相手のいうままにされてしまった。しかし、建築の設計計画案は出来るだけ後楽園から離し、遊歩道をつけることも同意し、和解金もほんの僅かであるが支払うという。結果的に十七年度中に決着せざるを得なかった。

四、特定非営利活動法人の設立

国有地払い下げ阻止を掲げて活動してきたが、任意団体よりは特定非営利活動法人とした方が効果的な活動が出来るであろうということで設立することとした。その設立主旨は次の通りである。

（一）設立主旨書

本庭園は徳川三代将軍家光公の時代に水戸徳川家の祖、初代頼房公、二代光圀公によって造園、完成されたもので、約三七〇年の歴史を持つものです。

文部大臣は、昭和二十七年に本庭園を特別史跡、特別名勝に指定しました。文部大臣が指定した庭園で特別史跡及び特別名勝は全国で八カ所しかありません。そのうち三つが京都府であり、他の二つが東京都です。東京都の指定は小石川後楽園と旧浜離宮庭園です。このように、本庭園は数々ある日本庭園の中でも、我が国最大級の回遊式大名庭園で、歴史的にも大変意義深いものです。

この名園の維持・管理を図って、現在に生きる我々が充分享受するとともに、後世に引き継いでいくことは、我々の責務といえましょう。その為には、本庭園が庭園としての機能が保たれるよう、また文化財として保護・保全されるよう、庭園内の環境保全に努めることはもとより、本庭園に影響を及ぼす周辺地域の建物の在り方や土地利用について適正な運用が図られるよう、国や都、あるいは区に積極的な施策が展開されるよう、働きかけ、協力していくことが肝要であります。
本会は、こうした趣旨に賛同した者達が集い、会としての組織的な活動を展開していくことを目的に設立されました。具体的に本会の活動内容を列記してみますと、次のとおりです。
一、本庭園南側の国有地約六〇〇坪を本庭園のための使用地として利用できるように関係機関に要請し、外堀道路側の入口として、また、駐車場として、更に都内の庭園 や水戸偕楽園等の史跡めぐりの拠点とするように運動を展開していきます。
二、本庭園に影響を及ぼすと考えられる周辺地域の既存建造物等について、耐用年数等を勘案し、永久使用の制限について検討していきます。
三、上述の活動を通じて最終目標として本庭園を世界遺産として登録できるよう、市民運動として展開していきます。
四、その他、本会の設立趣旨に添った活動及び他の庭園保存会等との交流、会員相互の親睦、知識の習得、広報活動等を行なっていきます。
これらの活動を持続的に行なっていくには従来の任意団体から法的に明確に位置づけられているNPO法人（特定非営利活動法人）の認証を受け、収益活動も併わせ行ない、社会的地位の確立を図っていきたいと思います。

平成十四年七月十日

特定非営利活動法人小石川後楽園庭園保存会

（二）設立認証申請

二〇〇二年（平成十四年）七月十日午後六時から後楽園内の涵徳亭において設立総会を開催した。参加者四十六名当日の出席者は二十八名であった。第一に特定非営利活動法人設立について審議し、満場一致で可決され、以降全ての議題を審議し承認された。第二に定款について、第三に役員及び報酬について、第四に事業計画・収支予算について、第五確認書の確認についてである。定款（案）の作成や申請書等作成については、外に出さず、全て私が行なった。東京都に書類を提出したのは平成十四年八月六日である。その日に受理された。そして平成十四年十一月二〇日に東京都知事石原慎太郎の名で認証された。

本会の目的は次の通りである。

「この法人は、東京都文京区に存する学術的、文化的価値のある小石川後楽園庭園に関する保全、啓発、活動の支援を行い、もって貴重な文化資産を後世に継承していくことを目的とする。」

二〇一一年（平成二十三年）になって「目的」を多少変更をすることとなった。現在「小石川後楽園庭園」だけが対象になっているのでその範囲を多少広げようということで、「小石川後楽園とその他関連分野に関する」と変更することとした。

五、江戸東京開府四〇〇年記念事業に参加

二〇〇三年（平成十五年）は徳川家康が江戸に幕府を開いて四〇〇年目に当たる年である。東京商工会議所は、かねてよりこの記念の年に広範な記念行事を計画してきたが、十五年二月にインターネット等により、次のように各界に呼びかけた。そして内部に「江戸東京開府四〇〇年事業推進協議会」を開設した。主なメンバーは、東京都、東京商工会議所を中心に、東京都商店街連合会、東京都商工会連合会などの経済団体、(社) 日本民間放送連盟、NHK、(社) 日本新聞協会、(社) 日本広告業協会、本会のような民間団体などの主要団体等である。各界に呼びかけた内容は次の通りである。

> 今年は江戸開府四〇〇年、広範な記念行事を展開します。「東京を再生、日本の元気を取り戻そう」をスローガンに、二〇〇三年(平成十五年)は、江戸に幕府が開かれてた一六〇三年から、ちょうど四〇〇年目の佳節に当たります。長い歴史に培われた江戸市民の暮らしの中から、四季折々の年中行事や祭が生まれ、洗練された美意識や生活文化が形成されて来ました。……中略……
>
> そこで「江戸東京四〇〇年の魅力の再発見と未来への想像」を統一テーマに、地域・企業・民間団体等が一体となって行政と連携しながら、江戸東京が有する蓄積と魅力をアピールし、未来の創造へつながる元気な東京再生への大きな起爆剤として事業を推進していこうと「江戸開府四〇〇年事業推進協議会（会長山口信夫東京商工会議所会頭）」が設立されました。
>
> ……後略……

というものであった。

これまで任意団体として活動してきた小石川後楽園庭園保存会は、二〇〇二年（平成十四年）十一月二十日に特定非営利活動法人（ＮＰＯ法人）として都知事より認証され、始めて取り組んだのがこの「江戸開府四〇〇年記念事業」である。まだ生まれたばかりの小さな団体が、このような事業に取り組んだことは大きな冒険であったが、本会の発展と認知度を高めていく上で絶好の機会でもあり、果敢に挑戦することとなった。

七月の二十一日～三十一日を特別イベントの開催日とした。「正門で黄門様に会いましょう」というテーマで、（財）東京都公園協会と掛け合って、今まで開かずの扉であった正門（東門）をその期間中開けてもらうように交渉した。結果として一週間(七日間)だけ正門を開けてくれることになった。

七月二十一日から二十七日までを正門からの入園日とし、私達は、黄門様、助さん、格さんの衣装を揃え、会員が替わり替わる交代で演じて正門から出発して園内を一週することをメインにしたイベントを行なった。（私も一日、黄門様の衣装を身につけ園内を一周した。）

七月二十七日（日曜日）には、涵徳亭で午後一時三十分と、三時三十分の二回、朗読「水戸黄門」を開演することとした。そして七月の三十日には、庭園の前にある、住宅金融公庫の中の「すまい・るホール」を借りての講演会を開催した。

このイベントの開催主体の構成は次の通りである。主催は特定非営利活動法人小石川後楽園庭園保存会。後援は江戸開府四〇〇年事業推進協議会、文化庁、文京区、東京都建設局公園緑地部、財団法人東京都公園協会、文京区江戸開府四〇〇年記念事業実行委員会、財団法人斯文会、水戸観光協会、ＴＢＳ（株式会社東京放送）、東京新聞（中日東京本社）、共催企業はトヨタ自動車株式会社、株式会社東京ドーム、森ビル株式会社等であった。

六、大名庭園民間交流協議会の立ち上げ

（一）大名庭園民間交流協議会の設立経緯

昔は、同じような地域的機能なり、同じような悩みを持っている行政体同士が3～5団体集まってサミットを開催し、問題点等の解消策を引き出そうとしたものである。大名庭園民間交流協議会の特徴はあくまでも民間団体同士の交流であって、行政同士の交流会と異なることである。それにはその主体である民間団体が存在しなければならない。今回の民間交流協議会は五つの大名庭園のある都市で、その都市を代表する庭園に関して何らかの関係を持っている団体が存在することが第一条件であった。そしてこうした会の発足に当たっては、発起人が必ずいるものである。本会の発案者は、岡山県の「岡山藩郡代・津田永忠顕彰会」（会長小嶋光信氏）であったという。設立は一九九五年（平成七年）十二月二十五日である。

以下に本民間交流協議会の設立までのいきさつが、岡山の定期刊行物である「知行合一」（二〇〇六年（平成十八年）九月二十日合ＶＯＬ三）に良くまとめられているので、これを参考に見ていくこととする。

岡山では二〇〇〇年（平成十二年）に後楽園築庭三百年記念事業が行われたそうである。記念事業として、後楽園で行われた様々なイベントと日本造園学会の共催による「世界名園シンポジウム」や「三名園交流シンポジウム」などが開催されたという。その折、岡山と金沢そして水戸とが知り合い、

二〇〇〇年（平成十二年）三月に水戸で、九月岡山で、そして二〇〇一年（平成十三年）十一月には金沢で会合が開催されたという。

しかし、これらの会は行政主体の会合であったため、県知事や市長の他専門家を加えての観光振興、まちづくりの話しが主であったそうであり、本当の意味での市民交流というところまで深まらなかったという。そうした消化不良が引き金となって、岡山後楽園の築庭に関わった、たぐいまれな造園家であり建築家、それに農業士で、且つ、瀕死の藩財政を増税無き財政再建によって見事に立ち直らせた津田永忠さんの存在を一人でも多くの県民市民に知らしめ、そして永忠さんの人となり業績を顕彰することを通じてこれからの街づくりや郷土づくりに役ただせること。そしてあわよくば永忠さんの存在を全国区に押し上げることを是が非でも実現したいとの思いが日増しに強くなり、仲間と酒を酌み交わしながら当面、日本の三名園と言われている金沢の兼六園、水戸の偕楽園のグループとの交流会を民間主体で開催しようと思いたったとのことである。

金沢では「金沢城・兼六園研究会」(会長上田輝喜)が一九九一年(平成三年)六月一日設立されていた。顕彰会の会長の「『兼六園で雪見酒が飲みたい』」の一声で二〇〇二年（平成十四年）二月、金沢の兼六園に出かけたのことである。そしてその年の秋に金沢から返礼酒宴ツアーとして岡山を訪ねたという。そして二〇〇三年（平成十五年）三月には金沢と一緒に水戸を訪れたという。但し、水戸は、先の宮嶋さんを茨城県から紹介されて、水戸の観光協会が歓迎したわけであるが、当時は民間団体としてのグループ化はまだ無かったとのことである。そこで二〇〇四年（平成十六年）には岡山で金沢と水戸を呼んでの民間交流協議会を開催する予定であったが、結果的には、水戸は出席できず、金沢だけの訪問であったそうだ。そして平成十七年に入って金沢と岡山で高松の栗林公園を訪ねたという。「栗林公園の月亭で豪華昼食弁当を楽しむツアー」を実施したそうである。高松では「栗林公園ボランティアガイドクラブ」（会長多田豊美）二〇〇五年（平成十七年）九月十五日）が設立したばかりであったが、園長さんをはじめボランティアの皆さんの暖かい歓迎を受けたという。

こうした経緯をたどって水戸の宮嶋さんから、小石川後楽園庭園保存会の末理事長に話しが来て、二〇〇六年（平成十八年）二月に東京の小石川後楽園内の涵徳亭で五大名庭園民間交流協議会の準備会が開催されたのである。水戸では同年三月十九日付けで「偕楽園公園を愛する市民の会」が設立された。

（二）大名庭園民間交流協議会の開催

●第一回大名庭園民間交流協議会（大名庭園サミット）が二〇〇六年（平成十八年）十月二十六日（木）・二十七日（金）金沢市の兼六公園で行なわれた。テーマは「大名庭園の価値に向き合おう」であった。

●第二回目は岡山市の後楽園で、二〇〇七年（平成一九年）十月五日・六日に行われた。テーマは「大名庭園の暮らしと文化」であった。

●第三回は水戸市の偕楽園で、二〇〇八年（平成二〇年）九月十四日・十五日に行われた。テーマは「大名庭園と茶の湯の文化」

●第四回は我が東京都文京区の小石川後楽園で、二〇〇九年（平成二十一年）十月二十三日（金）・二十四日（土）に行なわれた。テーマは「水の文化と庭園」である。
●第五回は高松市の栗林公園で、二〇一〇年（平成二十二年）十月二十二日・二十三日に行なわれた。テーマは「大名庭園の樹木と保存」である。
以下にそれぞれの大会でまとめられた大会宣言を掲げる。

【岡山サミット大会宣言】

我が国特有の歴史的文化遺産である大名庭園を地域の誇りとし、その学習と継承につとめる水戸・東京・金沢・高松・岡山の市民団体有志は、平成十九年十月、能舞台が完成してちょうど三百年を迎える特別名勝岡山後楽園をもつこの地に集い、「大名庭園の暮らしと文化」をテーマに二日間にわたり日頃の研究成果の発表と、大名庭園を活かした街づくりについて真剣な意見交換と討議を重ねた。その結果次のとおり宣言する。

大名庭園は、それぞれの土地の自然風土の上に培われた歴史文化の空間的・精神的な象徴であり市民共有の財産である。私達は、それぞれの庭園の特色や共通性を正しく認識し、その上で、それぞれの大名庭園が地域に果たしてきた役割、またこれから果たすべき役割について改めて深く考えたい。地域の自然や文化、そして人間精神に与える影響など、今一度見つめ直し、その発展継承を大名庭園を愛し誇りとする市民団体の一員として、さらには地球人として、ここに誓いたい。世界と、あとから続く人たちのために。

平成十九年十月十六日

大名庭園民間交流協議会

【水戸サミット大会宣言】

大名庭園を愛する五つの民間団体は三年目の交流会を、それぞれのゆかりのある水戸の地で開催し、「大名庭園と茶の湯文化」を大会テーマとして二日間の真剣な討議と交流を行なった。その成果を踏まえ次の通り宣言する。

長い戦乱の時代を終え平和な時代を迎えた江戸時代には、それまで一部の貴族のものであった日本の文化を新たな段階に高めることとなった。江戸と各地の城下町にある大名庭園は、他の大名家との交際、大名と家臣・領民との交流の場として新たな日本文化の大衆化に貢献した。茶の湯文化は、武士文化として始まり一般に広まった日本文化の精髄である。五つの大名庭園にはそれぞれの茶事が行われ、茶の湯文化の普及の役割を果たし、それぞれの城下町には特色ある茶の湯文化が育っていった。現代においても、茶の湯文化は生活の中に根付き、親しまれ、大名庭園は四季折々その場を提供している。

大名庭園は地域の伝統と文化の象徴であり、地域文化の核としての場となっている。協議会に参加する五つの団体は大名庭園を生かした街づくりを追求してきた。大名庭園を愛し、地域作りに生かそうと願うわれわれは、各地の大名庭園が手をつなぎ、歴史的・文化的遺産を後世に残すこと強く願うものである。

平成二十年　　大名庭園民間交流協議会

【東京サミット大会宣言】

五つの大名庭園が一堂に会して年に一度の交流大会（サミット）は今年で四回目となり、大名庭園の原型を残す小石川後楽園（東京都文京区）の地で開催された。今回のテーマは「水の文化と庭園」（水と緑を生かしたまちづくり）で、二日間の真剣な討議と交流の成果を踏まえ次の通り宣言する。

大名庭園の作庭は、長い戦乱後の平和な時代となった江戸時代はじめ、全国各地の城下ではそれぞれの歴史的風土を活かしたまちづくりが行われた。人々の生活用水、産業・防災・交通・軍事のための水の確保がまちづくりの基本とされた。庭園に導入された用水は、泉水を中心とした回遊式庭園として生かされ、緑豊かな城下町が形成された。大名庭園は大名達の社交の場のみならず、一般庶民にも開放され、世界に誇る庭園文化として開花した。そして現在、地球環境の危機に際し、無機質な市街地に「水と緑」を調和よく配して行くことが重要視されている。

私達は「水と緑」の豊かな大名庭園を再評価すると共に新たな視点から見直し、市民生活の場として蘇らせ民間の力を合わせ歴史的遺産である「水と緑」の庭園を中心とした点を線にそして面へと広げる「歴史まちづくり」を推進・支援していくことをここに誓う。

平成二十年　　大名庭園民間交流協議会

【高松サミット大会宣言】

世界に誇れる日本独自の文化遺産である「大名庭園」を地域の誇りとしてそのすばらしい景観を後世に伝えるべく、金沢、岡山、水戸、東京、彦根、高松の市民団体有志が特別名勝・栗林公園の地、高松に集い、「第五回大名庭園サミット」が行われた。「大名庭園の樹木と保存」をテーマに研究発表と真剣な討議がなされ、相互の啓発と交流を深めた。その結果を次のとおり宣言する。

大名庭園はその土地の風土・気候にあった特色ある植栽を持って作庭され、四季折々その美を持って地域の文化に貢献している。現代では市民共有の癒しの場であり、憩いの場でもある。それぞれの大名庭園が果たしてきた役割とこれから求められる役割について「樹木」をキーワードに今一度見つめ直し、再評価の上、大名庭園を愛する市民団体の一員として歴史的遺産を受け継ぎ、後世に伝えていくことをここに宣言する。

平成二十二年

大名庭園民間交流協議会

七、その他の活動

ＮＰＯ法人設立当初は、先にも触れたとおり、後楽園の存続を脅かす要因に対しての挑戦であったが、それらの外圧も少なくなり、本質的な活動としては、この庭園のすばらしさを一人でも多くの人に知らせたいということであり、少なくとも周辺に住む人々に自らこの庭園のすばらしさを身をもって体験してもらい、予め庭園を脅かす行為をしないという状況を作り出していくことである。行為が先行してしまうと阻止活動は多大な労力を要しても効果は薄いのである。そういう行為を予め起こさないよう、世論でバリアを張っていくことが民間に課せられた本質的な活動であろう

そうした意味で、第一に、秋の紅葉祭と初春の梅祭のイベント参加を行っている。これは東京都の管理している小石川後楽園の指定管理者である東京都公園協会が行っている定期的なイベントで、公園協会の管理する九つの公園で、それぞれのイベントを行っているわけであるが、私たちは小石川後楽園内のこの二つのイベントに対して協会の了解を取りながら一部のイベントを担っている。

第二に、こうした組織を支えている私たち自身が、この後楽園のすばらしさをしっかり身につけておくことが肝心であり、そのためには、後楽園だけでなく、多くの他の庭園に関してもそれなりの認識を深めておくことが大事であり、そうした意味での研修会を行っている。

第三に後楽園に作庭当時からあった施設や景観は三八〇年の間に震災や災害あるいは、人によってそして戦災によって失われてきた。それらを一つでも多く復元してもらうように関係機関に要請して

いく活動である。

第四に後楽園を中心としたまちづくりの提案である。従来のまちづくりは道路からのまちづくりであったが今後のまちづくりは庭園や公園、文化遺産等、既にある貴重な景観をより引きたたせるようなまちづくりを推進していくように各界に要請していくことである。

第五に小石川後楽園と一体的に整備されてきた神田川を整備・活性化し、東京都心の観光拠点作りに寄与しようとする活動である。

そして、第六にこうした私たちの活動を定期的に知らせる広報誌の作成活動である。以上の活動状況をもうすこし具体的にふれてみる。

（一）紅葉祭・梅祭へのイベント参加

十一月になると、もみじが色づき、綺麗に紅葉し、庭園は一変して秋の装いになり一段と映える。後楽園の景観は四季それぞれの風景を作り出し、楽しめるのが特色の一つとなっている。この秋のもみじ祭と、春をいち早く伝える初春の梅の咲く頃が特にすばらしい。昔は桜祭りも行ってきたが、文京区や公園協会あるいは観光協会等との関係での割り振りから、小石川後楽園ではこの二つをメインイベントとして行なうことになっている。但し、後楽園の梅園は水戸の偕楽園と比べると小さく、種類や本数も少ない。それと時期的にずれが生じやすく、今一歩盛り上がりに欠ける面があるが、なんといっても黄門様は梅が大好きであり、その梅をやはり後楽園の柱にしたいとの思いもあり毎年二月になると梅祭が開催される。

もみじ祭では、毎回黄門様と助さん、格さんの旅姿の衣装を身につけ園内をめぐっている。当初は水戸市観光協会から衣装の提供を受けて、保存会のメンバーが交代で演じてきたのであるが、先にも触れたとおり、東京開府四〇〇年の記念イベントの際に自前の衣装を作り、それをまとっての園内巡りを行なっている。途中途中で来園者との記念写真のモデルになりながら約一時間かけて園内をめぐるというものである。

紅葉祭ではこの黄門様を中心とした三人と、私たち理事であったり会員が庭園保存会の半被を来て、幟（旗）を持って練り歩くのであるが、二月の梅祭の時は、水戸市から水戸梅大使として選ばれた二人の娘さんに、水戸市観光協会の担当責任者と共に後楽園までおこしいただき、一緒に園内をめぐることとなっている。これは公園協会と水戸市観光協会との協定でイベントとして恒例化されている(残念ながら、現在では、衣装の劣化等経費もかさむことなどから、この行事は行っていない)。

また、現在ではこれも恒例化してきたが、理事の中に石州流のお茶の師匠もいることなどから、紅葉祭りの期間中にお茶会を一日開催している。今のところ無料で行っている。現在では涵徳亭内の一室で立式で行っているが、近いうちに、野点なども行ないたいと思っている。さらに、長期的にはこの小石川後楽園内に茶室を設置してもらうように関係機関に働きかけていく考えである。特に「武士のお茶」として確立された石州流を存続させたい。私達の願いである。

（二）研修会の開催

公園協会が管理・運営している庭園だけでも後楽園を含めて九つの庭園があるが、最低でもこれら庭園は一通り観て、それなりの認識を深めておくことが大事であり、そのほか湯島聖堂や小石川植物園、東京都の水道歴史博物館等小石川後楽園庭園の関連施設が多数あるので一通りそれらについても知っておこうということで、年に二回程度の割合で「歴史と文化の研修会」として見学会と講師を招いての講演会を開催している。身近なところから焦らず、ゆっくりとやっていこうということで始めた。

●第一回目は、二〇〇七年（平成十九年）九月十七日（月・祭日）に行った。「六義園と文京ふるさと歴史館」の見学会である。二十五名の参加者があった。六義園では副センター長の正田氏から植物の歴史の特徴、見所についてお話頂き、庭園ガイドの植田佐和子氏から柳沢吉保の「和歌の庭」について解説を受けた。文京ふるさと歴史館では二〇〇六年（平成十八年）特別展として「水戸黄門邸を探る」を行っていた。担当された学芸員の加藤元信氏から、文京地域の歴史や地域性について解説を受けた。最後に文京シビックセンター二十五階の展望台から春日通り沿いの風景や上野・浅草の町並み新宿副都心の高層ビル街などを展望した。

●第二回目は二〇〇八年（平成二十年）一月三日（木）浜離宮恩賜庭園と隅田川の見学会を行なった。参加者は十九名。浜離宮庭園は徳川将軍家の塩入庭園である。お正月には「諏訪流放鷹術の実演」を行っている。あわせて「江戸伝統工芸展」などの行事を行なっており、それに参加し、園の海側には隅田川遊覧船の発着場があり、そこから浅草までの遊覧を行った。途中、隅田川に架かる橋の景観や芭蕉の「奥の細道」の出発地を眺め、神田で下船し、正月で賑わいのある門前町浅草を愉しんだ。

●第三回目は、二〇〇八年（平成二十年）三月二日（日）小石川後楽園・北野神社（牛天神）・湯島天神梅祭の見学会を行った。参加者二十九名。後楽園では庭園ガイドボランティアの岡田成一氏から特に梅園を中心に説明を受けながら後楽園を改めて見学した。

　後楽園の北側の高台にある北野神宮は、「牛天神」と呼ばれ「牛」に似た石があり、これをなでると願い事が叶うといわれている「ねがい牛」の発祥地である。この石は鎌倉時代に源頼朝が腰掛けたと謂われのある石である。春日宮司様から神社にまつわる講話の後、紅白の見事な梅を眺め、昼食会を行った。湯島天神では境内の宝物殿で、押見宮司様から総檜の新社殿造営の苦労話を伺い、史料展示室では期間中に併せて梅に関する名品の観賞を行った。境内では三十一回の「梅まつり」の行事も行っており、楽しく参加した。湯島天神は学問の神様・菅原道真公ゆかりの神社で、白梅が満開。毎年五十万人の人で賑わいを見せる。

●第四回目は、二〇〇八年（平成二十年）六月二十八日（土）皇居東御苑の見学会を行った。参加者は三十七名。ここは江戸城の二の丸と本丸を中心とした地域で、都心のオアシスとなっている。「皇居セルフガイド」の著者である久芳勝也氏の案内で隅々まで散策した。

●第五回目は、二〇〇九年（平成二十一年）二月八日（日）東京パークスギャラリー上野と東京国立博物館の鑑賞会を行った。参加者は十八名。東京パークスギャラリー上野では、江戸の水運について、海外との比較の展示会が開催されており、本会では、神田川を含む「儒学ルート」について、かねてから取り組んでいたため、本会理事の猪狩達夫氏を中心として、パネルを作成して展示参加した。その展示物の説明を猪狩氏が行ない、参加者の研修を行った。近くにある国立博物館では、「日本の美術の流れ」についての展示会を行っており、本会理事で学芸員である高橋豊氏より解説が行われた。展示物は仏教美術、茶の湯美術、節の装い、能と歌舞伎など各分野に渡って幅広い貴重な美術品が展示されていた。

●第六回目は、二〇〇九年（平成二十一年）五月三十一日（日）旧安田楠雄邸の見学会である。参加者は三十五名。文京区千駄木の閑静な一角にある。建築家の伊郷氏と旧安田邸のマネージャーである多児氏の両氏を講師として、安田邸の特徴ある建物についてご講義頂いた。旧安田邸は建築様式、生活様式共に伝統的な日本住宅の特色が保たれているという。そして、大正時代の新しい住まいへの工夫と材料が調和しているなどの特徴があるとの解説を受けた。

●第七回目は、二〇〇九年（平成二十一年）九月二十一日（月・祭日）都立清澄庭園の見学会を行った。参加者は三十六名。清澄庭園は江戸の豪商・紀伊國屋文左衛門の別邸跡と伝えられている。その後享保年間には下総国関宿の城主・久世大和守が幕府から拝領して下屋敷を建てたという。そして明治になると三菱の創始者岩崎弥太郎が周囲の土地と共に買い取り、明治十三年に「深川親睦園」として開園したものである。庭を一周しながらガイドの説明を受けた。その後、池に浮かぶ数寄屋建築の「涼亭」に入り、親睦会を開催した。紐結びの形や、現代浮世絵の制作についての話しもあり有意義な一時を過ごすことが出来た。

●第八回目は、二〇一〇年（平成二十二年）九月二日（木）小石川後楽園涵徳亭にて「樹木の歴史と保存について」の講演会を行なった。参加者三十五名。小石川後楽園のセンター長である須藤氏を講師として、後楽園の樹木と園保存についてご講義を伺った。後楽園内の樹木は作庭当時から三八〇年もたっており、災害や火災或いは戦災によって殆どが失われたという。現在残っているのは内庭の側のタブノキ、異形灯籠のそばのケヤキ、丸屋そばのイチョウ、菖蒲田西側のカヤなどとなっているそうである。

●第九回目は、二〇一一年（平成二十三年）三月六日（土）東京大学大学院理学系研究科附属植物園（通称「小石川植物園」）で講演とバードウオッチングを行った。参加者三十名。講師は東京大学大学院教授の邑田仁植物園長にお願いし、簡潔でわかりやすいお話を頂いた。また、本園内にある日本庭園の植物は全て涌き水を水源とした水によっているとのことである。その後、（財）日本野鳥の会松田道生氏とともに、園内を散策してバードウオッチングのあり方・楽しみ方について実際に体験した。鳥の鳴き声に耳を傾け、鳥の形状を愉しむ貴重な一時を過ごした。

●第十回目は、二〇一一年（平成二十三年）十月三十日に都立神代植物公園の見学会を行った。参加者は三十二名。神代植物公園は一九六一年（昭和三十六年）に都内唯一の植物公園として、四億円の経費を掛けて整備されたという。前年五十周年記念迎えた。園長の高橋康夫氏を講師としてお願いし、記念講演と園内の観察会を行った。神代植物公園には、ウメ、ツバキ、サクラなどの花木の園芸品種を保存・栽培・収集するなどの重要な役割を担っている。帰りには深大寺蕎麦を味わって解散した。

（三）失なわれた施設の復元要請活動

小石川後楽園には失われた施設が多数ある。それらの施設等があれば、現在より楽しく後楽園を味わうことが出来るであろう。中でも一日も早く復元してもらいたい施設がある。唐門と仕切り、大泉水の長橋、清水観音堂（舞台）などである。欲を言えば河原書院等である。全てを一気に復元する必要はないとしても、徐々に再建してもらいたいものである。昔通りでなくても、現在を生きてる私たちにとって、作庭当時と同様の感動が得られればよいので、出来るだけ時代にあった物であれば、細かな点は説明で補えば十分なので、一日も早く復元してもらうように管理者等に要望しているところである。しかし、一向にそうした動きが見られない。今後、もっと効果的な活動とすべく、東京都建設局公園緑地部の公園緑地課や（公財）東京都公園協会、あるいは、文京区の公園課や都市計画課そして文京区の観光課、観光協会の皆さんと周辺の有力企業の担当者による定期的な協議会を開催し、実現に至る中でのネックとなっていることを浮き彫りにし、それらをどう攻略していけば復元が可能かを明らかにし、その許認可に関する機関や、予算を出す機関を明確にして、要請していくようにしたいと考えている。一時、そうした協議会を開催したことがあるが、諸般の都合で、立ち消えとなってしまった。今後、この協議会を復活したいと考えているところである。

そうした復元要請活動の一つとして、清水観音堂の模型の制作を行った。そして、これを公園協会に寄贈し、現在後楽園の西門の涵徳亭の前に展示している。一日も早く、一つでも多くの施設の復元を促していきたいものである。

（四）庭園を中心としたまちづくりの推進活動

保存会では、小石川後楽園の魅力を一人でも多くの人に知らせたい、と同時に、小石川後楽園そのものの永続的存続と後楽園のすばらしさを損なう要因の排除を目指している。即ち周辺環境が、その存続と美観を脅かす環境であってはならないということである。周辺に超高層ビルが建ち並ぶと美観を損なうし、園内の植物にとっても日照問題や通風上の問題が発生して、存続を危める。まずは、後楽園から一定の範囲の区域には超高層ビルが建てられない地域とすべきである。要するに、容積率を低くすることである。また、周辺環境は後楽園に相応しい品格のある景観とすべきである。従って、景観法に基づいた美観促進地区として指定してもらうことである。幾つかの建築制限を設け、品格のある周辺環境とすべきである。こうした活動が小石川後楽園を中心としたまちづくりであると考えている。

従来のまちづくりは道路を中心に行なわれてきた。用途地域の作成に当たって、当該敷地が国道や都道府県道等の幅員の広い道路に面していると、その幅員を元として、容積率や建蔽率を高くしてきた。後背地に後楽園のような特別史跡、特別名勝があろうが無かろうが、一向にお構いなしに、一元的にそうしてきた。今後は庭園等文化財のある一定の範囲（地域）を、環境保全地域として予め指定を行い、その地域のあるべき姿を想定して、その方向で整備していくなど都市計画法上の地区計画制度を活用することを当該自治体に要請すると共に、国土庁等関係機関で作成する用途地域指定マニュアル等に反映してもらうなどの活動が課題である。

庭園からのまちづくりといった場合の、もう一つのアプローチがある。それは、小石川後楽園を始発点として、目的地を定め、その間のルートを選定して、そのルート周辺のまち並みを整備すると共に周辺地域の活性化を推進するという活動である。そうすることにより、出発地である小石川後楽園と目的地である地区との活性化にも結びつくからである。

目的地は庭園や神社仏閣等歴史的遺産や遺構の文化財や周辺環境の保全を必要とする拠点施設、あるいは、拠点となり得る景観のある地区で後楽園と共に周辺環境の整備を行えば興味や感心を持つ人々が倍加するような地区をいう。即ち、小石川後楽園とのつながりの深い施設が望ましい。

この目的は、後楽園単独で周辺環境の整備・保全を図っていくより、後楽園と関係の深い施設と共に周辺環境の整備・保全を図っていくほうが、より多くの人の目にとまり、整備していく必要性についての世論が高まり、関心が集まりやすくなるという利点をもたらすのである。単に広域的まちづくりに貢献したいというのではないない。目的を間違えると、本会の活動主旨と異なってしまう。本会の活動主旨は前述したとおりである。後楽園の魅力と、その魅力を損なわないよう周辺地域を後楽園にふさわしい環境にしていくことが主である。

現在、後楽園と湯島聖堂とのルートづくりがなされ、何回かの散策会を実施している。このルートの名称は「儒学の道ルート」と名付け新聞発表までしている。但し、散策して楽しむまでで、それらポイントの周辺環境のあるべき姿までの提言には至っていないのが現状である。

そのほか、旧神田上水が現在埋め立てられて、道路となっており、目的地としては神田上水の関口の水門までのルートが考えられている。ルート上にはお寺が多く点在しており公園もある。何回か散策会を行っている。

また、三代将軍家光が、江戸城から舟で水戸邸まで来たというルートをたどり、散歩道あるいは船遊びルートとして行くなり伝通院を通って小石川植物園のルート、そして、東大農学部の元水戸藩邸の中屋敷のあった地区を目的地とするルート等、儒学の道のことなので「様々なアイディアが浮かんでいる。」ただ、文京区は坂の多いところでも有名な地域であり、お年寄りでも楽しめるように先に振れた乗り物で行けることまで考えておかないと、折角の提案が単なる絵に書いた餅になってしまう。

（五）神田川活性化の提案

現在の神田川は自然河川ではなく、伊達政宗によって掘られた人工河川、即ち運河である。小石川後楽園とほぼ同じ時代に作られた歴史的遺構なのだ。外堀として位置付けられている。先にも触れたが、江戸城からこの水戸邸まで三代将軍家光は舟で来たという。現在の日本橋川を遡って水戸藩邸内まで当時は入れたようである。

そうした神田川をもう一度見直し、神田上水を日本橋方面に流すため、現在の水道橋より少しお茶の水寄りの場所に昔、筧があったわけであるが、その復元を図ったり、和舟等を浮かべ、船着き場や舞台などを作り、景観上でも、舟からの展望も見応えあるよう整備するなど、後楽園を含めて東京の観光名所にしようという提案も行っている。

㈥　会報及び広報誌の発行

年に二回の割合で会報「庭園保存会だより」を発刊している。A三の用紙を二つ折りして、A四判表裏（おもてうら）の四頁を基本に、十五号まで発行した。

八、その後の活動

いったん本書を書き上げたのは、二〇一二年（平成二十四年）一月頃であるから、あれから四年以上の月日が流れてしまった。その後も本保存会では引き続き活動を続けてきたので、その後の活動状況を報告しておきたくなった。先ず、第一に大名庭園サミットが六回から十回まで行われた。それに研修会も引き続き行われ、今年になって十八回目が開催された。

多くの頁がとれないので、簡略して以下に纏めた。

（一）大名庭園民間交流協議会

●第六回は彦根市の玄宮園庭園で、二〇一一年（平成二十三年）十一月二十七日・二十八日に行なわれた。テーマは「大名庭園の保存整備」である。

●第七回は広島市の縮景園で、二〇一二年（平成二十四年）十一月十八日・十九日に行なわれた。テーマは「大名庭園の環境整備」である。

●第八回は会津若松市の御薬園で、二〇一三年（平成二十五年）十月六日・七日に行なわれた。テーマは「歴史的資産としての大名庭園の継承」である。

●第九回は福井市の養浩館庭園で、二〇一四年（平成二十六年）十一月九日・十日に行なわれた。テーマは「大名庭園を活かした歴史と文化のまちづくり」である

●第十回は金沢市の兼六園で、二〇一五年(平成二十七年)年十一月十九日・二十日に行なわれた。テーマは「大名庭園の価値を伝えよう」である。
●そして今年は熊本市の水前寺公園で行なわれる予定である。テーマは「世界遺産登録を目指して」大会宣言は紙面の都合で省略する。

追記　熊本大地震によって熊本大会は中止となった。一日も早い復興を心から願うものである。

(二)　研修会の開催

●第十一回目は、二〇一二年（平成二十四年）二月二十四日に湯島聖堂の見学と儒学の道散策会を行なった。当日は大雨であったにもかかわらず、三十名と多数の参加者で賑わった。斯文会の前田専務理事の案内で聖堂内の見学を行い、後、雨の中を神田川沿いに儒学の道を散策して小石川後楽園にたどり着いた。
●第十二回目は、二〇一二年（平成二十四年）九月二十一日に殿ヶ谷戸庭園の野草と題して、国分寺にある都立庭園である殿ヶ谷戸庭園を訪ねた。参加者は募集期間が短かかったこともあり十九名と少なかった。講師に、むさしの野草の会の副会長仲伊助氏をお招きしての野草について豊富な知識に参加者一同感心させられた。
●第十三回目は、二〇一三年(平成二十五年)八月三日に庭園見学と講演会・向島百花園午餐会を行なった。当日は晴天に恵まれた。但し、猛暑に見舞われ汗だくで庭園巡りを楽しんだ。参加者は三十五名と真夏にも拘わらず多数の参加者で賑わった。

●第十四回目は、二〇一四年（平成二十六年）三月十六日に講演会／東洋文庫見学・六義園と題して、東洋文庫で集合して講演会と見学会が行われた。参加者は四十五名であった。

●第十五回目は、二〇一四年（平成二十六年）九月二十八日に江戸博物館で災害教訓の継承と題した講演会を行なった。

●第十六回目は、二〇一五年（平成二十七年）三月九日に小石川後楽園の鑑賞会と「江戸大名庭園の植栽について・小石川後楽園を中心に」と題した講演会を開催した。参加者は三十七名であった。

●第十七回目は、二〇一五年（平成二十七年）八月一日に目黒区の自然植物園と東京都庭園美術館で行なわれた。参加者は十七名であった。

参考資料

参考文献として掲げる図書は一般的に、この本を書くに当たって著者が直接参考にした図書や引用した図書を掲げるのが一般的であるが、ここでは当然私が参考にした図書を掲げるが、その前にある参考図書の中でその著者が参考とした図書をも掲げた。その出所を明らかにさせていただき、今後、後楽園を一から勉強したい人の便に供したいとの願いからである。

○印の本は私が参考ないし引用した著書　●印は○印の著者が参考にした著書（私は直接目を通していない。但し、当該図書が参考とした著書を当該図書で全文掲載されていれば当然私が直接目にした著書として扱う。）また、同じ図書をそれぞれの著者が参考としている場合は、始めに掲げたものだけとして重複を避けた。また、著者によっては非常に多くの参考図書を掲げているが、そのうち私自身が参考にしたいものだけを抜粋して掲げた。

○　吉川需・高橋康夫　「小石川後楽園」（財）東京都公園協会　二〇〇一年（平成十三年）　第三版

〔吉川 需氏の参考文献〕

●計見東山「後楽園」育英社　一九〇七年（明治四十年）

●田村剛「後楽園史」刀江書房　一九二九年（昭和四年）
●吉川義信「小石川後楽園」文部省・名勝調査報告三
●西ヶ原刊行会「造園研究」二五「後楽園特輯号」一九三八年（昭和十三年）
●小沢圭次郎「後楽園関係五帙」の「園林叢書」の末尾「後楽園断案」明治三年～十年頃
○源信興（額賀養眞）「後楽紀事」一七三六年（元文元年）
●朱舜水（朱之瑜）「遊後楽園賦　序」一六六三年（寛文九年）
●今井弘済・安積覚共著「舜水先生行実」
●安積覚（澹白）「舜水先生遺事」
●辻雪洞「東都紀行」一七一九年（享保四年）
●林道春（羅山）「小廬山紀」一六四〇年（寛永十七年）
●榎本其角「後楽園拝見之記」（一六六一～一七〇七年）
●林信篤「涵徳亭記」一七二四年（享保九年）
●名超克敏「後楽園志」（一六九八～一七七七年）
●大田覃（南畝）「三つが一つ」
●太田元貞「遊後楽園記　序」一七九四年（寛政六年）
●松平定信「退閑雑記」の後編「後楽園陪遊の紀」一七五八～一八二九年（宝暦八年～）
●志賀理斎（斉脩公夫人峯寿院の御付役）「御園の記」一八二〇年（文政三年）

●秋田藩主佐竹義和「幸楽苑記」一八一二年（文化九年）
●周防毛利家の家老吉川経幹「遊園後楽記」
●志賀忍「御園の記」
●亀山章「小石川後楽園の植生」「応用植物社会学研究」十号一九八一年（昭和五十六年）
〔高橋康夫氏の参考文献〕
○吉川功「東日本の名園」有明書房　一九七一年（昭和四十六年）
●白幡洋三郎「大名庭園」（講談社選書メチエ）講談社
●近藤豊監修・福地謙四郎著「日本の石灯籠」理工学社
●池田友彦「樹を観る」星雲社
●宮田末子「水戸光圀と伯夷・叔斉」（財）東京都公園協会
●佐々木達郎「小石川後楽園の内庭修復」「都市公園」NO．一三〇　以降＊（財）協会とする
●小口健蔵「特別史跡及び特別名勝　小石川後楽園」の外周塀の改修工事について
「都市公園」NO．一五一　＊（財）協会
●高橋康夫「庭園の管理について」「都市公園」NO．一三九　＊（財）協会
●高橋康夫「都立庭園の管理に関する専門委員会答申」NO．一三九　＊（財）協会
●服部勉「水戸様小石川後楽園御屋敷御庭之図」の考察を中心とした小石川後楽園の庭園構成につい
て　東京農業大学能楽集報第四四巻第一号

●「小石川後楽園　緑の基礎調査」東京都東部公園緑地事務所
●「都立庭園の管理運営の方策について」都立庭園の管理に関する専門委員会　＊（財）協会
●「小石川後楽園伯夷叔斉像等調査報告」　文京区教育委員会
○進士五十八「日本の庭園」中公新書　二〇〇五年（平成十七年）
●橘俊綱「作庭記」　一〇二八〜一〇九四年（長元元年〜嘉保元年）
●進士五十八「緑の東京史」思考社
●池田満寿夫「模倣と創造」
○童門冬二「江戸の都市計画」文芸春秋　一九九八年（平成十一年）
●前島康彦「太田道灌」太田道灌公実績顕彰会
●村井益男「江戸城」中公新書
●山本純美「江戸・東京の地震と火事」河出書房新書
●鈴木理生「江戸と江戸城」新人物往来社
●北島正元「徳川家康」中公新書
●大石慎三郎「江戸時代」中公新書
●「日本の歴史」読売新聞社
●「人物日本の歴史」読売新聞社
●「日本の歴史」中央公論社

●「県史シリーズ」東京都、埼玉県、神奈川県、千葉県　山川出版社
●「新全国歴史散歩シリーズ・東京都」　山川出版社
●「千代田区史」千代田区
○内藤昌「江戸と江戸城」鹿島研究所出版界　一九九六年（昭和四一年一月）
○宮元健次「日本庭園のみかた」学芸出版社一九九八年（平成十年）
●森蘊「庭園」東京堂出版　一九八八年（平成十年）
●重森三玲・重森完途「日本庭園史体系」全三十五巻　社会思想社　一九七一年〜一九七六年（平成四十六年〜五十一年）
●本中眞「日本古代の庭園と景観」吉川弘文館　一九九四年（平成六年）
●中根金作・岡本茂男「日本の庭園五　宮廷の庭・大名の庭」講談社　一九九六年（平成八年）
○西桂「日本の庭園文化」学芸出版社　二〇〇五年（平成十七年）
●小野健吉「岩波日本庭園辞典」岩波書店　二〇〇四年（平成十六年）
●岡崎文彬「集成・日本の古庭園」同朋舎　一九八五年（昭和六十年）
●大橋治三・齋藤忠一編「日本庭園鑑賞辞典」東京堂出版
●武居二郎・尼崎博正監修「庭園史をあるく」昭和堂　一九九八年（平成十年）
●吉河功「京の庭」講談社一九八一年
●飛田範夫「日本庭園の植栽史」京都大学学術出版会　二〇〇二年（平成十四年）

●「日本庭園鑑賞便覧」京都林泉協会編著　学芸出版社　二〇〇二年（平成十四年）
●「日本文化総合年表」岩波書店　一九九〇年（平成二年）
●「図説日本建築年表」日本建築年表編集委員会編著　彰国社　二〇〇二年（平成十四年）
○田中正三「日本庭園を愉しむ」実業之日本社
●「東京市史稿・遊園編」全七巻　東京都
●久垣秀治「京都名園記」誠文社新光社
●重森三玲「小堀遠州」河原書院
●重森三玲「枯山水」大八州出版
●森蘊「小堀遠州の作事」吉川弘文館
●森蘊「寝殿造系庭園の立地的考察」奈良国立文化財研究所
●森蘊「『作庭記』の世界」ＮＨＫ出版
●武居次郎・尼崎博正「庭園史を歩く」昭和堂
●尼崎博正「植治の庭」・「石と水の意匠」淡交社
●飛田範夫「日本庭園と風景」学芸出版社
●本中眞「日本古代の庭園と景観」吉川弘文館
●稲次敏郎「庭園倶楽部」ワタリウム美術館
●太田静六「寝殿造の研究」吉川弘文館

●太田博太郎「日本住宅史の研究」岩波書店
●柳田聖山「夢窓国師語録」講談社
●保田興重郎「日本の美術史」・「日本の文学史」新潮社
●樋口忠彦「日本の景観」築摩書房
●戸田禎佑「日本美術の見方」角川書店
●野本寛一「神々の風景」白水社
○小野健吉「日本庭園」岩波新書
●森蘊「日本史小百科一九庭園」近藤出版　一九八四年（昭和五十九年）
●堀口捨巳「庭と空間構成の伝統」鹿島研究所出版会　一九七七年（昭和五十二年）
●白幡洋三郎「庭園の美・造園の心」日本放送出版協会
●藤井恵介・玉井哲雄「建築の歴史」中公文庫　中央公論社　二〇〇四年（平成十六年）
●和田萃「飛鳥—歴史と風土を歩く」岩波新書　岩波書店　二〇〇三年（平成十五年）
●金子裕之編「古代庭園の思想」角川書店　二〇〇二年（平成十四年）
●田中哲雄「古代庭園の立地と意匠」「造園の歴史と文化」養賢堂　一九八七年（昭和六十二年）
●田村剛「作庭記」相模書房　一九六四年（昭和三十四年）
●横山正「禅と建築・庭園」
●尼崎博正「庭石と水の由来」昭和堂　二〇〇二年（平成十四年）

●小野正敏「戦国城下町の考古学」講談社選書メチエ　講談社　一九九七年（平成九年）
●村井康彦「茶の文化史」岩波新書　岩波書店　一九七九年（昭和五十四年）
●田中正大「日本の庭園」鹿島研究所版会　一九六七年（昭和二十四年）
●安藤優一郎「観光都市江戸の誕生」
●神原邦男「大名庭園の利用の研究」吉備人出版　二〇〇三年（平成十五年）
○山本博文「江戸に学ぶ日本のかたち」ＮＨＫブックス　日本放送出版協会
○新渡戸稲造・矢内原忠雄「武士道」岩波文庫　岩波書店二〇一〇年（平成二十二年）　第十六版
○藤原正彦「国家の品格」新潮新書
○井沢元彦「逆説の日本史、古代黎明編」
○「歴史読本　天下の副将軍水戸光圀の真実」瀬谷義彦　一九九四年（平成六年）七月号
○「歴史読本　徳川御三家のすべて」一九八六年（昭和六十一年）五月号
○煎本増夫「御三家の成立と役割」（歴史読本　徳川御三家のすべて）
○佐々悦久「御三家の付家老」（歴史読本　徳川御三家のすべて）
○今川徳三「なぜ黄門漫遊記は誕生したか」（歴史読本　徳川御三家のすべて）
○奈良本辰也「なぜ尊皇攘夷論に奔ったか」（歴史読本　徳川御三家のすべて）
○南原幹雄「水戸家の逆襲」（歴史読本　徳川御三家のすべて）
○河合敦「早わかり徳川時代」日本実業出版社　一九九九年（平成十一年）

○大石慎三郎監修「徳川十五代」実業の日本社　一九九九年（平成十一年）
●「徳川実紀」慎改増補国史大系（吉川弘文館）
●三上三次「江戸時代史」講談社学術文庫
●大石慎三郎「江戸時代」雄山閣
●北島正元「江戸時代」岩波書店
●辻達也「江戸時代を考える」中央公論
●藤野保「新訂幕藩体制史の研究」吉川弘文館
●北島正元「江戸時代の権力構造」塙書房
●所理喜夫「徳川将軍権力の構造」吉川弘文館
●村井益男「江戸城—将軍家の生活」中公新書
●中村孝也「徳河家」至文堂・日本歴史往来社
●山本博文「寛永時代」吉川弘文館
●大石信三郎「元禄時代」岩波新書
●内藤耻叟「徳川十五代史」新人物往来社

あとがき

とにかく書き上げてみた。まだまだ書きたらない。しかし、そうしているとエンドレスとなってしまい、いつまで経っても書き上げることが出来ない。それでも出版に至る過程で一五〇頁ほど割愛せざるを得なかった。

本来出版物は、目的を出来るだけ絞り、簡潔にまとめることが求められるが、本書は出来る限り広げてみた。「はじめに」で述べたように総合的にそしてトータルとして後楽園庭園をとらえてみたかったからに他ならない。相当数割愛はしたが、それでも当初の目的は一応達成できたのではないかと自負している。私たちは、ある事柄を未だ知らない人に説明する場合、相手が良く理解できたと感じさせるにはどこまでの範囲を説明すれば良いのか迷うところである。即ち、わかってもらおうとする対象が、ある特定されたものであっても、多くの関連事項が含まれており、それらを連動して見ていかないと、その対象物だけをいくら掘り下げても何にも理解できないのだということを示してみたかったからである。いたずらに広げすぎてもまとまりが付かなくなるが、現在の世の中はあまりにも専門化され過ぎており、トータル思考が欠如しているとの思いからでもある。

平成二十四年一月　茶の間の片隅のパソコンの前で

追記

書き上げてから四年の月日が流れてしまった。出版社が見つからなかったのである。二、三社に声をかけたが、難しすぎる。面白くない等でことわられた。自費出版にはしたくなかったので根気よく待った。今回、縁あって出版社（株）日本地域社会研究所の代表・落合英秋氏とお会いすることができ、出版することとなった。長年の夢が実現した。心から感謝申し上げたい。

しかし、文章が長すぎて一冊の本にならないとのことで、頁数を減らす作業に一年を要してしまった。

また、保存会の活動も加えなければならず苦労したがなんとか収まりほっとしている。

最後になったが、ワープロを打ちまくってひたすら文章化に努めたが、打った後の文章を見ると、漢字が勝手に変換されて読めなかったり、言いまわしがくどかったり、訳の分からない文章であったり等、後から思うと恥ずかしくなるような文章を短期間で訂正、修正等を含めて校正していただいた。NPO法人小石川後楽園庭園保存会で事務局を担当していただいている水口英子さんに心から感謝申しあげたい。また、結果的に深夜まで読み返してくれた妻治美にも感謝している。

書きなぐっている最中はさほど苦労も感じなかったが、校正には全く参ってしまった。出版社の矢野恭子さんにもこの場を借りてお礼申し上げる。ありがとうございました。

平成二十八年九月

著者紹介

本多忠夫（ほんだ・ただお）

日本大学理工学部（都市計画専攻）卒業後、東京都住宅公社、東京都首都整備局、東京都公害局監察部を経て、昭和46年に地域開発機構設立、代表取締役に就任。

日本全国約200市町村の村おこし、町づくりに携わる。平成12年、環境資源活用システム研究所を開設、代表に就任。一般社団法人ザ・コミュニティ理事。全国ふるさと大使連絡協議会副代表。ＮＰＯ法人小石川後楽園庭園保存会副理事長。

共著に『コミュニティ手帳』（日本地域社会研究所刊）がある。

黄門様《こうもんさま》ゆかりの小石川後楽園博物志《こいしかわこうらくえんはくぶつし》

2016年11月8日　第1刷発行

著　者　本多忠夫《ほんだただお》
発行者　落合英秋
発行所　株式会社 日本地域社会研究所
〒167-0043　東京都杉並区上荻1-25-1
TEL　(03)5397-1231(代表)
FAX　(03)5397-1237
メールアドレス　tps@n-chiken.com
ホームページ　http://www.n-chiken.com
郵便振替口座　00150-1-41143
印刷所　中央精版印刷株式会社

ISBN978-4-89022-187-5

日本地域社会研究所の好評図書